HEGEL.

PHILOSOPHIE DE L'ART

ESSAI ANALYTIQUE ET CRITIQUE

PAR

CH. BÉNARD,

DOCTEUR ÈS-LETTRES

PROFESSEUR DE PHILOSOPHIE AU LYCÉE BONAPARTE.

PARIS,

LAGRANGE, LIBRAIRE, RUE SAINT-ANDRÉ-DES-ARTS, 41,
Ci-devant Quai des Augustins, 49.

ET VEUVE JOUBERT, RUE DES GRÈS, 14.

1852

PHILOSOPHIE DE L'ART.

Corbeil, typ. et lith. de Crété.

HEGEL.

PHILOSOPHIE DE L'ART

ESSAI ANALYTIQUE ET CRITIQUE

PAR

CH. BÉNARD,

DOCTEUR ÈS-LETTRES

PROFESSEUR DE PHILOSOPHIE AU LYCÉE BONAPARTE.

PARIS,

LADRANGE, LIBRAIRE, RUE SAINT-ANDRÉ-DES-ARTS, 41,
Ci-devant Quai des Augustins, 19.
ET VEUVE JOUBERT, RUE DES GRÉS, 14.

1852

ESSAI ANALYTIQUE ET CRITIQUE

SUR

L'ESTHÉTIQUE DE HEGEL,

PAR LE TRADUCTEUR.

ANALYSE.

Après avoir essayé de traduire dans notre langue l'Esthétique de Hegel, nous croyons rendre un nouveau service à nos lecteurs en leur présentant, dans une analyse à la fois rapide et détaillée, l'ensemble des idées qui forment le fond de cette vaste composition. La pensée de l'auteur apparaîtra dépouillée de ses riches développements ; mais il sera plus facile de saisir l'esprit général, l'enchaînement des diverses parties de l'ouvrage, et d'en apprécier la valeur. Pour ne pas nuire à la clarté de notre travail, nous nous abstiendrons de mêler la critique à l'exposition, nous réservant de porter, sous forme de conclusion, un jugement général sur ce livre, qui représente encore aujourd'hui l'état de la philosophie de l'art en Allemagne.

L'ouvrage se divise en trois parties : la première traite *du beau dans l'art* en général ; la seconde, *des formes générales de l'art* dans son développement historique ; la troisième contient le *système des arts*, la théorie de l'*architecture*, de la *sculpture*, de la *peinture*, de la *musique* et de la *poésie*.

PREMIÈRE PARTIE.
DU BEAU DANS L'ART.

Dans une *introduction* étendue, Hegel pose les bases de la science du beau : il en définit l'objet, en démontre la légitimité, et en indique la méthode ; il entreprend ensuite de déterminer la nature et le but de l'art. Sur chacun de ces points, tâchons de préciser sa pensée, et, s'il est besoin, de l'expliquer.

L'esthétique est la *science du beau*. Le beau se manifeste dans la nature et dans l'art ; mais la variété et la multiplicité des formes sous lesquelles s'offre la beauté dans le monde réel ne permettent pas de les décrire et de les classer systématiquement. La science du beau a donc pour objet principal l'art et ses œuvres ; c'est la *philosophie des beaux-arts*.

L'art est-il digne d'occuper la science ? Non, sans doute, si on ne le considère que comme un amusement ou un délassement frivole. Mais il a une destination plus noble. Ce serait méconnaître même son véritable but que de voir en lui seulement un auxiliaire de la morale et de la religion. Bien qu'il serve souvent d'interprète aux idées morales et religieuses, il conserve son indépendance. Son objet propre est de révéler la vérité sous des formes sensibles.

Vainement dirait-on qu'il produit ses effets par l'illusion. L'apparence, ici, est plus vraie que la réalité; les images qu'il met sous nos yeux sont plus idéales, plus transparentes et aussi plus durables que les existences mobiles et fugitives du monde réel. Le monde de l'art est plus vrai que celui de la nature et de l'histoire.

La science peut-elle soumettre à ses formules les créations libres de l'imagination? — L'art et la science, il est vrai, diffèrent par leurs procédés; mais l'imagination a aussi ses lois; si elle est libre, elle n'a pas le droit d'être déréglée. Dans l'art, rien n'est arbitraire : le fond, c'est l'essence des choses ; la forme est empruntée au monde réel, et le beau est l'accord, l'harmonie des deux termes. Le philosophe retrouve dans les œuvres de l'art le fond éternel de ses méditations, les hautes conceptions de l'intelligence, les passions de l'homme et les mobiles de sa volonté. La philosophie n'a pas la prétention de fournir à l'art des recettes, mais elle peut lui donner d'utiles conseils; elle le suit dans ses procédés, lui signale les fausses voies où il peut s'égarer ; elle seule peut fournir à la critique une base solide et des principes fixes.

Quant à la *méthode* à suivre, deux procédés se présentent exclusifs et opposés. L'un, *empirique* et historique, cherche à tirer de l'étude des chefs-d'œuvre de l'art des règles de critique et les principes du goût. L'autre, *rationnel* et *à priori*, remonte immédiatement à l'idée du beau et en déduit des règles générales. Aristote et Platon représentent ces deux méthodes. La première n'aboutit qu'à une théorie étroite, incapable de comprendre l'art dans sa généralité ; l'autre, s'isolant dans les hauteurs de la métaphysique, ne sait en descendre pour s'appliquer aux arts particuliers et en apprécier les œuvres. La vraie méthode consiste dans la réunion de ces deux procédés, dans leur conciliation et leur emploi simultané. A la connaissance positive des œuvres de l'art, à la finesse et à la délicatesse du goût nécessaires pour les apprécier, doivent se joindre la réflexion philosophique et la capacité de saisir le beau en lui-même, d'en comprendre les caractères et les règles immuables.

Quelle est la *nature de l'art*? La réponse à cette question ne peut être que la philosophie de l'art elle-même; et encore celle-ci n'est parfaitement comprise que dans son rapport avec les autres sciences philosophiques. On doit se borner ici à des réflexions générales et à la discussion des opinions reçues.

D'abord l'art est un produit de l'activité humaine, une création de l'esprit. Ce qui le distingue de la science, c'est qu'il est le fruit de l'inspiration, non de la réflexion. Sous ce rapport, il ne peut s'apprendre ni se transmettre, c'est un don du génie, rien ne saurait suppléer au talent dans les arts.

Gardons-nous cependant de croire que, comme les forces aveugles de la nature, l'artiste ne sait ce qu'il fait, que la réflexion n'a aucune part à ses œuvres. Il y a d'abord dans les arts une partie technique qui doit s'apprendre, et une habileté qui s'acquiert par l'exercice. Ensuite, plus l'art s'élève, plus il exige une culture étendue et variée de l'esprit, l'étude des objets de la nature et la connaissance approfondie du cœur humain. Cela est vrai surtout des hautes sphères de l'art et de la poésie.

Si les œuvres de l'art sont des créations de l'esprit humain, elles ne sont pas pour cela inférieures à celles de la nature. Elles ne sont, il est vrai, vivantes qu'en apparence; mais le but de l'art n'est pas de créer des êtres vivants, il veut offrir à l'esprit une image de la vie plus claire que la réalité. En cela il surpasse la nature. Il y a aussi du divin dans l'homme, et Dieu ne tire pas moins d'honneur des œuvres de l'intelligence humaine que de ses propres ouvrages.

Or, quelle est la cause qui pousse l'homme à produire de telles œuvres? Est-ce un caprice, une fantaisie, ou un penchant sérieux, fondamental, de sa nature?

Ce principe est le même qui lui fait chercher dans la science un aliment pour son esprit, dans la vie publique un théâtre à son activité. Dans la science, il veut connaître la vérité pure et sans voiles; dans l'art, la vérité lui apparaît non en elle-même, mais exprimée par des images qui frappent ses sens en même temps qu'elles parlent à son intelligence. Voilà le principe d'où l'art tire son origine, et qui lui assigne un si haut rang parmi les créations de l'esprit humain.

Si l'art s'adresse à la sensibilité, il n'a pourtant pas pour but direct d'exciter la sensation, et de faire naître le plaisir. La sensation est mobile, diverse, contradictoire; elle ne représente que les divers états ou modifications de l'âme. Si donc l'on considère seulement les impressions que l'art produit sur nous, on fait abstraction de la vérité qu'il nous révèle. Il devient même impossible de comprendre ses grands effets; car les sentiments qu'il excite en nous ne s'expliquent que par les idées qui y sont attachées.

L'élément sensible, néanmoins, occupe une grande place dans l'art. Quel rôle faut-il lui assigner? Il y a deux manières d'envisager les objets sensibles dans leur rapport avec notre esprit. Le premier est celui de la simple perception des objets par les sens. L'esprit alors ne saisit que leur côté individuel, leur forme particulière et concrète; l'essence, la loi, la substance des choses lui échappe. En même temps le besoin qui s'éveille en nous est celui de les approprier à notre usage, de les consommer, de les détruire. L'âme, en face de ces objets, sent sa dépendance, elle ne peut les contempler d'un œil libre et désintéressé.

Un autre rapport des êtres sensibles avec l'esprit est celui de la pensée spéculative ou de la science. Ici, l'intelligence ne se contente plus de percevoir l'objet dans sa forme concrète et son individualité, elle écarte le côté individuel pour en abstraire et en dégager la loi, le général, l'essence. La raison s'élève ainsi au-dessus de la forme individuelle, perçue par les sens, pour concevoir l'idée pure dans son universalité.

L'art diffère à la fois de l'un et de l'autre de ces deux modes, il tient le milieu entre la perception sensible et l'abstraction rationnelle. Il se distingue de la première en ce qu'il ne s'attache pas au réel, mais à l'apparence, à la forme de l'objet, et qu'il n'éprouve aucun besoin intéressé de le consommer, de le faire servir à un usage, de l'utiliser. Il diffère de la science en ce qu'il s'intéresse à l'objet particulier et à sa forme sensible. Ce qu'il aime à voir en lui, ce n'est ni sa réalité matérielle ni l'idée pure dans sa généralité, mais une apparence, une image de la vérité, quelque chose d'idéal qui apparaît en lui; il saisit le lien des deux termes, leur accord et leur intime harmonie. Aussi le besoin qu'il éprouve est-il tout contemplatif. En présence de ce spectacle, l'âme se sent affranchie de tout désir intéressé.

En un mot, l'art crée à dessein des images, des apparences destinées à représenter des idées, à nous montrer la vérité sous des formes sensibles. Par là, il a la vertu de remuer l'âme dans ses profondeurs les plus intimes, de lui faire éprouver les pures jouissances attachées à la vue et à la contemplation du beau.

Les deux principes se retrouvent également combinés dans l'artiste. Le côté sensible est renfermé dans la faculté qui crée, dans l'imagination. Ce n'est pas par un travail mécanique, dirigé par des règles apprises, qu'il exécute ses œuvres. Ce n'est pas non plus par un procédé de réflexion semblable à celui du savant qui cherche la vérité. L'esprit a conscience de lui-même, mais il ne peut saisir d'une manière abstraite l'idée qu'il conçoit ; il ne peut se la représenter que sous des formes sensibles. L'image et l'idée coexistent dans sa pensée et ne peuvent se séparer. Aussi l'imagination est-elle un don de la nature. Le génie scientifique est plutôt une capacité générale qu'un talent inné et spécial. Pour réussir dans les arts, il faut un talent déterminé qui se révèle de bonne heure sous la forme d'un penchant vif et irrésistible et d'une certaine facilité à manier les matériaux de l'art. C'est là ce qui fait le peintre, le sculpteur, le musicien.

Telle est la nature de l'art. Si l'on se demande quel est son *but*, ici s'offrent les opinions les plus diverses. La plus commune est celle qui lui donne pour objet l'*imitation*. C'est le fond de presque toutes les théories sur l'art. Or, à quoi bon reproduire ce que la nature déjà offre à nos regards? ce travail puéril, indigne de l'esprit auquel il s'adresse, indigne de l'homme qui le produit, n'aboutirait qu'à lui révéler son impuissance et la vanité de ses efforts ; car la copie restera toujours au-dessous de l'original. D'ailleurs, plus l'imitation est exacte, moins le plaisir est vif. Ce qui nous plaît, c'est non d'imiter, mais de créer. La plus petite invention surpasse tous les chefs-d'œuvre d'imitation.

En vain dira-t-on que l'art doit imiter la belle nature. Choisir n'est plus imiter. La perfection dans l'imitation, c'est l'exactitude ; le choix suppose d'ailleurs une règle : où prendre le criterium ? Que signifie enfin l'imitation dans l'architecture, dans la musique et même dans la poésie ? Tout au plus peut-on rendre compte ainsi de la poésie descriptive, c'est-à-dire du genre le plus prosaïque. — Il faut en conclure que si, dans ses compositions, l'art emploie les formes de la nature et doit les étudier, son but n'est pas de les copier et de les reproduire. Plus haute est sa mission, plus libre est son procédé. Rival de la nature, comme elle et mieux qu'elle, il représente des idées ; il se sert de ses formes comme de symboles pour les exprimer, et celles-ci, il les façonne elles-mêmes, les refait sur un type plus parfait et plus pur. Ce n'est pas en vain que ses œuvres s'appellent les créations du génie de l'homme.

Un second système substitue à l'imitation l'*expression*. L'art, dès lors, a pour but non de représenter la forme extérieure des choses, mais leur principe interne et vivant, en particulier les idées, les sentiments, les passions et les situations de l'âme.

Moins grossière que la précédente, cette théorie n'en est pas moins fausse et dangereuse. Distinguons ici deux choses : l'idée et l'expression, le fond et la forme. Or, si l'art est destiné à tout exprimer, si l'expression est l'objet essentiel, le fond est indifférent. Pourvu que le tableau soit fidèle, l'expression vive et animée, le bon et le mauvais, le vicieux, le hideux, le laid comme le beau ont droit d'y figurer au même titre. Immoral, licencieux, impie, l'artiste aura rempli sa tâche et atteint la perfection dès qu'il aura su rendre fidèlement une situation, une passion, une idée vraie ou fausse. Il est clair que si, dans ce système, le côté de l'imitation est changé, le procédé est le même. L'art n'est qu'un écho, une langue harmonieuse ; c'est un miroir vivant où viennent se refléter tous les sentiments et toutes les passions. La partie basse et la partie noble de l'âme s'y disputent la même place. Le vrai, ici, c'est le réel, ce sont les objets les plus divers et les plus contradictoires. Indifférent sur le fond, l'artiste ne s'attache qu'à le bien rendre ; il se soucie peu de la vérité en soi. Sceptique ou enthousiaste sans choix, il nous fait partager le délire des bacchantes ou l'indifférence du sophiste.

Tel est le système qui prend pour devise la maxime : *l'art pour l'art*, c'est-à-dire l'expression pour elle-même. On connaît ses conséquences et la tendance fatale qu'il a de tout temps imprimée aux arts.

Un troisième système est celui du *perfectionnement moral*. On ne peut nier qu'un des effets de l'art ne soit d'adoucir et d'épurer les mœurs (*emollit mores*). En offrant l'homme en spectacle à lui-même, il tempère la rudesse de ses penchants et de ses passions ; il le dispose à la contemplation et à la réflexion ; il élève sa pensée et ses sentiments en les rattachant à un idéal qu'il lui fait entrevoir, à des idées d'un ordre supérieur. L'art a, de tout temps, été regardé comme un puissant instrument de civilisation, comme un auxiliaire de la religion : il est, avec elle, le premier instituteur des peuples ; c'est encore un moyen d'instruction pour les esprits incapables de comprendre la vérité autrement que sous le voile du symbole et par des images qui s'adressent aux sens comme à l'esprit.

Mais cette théorie, quoique bien supérieure aux précédentes, n'est pas non plus exacte. Son défaut est de confondre l'effet moral de l'art avec son véritable but. Cette confusion a des inconvénients qui ne frappent pas au premier coup d'œil. Que l'on prenne garde, cependant, qu'en assignant ainsi à l'art un but étranger on ne lui ravisse la liberté, qui est son essence et sans laquelle il n'y a pas d'inspiration ; que, par là, on ne l'empêche de produire les effets qu'on attend de lui.

Entre la religion, la morale et l'art existe une éternelle et intime harmonie ; mais ce ne sont pas moins des formes essentiellement diverses de la vérité, et, tout en conservant les liens qui les unissent, ils réclament une complète indépendance. L'art a ses lois, ses procédés, sa juridiction particulières ; s'il ne doit pas blesser le sens moral, c'est au sens du beau qu'il s'adresse ; lorsque ses œuvres sont pures, son effet sur les âmes est salutaire, mais il n'a pas pour but direct et immédiat de le produire. Le cherche-t-il, il court risque de le manquer et manque le sien propre. Supposez, en effet, que le but de l'art soit d'instruire sous le voile de l'allégorie : l'idée, la pensée abstraite et générale devra être présente à l'esprit de l'artiste au moment même de la composition. Il cherche alors une forme qui s'adapte à cette idée et lui serve de vêtement. Qui ne voit que ce procédé est l'opposé même de l'inspiration ? Il ne peut en naître que des œuvres froides et sans vie ; son effet ainsi ne sera ni moral ni religieux, il ne produira que l'ennui.

Une autre conséquence de l'opinion qui fait du perfectionnement moral l'objet de l'art et de ses créations, c'est que ce but s'impose si bien à l'art et le domine à tel point, que celui-ci n'a plus même le choix de ses sujets. Le moraliste sévère voudra qu'il ne représente que des sujets moraux. C'en est fait alors de l'art ; ce système a conduit Platon à bannir les poëtes de sa république. Si donc on doit maintenir l'accord de la morale et de l'art et l'harmonie de leurs lois, on doit aussi reconnaître leur différence et leur indépendance.

Pour bien comprendre cette distinction de la morale et de l'art, il faut avoir résolu le problème moral. La morale, c'est l'accomplissement du devoir par la volonté libre ; c'est la lutte entre la passion et la raison, le penchant et la loi, entre la chair et l'esprit. Elle roule sur une opposition. L'antagonisme est, en effet, la loi même du monde physique et moral. Mais cette opposition doit être levée. C'est la destinée des êtres qui se réalise incessamment, par le développement et le progrès des existences.

Or, dans la morale, cet accord entre les puissances de notre être, qui doit y rétablir la paix et le bonheur, n'existe pas. Elle le propose comme but à la volonté libre. Le but et l'accomplissement sont distincts. Le devoir est d'y tendre incessamment et avec effort. Ainsi, sous un rapport, la morale et l'art ont même principe et même but : l'harmonie du bien et du bonheur, des actes et de la loi. Mais ce par quoi ils diffèrent, c'est que, dans la morale, le but n'est jamais complétement atteint. Il apparaît séparé du moyen; la conséquence est également séparée du principe. L'harmonie du bien et du bonheur doit être le résultat des efforts de la vertu. Pour concevoir l'identité des deux termes, il faut s'élever à un point de vue supérieur qui n'est pas celui de la morale. Dans la science, également, la loi apparaît distincte du phénomène; l'essence, séparée de sa forme. Pour que cette distinction s'efface, il faut aussi un mode de conception qui n'est pas celui de la réflexion et de la science.

L'art, au contraire, nous offre dans une image visible l'harmonie réalisée des deux termes de l'existence, de la loi des êtres et de leur manifestation, de l'essence et de la forme, du bien et du bonheur. Le beau, c'est l'essence réalisée, l'activité conforme à son but et identifiée avec lui; c'est la force qui se déploie harmonieusement sous nos yeux, au sein des existences, et qui efface elle-même les contradictions de sa nature; heureuse, libre, pleine de sérénité au milieu même de la souffrance et de la douleur. Le problème de l'art est donc distinct du problème moral. Le bien, c'est l'accord cherché; le beau, c'est l'harmonie réalisée. C'est ainsi qu'il faut comprendre la pensée de Hegel ; il ne fait ici que l'indiquer, mais elle sera développée dans l'ouvrage entier.

Le véritable but de l'art est donc de représenter le beau, de révéler cette harmonie. C'est là son unique destination. Tout autre but, la purification, l'amélioration morale, l'édification, sont des accessoires ou des conséquences. La contemplation du beau a pour effet de produire en nous une jouissance calme et pure, incompatible avec les plaisirs grossiers des sens ; elle élève l'âme au-dessus de la sphère habituelle de ses pensées, elle la prédispose aux résolutions nobles et aux actions généreuses, par l'étroite affinité qui existe entre les trois sentiments et les trois idées du bien, du beau et du divin.

Telles sont les idées principales que contient cette introduction remarquable. Le reste, consacré à l'appréciation des travaux qui ont marqué le développement de la science esthétique en Allemagne depuis Kant, est peu susceptible d'analyse, et mérite moins de fixer notre attention.

La première partie de la science esthétique, que l'on pourrait appeler la métaphysique du beau, contient, avec l'analyse de l'idée du beau, les principes généraux communs à tous les arts. Ainsi, Hegel y traite : 1° *de l'idée abstraite du beau;* 2° *du beau dans la nature;* 3° *du beau dans l'art, ou de l'idéal.* Il termine par l'examen des qualités de l'*artiste*.

Mais avant d'aborder ces questions, il croit devoir marquer la place de l'art dans la vie humaine, et en particulier ses *rapports avec la religion et la philosophie.*

La destination de l'homme, la loi de sa nature, est de se développer incessamment, de tendre sans cesse vers l'infini. Il doit, en même temps, faire cesser l'opposition qu'il trouve en lui-même entre les éléments et les puissances de son être ; les mettre d'accord, en les réalisant et les développant au dehors. La vie physique est déjà une lutte entre des forces contraires, et l'être vivant ne se soutient qu'à cette condition de la lutte et du triomphe de la force qui le constitue. Chez l'homme, et dans l'ordre moral, cette lutte et cet affranchissement progressif se manifestent sous la forme de la liberté, qui est la plus haute destination de l'esprit. La liberté consiste à surmonter les obstacles qu'elle rencontre au dedans et au dehors, à écarter les limites, à effacer toute contradiction, à vaincre le mal et la douleur, pour se mettre en harmonie avec le monde et avec elle-même. Dans la vie réelle, l'homme cherche à détruire cette opposition par la satisfaction de ses besoins physiques. Il appelle à son secours l'industrie et les arts utiles ; mais il n'obtient ainsi que des jouissances bornées, relatives, passagères. Il trouve un plaisir plus noble dans la science, qui fournit un aliment à son ardente curiosité, lui promet de lui faire découvrir les lois de la nature et de lui dévoiler les secrets de l'univers. La vie civile ouvre une autre carrière à son activité : il brûle d'y réaliser ses conceptions; il marche à la conquête du droit, et poursuit l'idéal de justice qu'il porte en lui-même. Il s'efforce de réaliser dans la société civile son instinct de sociabilité, qui est aussi la loi de son être et un des penchants fondamentaux de sa nature morale.

Mais là encore il ne rencontre qu'un bonheur imparfait, des bornes et des obstacles qu'il ne peut surmonter, et contre lesquels sa volonté se brise. Il ne peut obtenir la réalisation parfaite de ses idées, atteindre l'idéal que rêve son esprit et après lequel il soupire. C'est alors qu'il sent le besoin de s'élever à une sphère supérieure où toutes les contradictions s'effacent, où se réalise l'idée du bien et du bonheur dans leur parfait accord et leur constante harmonie. Ce besoin profond de l'âme se satisfait de trois manières : dans l'*art*, dans la *religion* et dans la *philosophie*.

L'art est appelé à nous faire contempler le vrai, l'infini, sous des formes sensibles ; car le beau, c'est l'unité, l'harmonie réalisée des deux principes de l'existence, de l'idée et de la forme de l'infini, et du fini. C'est le principe et l'essence cachée des êtres, rayonnant à travers leur forme visible. L'art nous présente dans ses œuvres l'image de cet heureux accord où cesse toute opposition, où toute contradiction s'efface. Tel est le but de l'art : représenter le divin, l'infini, sous des formes sensibles. C'est là sa mission ; il n'en a pas d'autre, et lui seul peut la remplir. A ce titre, il vient se placer à côté de la religion, et conserve son indépendance ; il prend aussi son rang auprès de la philosophie, qui a pour objet la connaissance du vrai, de la vérité absolue.

Semblables donc pour le fond et par leur objet, ces trois sphères se distinguent par la forme sous laquelle elles se révèlent à l'esprit et à la conscience de l'homme. L'art s'adresse à la perception sensible et à l'imagination ; la religion s'adresse à l'âme, à la conscience et au sentiment ; la philosophie s'adresse à la pensée pure ou à la raison, qui conçoit la vérité d'une manière abstraite.

L'art, qui nous offre la vérité sous des formes sensibles, ne répond pourtant pas au besoin le plus profond de l'âme. L'esprit est possédé du désir de rentrer en lui-même, de contempler la vérité dans l'intimité de la conscience. Au-dessus du domaine de l'art, se place donc la religion, qui révèle l'infini, et, par la méditation, transporte au fond du cœur, au foyer de l'âme, ce que l'art fait contempler à l'extérieur. Quant à la philosophie, son objet propre est de concevoir et de comprendre par l'intelligence seule, sous la forme abstraite, ce qui est donné comme sentiment ou comme représentation sensible.

I. DE L'IDÉE DU BEAU. — Après ces préliminaires, Hegel aborde les questions qui forment l'objet de cette première partie. Il traite d'abord de l'*idée du beau* en elle-même, dans sa nature abstraite. En dégageant sa pensée des formes métaphysiques qui la rendent peu saisissable aux esprits non familiarisés avec son système, on arrive à cette définition déjà contenue dans ce qui précède : le beau, c'est le vrai, c'est-à-dire l'essence, la substance intime des choses ; le vrai, non tel que l'esprit le conçoit dans sa nature abstraite et pure, mais manifesté aux sens sous des formes visibles. C'est la *manifestation sensible de l'idée*, qui est l'âme et le principe des choses. Cette définition revient à celle de Platon : le beau est la *splendeur du vrai*.

Quels sont les caractères du beau ? 1° Il est infini, en ce sens que c'est le principe divin lui-même qui se révèle et se manifeste, et que la forme qui l'exprime, au lieu de le limiter, le réalise et se confond avec lui. 2° Il est libre, car la vraie liberté n'est pas l'absence de règle et de mesure, c'est la force qui se déploie facilement et harmonieusement. Elle apparaît au sein des êtres du monde sensible, comme leur principe de vie, d'unité, d'harmonie, soit affranchie de tout obstacle, soit victorieuse et triomphante dans la lutte, toujours calme et sereine.

Le spectateur qui contemple la beauté se sent également libre, et prend conscience de sa nature infinie. Il goûte un plaisir pur, résultant de l'accord senti des puissances de son être; une jouissance céleste et divine, qui n'a rien de commun avec les jouissances matérielles, et ne laisse subsister dans l'âme aucun désir impur et grossier.

La contemplation du beau n'éveille aucun semblable désir; elle se suffit à elle-même, et n'est accompagnée d'aucun retour du moi sur lui-même. Elle laisse l'objet se conserver indépendant, pour lui-même. L'âme éprouve quelque chose d'analogue à la félicité divine; elle se sent transportée dans une sphère étrangère aux misères de la vie et de l'existence terrestre.

Cette théorie, on le voit, n'aurait besoin que d'être développée pour rentrer tout à fait dans la théorie platonicienne. Hegel se borne à l'indiquer. On y reconnaît aussi les résultats de l'analyse de Kant.

II. DU BEAU DANS LA NATURE. — Quoique la science ne puisse s'arrêter à décrire les beautés de la nature, elle doit néanmoins étudier, d'une manière générale, les caractères du beau tel qu'il nous apparaît dans le monde physique et dans les êtres qu'il renferme. C'est le sujet d'un chapitre assez étendu, et qui a pour titre : *Du Beau dans la nature*. Hegel y envisage d'abord la question du point de vue particulier de sa philosophie, et il applique sa théorie de l'*idée*. Toutefois, les résultats auxquels il arrive et la manière dont il décrit les formes de la beauté physique peuvent être compris et acceptés indépendamment de son système, peu propre, il faut l'avouer, à jeter de la lumière sur ce sujet.

Le beau dans la nature, c'est la première manifestation de l'idée. Les degrés successifs de la beauté répondent au développement de la vie et de l'organisation dans les êtres. L'*unité* en est le caractère essentiel. Ainsi, dans le minéral, la beauté consiste dans l'arrangement ou la disposition des parties, dans la force qui y réside et qui se révèle par cette unité. Le système astronomique nous offre une unité plus parfaite et une beauté supérieure. Les corps, dans ce système, tout en conservant leur existence propre, se coordonnent en un tout dont les parties sont indépendantes, quoique rattachées à un centre commun, qui est le soleil. La beauté de cet ordre nous frappe par la régularité des mouvements des corps célestes. Une unité plus réelle et plus vraie est celle qui se manifeste dans les êtres organisés et vivants. L'unité, ici, consiste dans un rapport de réciprocité et d'enchaînement mutuel entre les organes ; de sorte que chacun d'eux perd son existence indépendante pour faire place à une unité toute idéale qui se révèle comme le principe de vie qui les anime.

La vie est belle dans la nature ; car elle est l'essence, la force, l'idée réalisée sous sa première forme. Cependant la beauté dans la nature est encore tout extérieure, elle n'a pas conscience d'elle-même ; elle n'est belle que pour une intelligence qui la voit et la contemple.

Comment percevons-nous la beauté dans les êtres de la nature ?

La beauté, chez les êtres vivants et animés, n'est ni le mouvement accidentel et capricieux, ni la simple conformité de ces mouvements à un but, l'enchaînement régulier des parties entre elles. Ce point de vue est celui du naturaliste, du savant ; ce n'est pas celui du beau. La beauté, c'est la forme totale en tant qu'elle révèle la force qui l'anime ; c'est cette force elle-même, manifestée par un ensemble de formes, de mouvements indépendants et libres ; c'est l'harmonie intérieure qui se révèle dans cet accord secret des membres, et qui se trahit au dehors, sans que l'œil s'arrête à considérer le rapport des parties au tout, et leurs fonctions ou leur enchaînement réciproque, comme le fait la science. L'unité se montre seulement à l'extérieur, comme le principe qui lie les membres. Elle se manifeste surtout par la sensibilité. Le point de vue du beau est donc celui de la pure contemplation, non celui de la réflexion, qui analyse, compare, saisit le rapport des parties et leur destination.

Cette unité intérieure et visible, cet accord et cette harmonie ne sont pas distincts de la matière, c'est sa forme même. Là est ce principe qui sert à déterminer la beauté dans les règnes inférieurs, la beauté du cristal et de ses formes régulières, formes produites par une force intérieure et libre. Une pareille activité se développe d'une manière plus parfaite dans l'organisme vivant, ses contours, la disposition de ses membres, les mouvements et l'expression de la sensibilité.

Telle est la beauté dans les êtres individuels. Il en est autrement quand nous considérons la nature dans son ensemble, la beauté d'un paysage, par exemple. Il ne s'agit plus ici d'une disposition organique de parties et de la vie qui les anime; nous avons sous les yeux une riche multiplicité d'objets qui forment un ensemble, des montagnes, des arbres, une rivière, etc. Dans cette diversité apparaît une unité extérieure qui nous intéresse par son caractère agréable ou imposant. A cet aspect s'ajoute la propriété qu'ont les objets de la nature d'éveiller en nous, sympathiquement, des sentiments, par la secrète analogie qui existe entre eux et les situations de l'âme humaine.

Tel est l'effet que produit le silence de la nuit, le calme d'une vallée silencieuse, l'aspect sublime d'une vaste mer en courroux, la grandeur imposante du ciel étoilé. Le sens de ces objets n'est pas en eux-mêmes, ils ne sont que les symboles des sentiments de l'âme qu'ils excitent. C'est ainsi que nous prêtons aux animaux les qualités qui n'appartiennent qu'à l'homme, le courage, la force, la ruse. Le beau physique est un reflet du beau moral.

En résumé, le beau physique, envisagé dans son fond ou son essence, consiste dans la manifestation du principe caché, de la force qui se développe au sein de la matière. Cette force se révèle d'une manière plus ou moins parfaite par l'unité dans la matière inerte, et les divers modes de l'organisation dans les êtres vivants.

Hegel consacre ensuite un examen spécial au côté extérieur ou à la beauté de la *forme* dans les êtres de la nature. Le beau physique, considéré extérieurement, s'offre successivement sous les aspects de la *régularité* et de la *symétrie*, de la *conformité* à une loi et de l'*harmonie*, enfin de la *pureté* et de la simplicité de la matière.

1° La *régularité*, qui n'est que la répétition d'une forme égale à elle-même, est la forme la plus élémentaire et la plus simple. Déjà dans la *symétrie* apparaît une diversité qui rompt l'uniformité. Ces deux formes du beau appartiennent à la *quantité*, et constituent la beauté mathématique ; elles se trouvent dans les corps organiques et inorganiques, les minéraux, les cristaux. Dans les plantes s'offrent des formes moins régulières et plus libres. Dans l'organisation des animaux, cette disposition régulière et symétrique s'efface de plus en plus, à mesure que l'on s'élève aux degrés supérieurs de l'échelle animale.

2° La *conformité à une loi* marque un degré plus élevé encore, et sert de transition à des formes plus dégagées et plus libres. Ici apparaît un accord plus réel et plus profond, qui commence à échapper à la rigueur mathématique. Ce n'est plus un simple rapport numérique où la quantité joue le principal rôle ; on entrevoit un rapport de *qualité* entre des termes différents. Une loi règle l'ensemble, mais elle ne peut se calculer ; elle reste un lien caché qui se révèle au spectateur. Telle est la ligne ovale et surtout la ligne *ondoyante* qui a été donnée par Hogart comme la ligne de la beauté. Ces lignes déterminent, en effet, les belles formes de la nature organique dans les êtres vivants d'un ordre élevé, et surtout les belles formes du corps humain, de l'homme et de la femme.

3° L'*harmonie* est un degré supérieur encore aux précédents, et elle les contient ; elle consiste dans un ensemble d'éléments essentiellement distincts, mais dont l'opposition est détruite et ramenée à l'unité par un accord secret, une convenance réciproque. Telle est l'harmonie des formes et des couleurs, celle des sons et des mouvements. Ici l'unité est plus forte, plus prononcée, précisément parce que les différences et les oppositions sont plus marquées. Toutefois l'harmonie n'est pas encore la vraie unité, l'unité spirituelle, celle de l'âme, quoique celle-ci possède en elle un principe d'harmonie. L'harmonie seule ne révèle encore ni l'âme ni l'esprit, comme on le voit dans la musique et la danse.

La beauté existe aussi dans la matière elle-même, abstraction faite de sa forme ; elle consiste alors dans l'unité et la *simplicité* qui constitue la *pureté*. Telle est la pureté du ciel et de l'atmosphère, la pureté des couleurs et des sons ; celle de certaines substances, des pierres précieuses, de l'or et du diamant. Les couleurs pures et simples sont aussi les plus agréables.

Après avoir décrit le beau dans la nature, pour faire comprendre la nécessité d'une beauté supérieure et plus idéale, Hegel fait ressortir les *imperfections* du beau réel. Il part de la vie animale, qui est le point le plus élevé auquel nous sommes parvenus, et il insiste sur les caractères et les causes de cette imperfection.

Ainsi 1°, dans l'animal, quoique l'organisme soit plus parfait que celui de la plante, ce que nous voyons ce n'est pas le point central de la vie ; le siége particulier des opérations de la force qui anime l'ensemble nous reste caché. Nous ne voyons que les contours de la forme extérieure recouverte de poils, d'écailles, de plumes, de peau ; 2° le corps humain offre, il est vrai, de plus belles proportions et une forme plus parfaite, parce qu'en lui partout se manifeste la vie, la sensibilité, dans la couleur, la chair, les mouvements plus libres, les attitudes plus nobles, etc. Cependant ici, outre des imperfections dans les détails, la sensibilité n'apparaît pas également répandue. Certaines parties sont affectées aux fonctions animales et montrent cette destination dans leur forme. D'ailleurs, les individus dans la nature, placés qu'ils sont sous la dépendance des causes extérieures et sous l'influence des éléments, subissent l'empire de la nécessité et du besoin. Sous l'action continuelle de ces causes, l'être physique est exposé à perdre la plénitude de ses formes et la fleur de sa beauté ; rarement ces causes lui permettent d'atteindre à son développement complet, facile, régulier. Le corps humain est soumis à une pareille dépendance des agents extérieurs. Si on passe du monde physique dans le monde moral ou social, cette dépendance éclate encore davantage.

Partout se manifeste la diversité et l'opposition des tendances et des intérêts. L'individu ne peut conserver l'apparence d'une force libre, dans la plénitude de sa vie et de sa beauté.

Chaque être individuel est limité et particularisé dans son excellence. Sa vie s'écoule dans un cercle étroit de l'espace et du temps ; il appartient à une espèce déterminée ; son type est donné, sa forme arrêtée, les conditions de son développement sont fixées. Le corps humain lui-même offre, sous le rapport de la beauté, une progression de formes dépendantes de la diversité des races. Puis viennent les qualités héréditaires, les particularités qui tiennent au tempérament, à la profession, à l'âge, au sexe. Toutes ces causes altèrent, défigurent le type primitif le plus pur et le plus parfait.

Toutes ces imperfections se résument dans un mot : le fini. La vie animale et la vie humaine ne réalisent qu'imparfaitement leur idée. Dès lors l'esprit, ne pouvant trouver dans les bornes du réel le spectacle et la jouissance de sa propre liberté, cherche à se satisfaire dans une région plus élevée, celle de l'*art* ou de l'*idéal*.

III. DU BEAU DANS L'ART OU DE L'IDÉAL. — L'art a pour but la représentation de l'idéal. Or, qu'est-ce que l'*idéal*? C'est le beau à un degré de perfection supérieur à la beauté réelle. C'est la force, la vie, l'esprit, l'essence des êtres se développant harmonieusement dans une réalité sensible qui est son image resplendissante, son expression fidèle ; c'est la beauté dégagée et purifiée des accidents qui la voilent et la défigurent, qui altèrent sa pureté dans le monde réel.

L'idéal, dans l'art, n'est donc pas le contraire du réel, mais le réel idéalisé, purifié, rendu conforme à son idée et l'exprimant parfaitement. En un mot, il est l'accord parfait de l'idée et de la forme sensible.

D'un autre côté, le véritable idéal, ce n'est pas la vie à ses degrés inférieurs, la force aveugle non encore développée, mais l'âme arrivée à la conscience d'elle-même, libre, jouissant pleinement de ses facultés ; c'est la vie, mais la vie spirituelle, l'esprit, en un mot. La représentation du principe spirituel dans la plénitude de sa vie et de sa liberté, avec ses hautes conceptions, ses sentiments profonds et nobles, ses joies et ses souffrances, voilà le vrai but de l'art, le véritable idéal.

Enfin l'idéal n'est pas une abstraction sans vie, une froide généralité, c'est le principe spirituel sous la forme de l'individualité vivante, dégagée des liens du fini et se développant dans son harmonie parfaite avec sa nature intime ou avec son essence.

On voit, dès lors, quels sont les caractères de l'idéal. Il est évident qu'à tous ses degrés c'est le calme, la sérénité, la félicité, l'existence heureuse affranchie des misères et des besoins de la vie. Cette sérénité n'exclut pas le sérieux ; car l'idéal apparaît au milieu des combats de la vie ; mais jusque dans les plus rudes épreuves, au milieu des déchirements de la souffrance, l'âme conserve un calme apparent comme trait fondamental. C'est la félicité dans la souffrance, la glorification de la douleur, le sourire dans les larmes. L'écho de cette félicité retentit dans toutes les sphères de l'idéal.

Il importe de déterminer avec plus de précision encore les rapports de l'*idéal* et du *réel*.

L'opposition de l'idéal et du réel a donné lieu à deux opinions contraires. Les uns font de l'idéal quelque chose de vague, une généralité abstraite sans individualité et sans vie. D'autres préconisent le naturel, l'imitation du réel dans les détails les plus minutieux et les plus prosaïques. Égale exagération ! La vérité est entre les deux extrêmes.

D'abord, l'idéal peut être, en effet, quelque chose d'extérieur et d'accidentel, une forme ou une apparence insignifiante, une existence commune. Mais ce qui constitue l'idéal, à ce degré inférieur, c'est que cette réalité, imitée par l'art, est une création de l'esprit, qui devient alors quelque chose d'artificiel, non de réel. C'est une image et une métamorphose. Cette image, d'ailleurs, est plus permanente que son modèle, plus durable que l'objet réel. En fixant ce qui est mobile et passager, en éternisant ce qui est momentané, fugitif, une fleur, un sourire, l'art surpasse la nature et l'idéalise.

Mais il ne s'arrête pas là. Au lieu de reproduire simplement les objets, tout en leur conservant leur forme naturelle, il saisit leur caractère intime et profond, il étend leur signification, il leur donne un sens plus élevé, plus général; car il doit manifester le général dans l'individuel, rendre visible l'idée qu'ils représentent, leur type éternel et fixe. Il laisse partout percer ce caractère de généralité, sans le réduire en abstraction. Aussi l'artiste ne reproduit pas servilement tous les traits de l'objet et ses accidents, mais seulement les traits vrais, conformes à son idée. Si donc il prend la nature pour modèle, il la surpasse encore et l'idéalise. Le naturel, la fidélité, la vérité, ce n'est pas l'imitation exacte, mais la parfaite conformité de la forme avec l'idée; c'est la création d'une forme plus parfaite dont les traits essentiels représentent plus fidèlement, plus clairement l'idée, qu'elle n'est exprimée dans la nature même. Savoir dégager l'élément énergique, essentiel, significatif dans les objets, telle est la tâche de l'artiste. L'idéal n'est donc pas le réel, qui contient beaucoup d'éléments insignifiants, inutiles, confus, étrangers ou contraires à l'idée. Le naturel, ici, perd son sens vulgaire; par ce mot il faut entendre l'expression supérieure de l'esprit. L'idéal, c'est une nature transfigurée, glorifiée.

Quant à la nature vulgaire et commune, si l'art la prend aussi pour objet, ce n'est pas pour elle-même, mais à cause de ce qu'elle a de vrai, d'excellent, d'intéressant, de naïf ou de gai, comme dans la peinture de genre, dans la peinture hollandaise en particulier. Elle occupe toutefois un degré inférieur et ne peut avoir la prétention de se placer à côté des grandes compositions de l'art.

Mais il existe d'autres sujets, une nature plus élevée et plus idéale. L'art, à son point culminant, représente le développement des puissances internes de l'âme, ses grandes passions et ses sentiments profonds, ses hautes destinées. Or, il est clair que l'artiste ne trouve pas dans le monde réel des formes assez pures, assez idéales, pour qu'il n'ait ici qu'à imiter ou copier. D'ailleurs, quand même la forme serait donnée, il faut y ajouter l'expression. De plus, il doit opérer, dans une juste mesure, l'alliance de l'individuel et du général, de la forme et de l'idée; créer un idéal vivant où l'idée pénètre et anime partout l'apparence et la forme sensible, de sorte qu'il n'y ait rien de vide, d'insignifiant, rien qui ne soit animé de la même expression. Où trouvera-t-il dans le monde réel cette harmonie, cette juste mesure, cette animation et cette exacte correspondance de toutes les parties et de tous les détails conspirant à un même but, à un même effet? Dire qu'il parviendra à concevoir et à réaliser l'idéal en faisant un heureux choix d'idées et de formes, c'est ignorer le secret de la composition artistique ; c'est méconnaître le procédé tout spontané du génie, l'inspiration, qui crée d'un seul jet, la remplacer par un travail réfléchi qui n'aboutit qu'à produire des œuvres froides et sans vie.

Il ne suffit pas d'avoir défini l'idéal d'une manière abstraite ; l'idéal s'offre à nous dans les œuvres de l'art, sous des formes très-variées et très-différentes. Ainsi la sculpture le représente sous les traits immobiles de ses figures. Dans les autres arts, il affecte la forme du mouvement et de l'action ; dans la poésie, en particulier, il se manifeste au milieu des situations et des événements les plus variés, de conflits entre des personnages animés de passions diverses. Comment et à quelles conditions chaque art, en particulier, est-il appelé à représenter ainsi l'idéal? C'est ce qui sera l'objet de la théorie des arts. Dans l'exposition générale des principes de l'art, on peut néanmoins essayer de marquer les degrés de ce développement, étudier les principaux aspects sous lesquels il se manifeste. Tel est l'objet des considérations qui ont pour titre : *De la Détermination de l'idéal*, et que l'auteur développe avec complaisance dans cette première partie de l'ouvrage. Nous ne pouvons que retracer sommairement les idées principales, nous attachant à en marquer la suite et l'enchaînement.

Voici la gradation que l'auteur établit entre les formes, de plus en plus *déterminées*, de l'idéal :

1° L'*idéal*, sous la forme la plus élevée, c'est l'idée divine, le divin tel que l'imagination peut se le représenter sous des formes sensibles : tel est l'idéal grec des divinités du polythéisme ; l'idéal chrétien, dans sa plus haute pureté, sous les traits de Dieu le Père, du Christ, de la Vierge, des apôtres, etc. A la sculpture et à la peinture, surtout, il est donné de nous en offrir l'image. Ses traits essentiels sont le calme, la majesté, la sérénité.

2° A un degré moins élevé, mais plus déterminé, dans le cercle de la vie humaine, l'idéal nous apparaît, chez l'homme, comme la victoire des principes éternels qui remplissent le cœur humain, le triomphe de la partie noble de l'âme sur la partie inférieure et passionnée. Le noble, en effet, l'excellent, le parfait, dans l'âme humaine, c'est le principe moral et divin qui se manifeste en lui, qui gouverne sa volonté et lui fait accomplir de grandes actions ; c'est la vraie source du dévouement et de l'héroïsme.

3° Mais l'idéal, dès qu'il se manifeste dans le monde réel, ne peut se développer que sous la forme d'une *action*. Or l'action elle-même a pour condition la lutte entre des principes et des personnages divisés d'intérêts, d'idées, de passions et de caractères. C'est là ce que représente, en particulier, la poésie, l'art par excellence, le seul qui puisse reproduire une action dans ses phases successives, avec ses complications, ses péripéties, sa catastrophe et son dénoûment.

L'*action*, si on la considère de plus près, renferme les conditions suivantes : elle suppose : 1° un monde qui lui serve de base et de théâtre, une *forme de société* qui la rende possible et soit favorable au développement des figures idéales ; 2° une *situation* déterminée où soient placés les personnages, qui rende nécessaire la lutte entre des intérêts et des passions contraires, d'où naisse une *collision* ; 3° une *action* proprement dite, qui se développe dans ses moments essentiels, qui ait un commencement, un milieu et une fin. Cette action, pour offrir un haut intérêt, doit rouler sur des idées d'un ordre élevé, qui inspirent et soutiennent les personnages, ennoblissent leurs passions et forment la base de leur caractère.

Hegel traite, d'une manière générale, chacun de ces points, qui reparaîtront de nouveau, sous une forme plus spéciale, dans l'étude de la poésie, et en particulier de la poésie épique et dramatique.

1° L'état de société le plus favorable à l'idéal est celui qui permet le mieux aux personnages d'agir en liberté, de révéler une haute et puissante personnalité. Ce ne peut donc être un ordre social où tout est fixé, réglé par les lois et une constitution. Ce n'est pas non plus l'état sauvage, où tout est livré au caprice et à la violence, et où l'homme dépend de mille causes extérieures qui rendent son existence précaire. Or l'état intermédiaire entre l'état barbare et une civilisation avancée, c'est l'*âge héroïque*, celui où les poëtes épiques placent leur action, et auquel les poëtes tragiques eux-mêmes ont souvent emprunté leurs sujets et leurs personnages. Ce qui caractérise les héros à cette époque, c'est surtout l'indépendance qui se manifeste dans leurs caractères et dans leurs actes. D'un autre côté, le héros est tout d'une pièce ; il assume non-seulement la responsabilité de ses actes et leurs conséquences, mais les suites des actions qu'il n'a pas commises, des fautes ou des crimes de sa race : c'est toute une race qui se personnifie en lui.

Une autre raison pour que les existences idéales de l'art appartiennent aux âges mythologiques et aux époques reculées de l'histoire, c'est que l'artiste ou le poëte, en représentant ou en racontant les événements, ont la main plus libre dans leurs créations idéales. L'art affectionne aussi, pour le même motif, les conditions supérieures de la société, celles des princes en particulier, à cause de l'indépendance parfaite de volonté et d'action qui les caractérise. Sous ce rapport, notre société actuelle, avec son organisation civile et politique, ses mœurs, son administration, sa police, etc., est prosaïque. La sphère d'activité de l'individu est trop limitée ; il rencontre partout des bornes et des entraves à sa volonté. Les monarques eux-mêmes sont soumis à ces conditions ; leur pouvoir est limité par les institutions, les lois et les coutumes. La guerre, la paix, les traités se déterminent par les relations politiques indépendantes de leur volonté.

Les plus grands poëtes n'ont pu échapper à ces conditions ; et quand ils ont voulu représenter des personnages plus rapprochés de nous, comme Charles Moor ou Wallenstein, ils ont été obligés de les mettre en révolte contre la société ou contre leur souverain. Encore ces héros courent à une ruine inévitable, ou ils tombent dans le ridicule d'une situation dont le don Quichotte de Cervantes nous donne le plus frappant exemple.

2° Pour représenter l'idéal dans des personnages ou dans une action, il faut non-seulement un monde favorable auquel le sujet soit emprunté, mais une *situation*.

Cette situation peut être soit indéterminée, comme celle de beaucoup de personnages immobiles de la sculpture antique ou religieuse, soit déterminée, mais encore peu sérieuse. Telles sont aussi la plupart des situations des personnages de la sculpture antique. Enfin, elle peut être sérieuse et fournir matière à une action véritable. Elle suppose alors une opposition, une action et une réaction, un conflit, une *collision*. La beauté de l'idéal consiste dans le calme et la perfection absolus. Or la collision détruit cette harmonie. Le problème de l'art consiste donc ici à faire en sorte que l'harmonie reparaisse au dénoûment. La poésie seule est capable de développer cette opposition, sur laquelle roule l'intérêt de l'art tragique en particulier.

Sans examiner ici la nature des différentes *collisions* dont l'étude appartient à la théorie de l'art dramatique, on doit remarquer déjà que les collisions du genre le plus élevé sont celles où la lutte s'engage entre des puissances morales, comme dans les tragédies anciennes : c'est le sujet de la vraie tragédie classique, à la fois morale et religieuse, comme on le verra par la suite.

Ainsi l'idéal, à ce degré supérieur, c'est la manifestation des puissances morales et des idées de l'esprit, des grands mouvements de l'âme et des caractères, qui apparaissent et se révèlent dans le développement de la représentation.

3° Dans l'*action* proprement dite, trois choses sont à considérer qui en constituent l'objet idéal : 1° les intérêts généraux, les idées, les principes universels dont l'opposition forme le fond même de l'action ; 2° les personnages ; 3° leur caractère et leurs passions, ou les motifs qui les font agir.

D'abord les principes éternels de la religion, de la morale, de la famille, de l'Etat, les grands sentiments de l'âme, l'amour, l'honneur, etc., voilà ce qui fait la base, le véritable intérêt de l'action. Ce sont les grands et vrais motifs de l'art, le thème éternel de la haute poésie.

A ces puissances légitimes et vraies s'en ajoutent d'autres sans doute, les puissances du mal, mais elles ne doivent pas être représentées comme formant le fond même et le but de l'action. « Si l'idée, le but, est quelque chose de mal, de
« faux, de mauvais en soi, la laideur du fond permettra
« encore moins la beauté de la forme... La sophistique des
« passions peut bien, par une peinture vraie, essayer de
« représenter le faux sous les couleurs du vrai ; mais elle ne
« nous met sous les yeux qu'un sépulcre blanchi... La
« cruauté, l'emploi violent de la force se laissent supporter
« dans la représentation, mais seulement lorsqu'ils sont re-
« levés par la grandeur du caractère et ennoblis par le but
« que poursuivent les personnages. La perversité, l'envie, la
« lâcheté, la bassesse ne sont que repoussantes.

« Le mal en soi est dépouillé d'intérêt véritable, parce que
« rien que de faux ne sort de ce qui est faux ; il ne produit
« que malheur, tandis que l'art doit mettre sous nos yeux
« l'ordre et l'harmonie. Les grands artistes, les grands poëtes
« de l'antiquité ne nous donnent jamais le spectacle de la
« méchanceté pure et de la perversité. »

Nous citons ce passage parce qu'il marque le caractère et le ton de haute moralité qui domine dans tout l'ouvrage, ainsi que nous aurons l'occasion de le faire observer plus d'une fois dans la suite.

Si les idées et les intérêts de la vie humaine forment le fond de l'action, celle-ci s'accomplit par des *personnages* sur lesquels l'intérêt se fixe. Les idées générales peuvent déjà être personnifiées dans des êtres supérieurs à l'homme, dans des divinités comme celles qui figurent dans l'épopée et la tragédie anciennes. Mais c'est à l'homme que revient l'action proprement dite ; c'est lui qui occupe la scène. Or, comment concilier l'action divine avec l'action humaine, la volonté des dieux et celle de l'homme ? Tel est le problème contre lequel ont échoué beaucoup de poëtes et d'artistes. Pour maintenir l'équilibre, il est nécessaire que les dieux aient la direction suprême et que l'homme conserve sa liberté, son indépendance ; sans quoi l'homme n'est plus qu'un instrument passif de la volonté des dieux, la fatalité pèse sur tous ses actes. La véritable solution consiste à maintenir l'identité des deux termes malgré leur différence, à faire en sorte que ce qui est attribué aux dieux paraisse à la fois émaner de la nature intime des personnages et de leur caractère. C'est au talent de l'artiste à concilier les deux aspects. « Le cœur de l'homme doit se révéler dans ses dieux, personnifications des grands mobiles qui le sollicitent et le gouvernent à l'intérieur. »

C'est le problème qu'ont résolu les grands poëtes de l'antiquité, Homère, Eschyle, Sophocle.

Les principes généraux, ces grands motifs qui sont la base de l'action, par cela même qu'ils sont vivants dans l'âme des personnages, forment aussi le fond même des *passions ;* c'est là l'essence du vrai *pathétique*. La passion, ici, dans le sens élevé, idéal, en effet, n'est pas quelque mouvement arbitraire, capricieux, déréglé, de l'âme, c'est un principe noble qui se confond avec une grande idée, avec une des vérités éternelles de l'ordre moral ou religieux. Telle est la passion d'Antigone, l'amour sacré pour son frère, la vengeance dans Oreste. C'est une puissance de l'âme essentiellement légitime qui renferme un des principes éternels de la raison et de la volonté. Tel est encore ici l'idéal, le vrai idéal, quoiqu'il apparaisse sous la forme d'une passion. Il la relève, l'ennoblit et la purifie, il donne ainsi à l'action un intérêt sérieux et profond.

C'est en ce sens que la passion (le πάθος) constitue le centre et le vrai domaine de l'art ; elle est le principe de l'émotion, la source du véritable *pathétique*.

Or cette vérité morale, ce principe éternel qui descend dans le cœur de l'homme et y prend la forme d'une grande et noble passion, s'identifiant avec la volonté des personnages, constitue aussi leur *caractère*. Sans cette haute idée qui sert de support et de base à la passion, il n'y a point de véritable caractère. Le caractère est le point culminant de la représentation idéale. Il résume tout ce qui précède. C'est dans la création des caractères que se déploie le génie de l'artiste ou du poëte.

Trois éléments principaux doivent se réunir pour former le caractère idéal : la *richesse*, la *vitalité* et la *fixité*. La richesse consiste à ne pas se borner à une seule qualité, qui ferait du personnage une abstraction, un être allégorique. A une qualité dominante doit donc se rattacher tout un ensemble de qualités qui font du personnage ou du héros un homme réel et complet, capable de se développer dans des situations diverses et sous des aspects différents. Une pareille multiplicité peut seule donner de la vitalité au caractère. Elle ne suffit cependant pas ; il faut que ces qualités soient fondues ensemble de manière à former non un simple assemblage et un tout complexe, mais un seul et même individu ayant une physionomie propre, originale. C'est ce qui a lieu lorsqu'un sentiment particulier, une passion dominante offre le trait saillant du caractère d'un personnage, lui donne un but fixe auquel se rapportent toutes ses résolutions et ses actes. Unité et variété, simplicité et fécondité, c'est ce qui nous est donné dans les caractères de Sophocle, de Shakespeare, etc.

Enfin, ce qui constitue essentiellement l'idéal dans le caractère, c'est la consistance et la fixité. Un caractère inconsistant, indécis, irrésolu, est l'absence même de caractère. Les contradictions, sans doute, sont dans la nature humaine, mais l'unité doit se maintenir malgré ces fluctuations. Quelque chose d'identique doit se retrouver partout comme trait fondamental. Savoir se déterminer par soi-même, suivre un dessein, embrasser une résolution et s'y maintenir, voilà ce qui fait le fond même de la personnalité ; se laisser déterminer par autrui, hésiter, chanceler, c'est abdiquer sa volonté, cesser d'être soi-même, manquer de caractère, c'est, dans tous les cas, l'opposé du caractère idéal.

Hegel s'élève, à ce sujet, avec force contre les caractères qui figurent dans les pièces et les romans modernes et dont Werther est resté le type.

Ces prétendus caractères, dit-il, ne représentent qu'une

maladie de l'esprit et la faiblesse même de l'âme. Or l'art vrai et sain ne représente pas ce qui est faux et maladif, ce qui manque de consistance et de décision, mais ce qui est vrai, sain, fort. L'idéal, en un mot, c'est une idée réalisée; l'homme ne peut la réaliser que comme personne libre, c'est-à-dire en déployant toute l'énergie et la constance qui peuvent la faire triompher (p. 235).

Nous retrouverons plus d'une fois, dans le cours de l'ouvrage, les mêmes idées développées avec la même force et la même précision.

Ce qui constitue le fond même de l'idéal, c'est l'essence intime des choses, ce sont surtout les hautes conceptions de l'esprit et le développement des puissances de l'âme. Ces idées se manifestent dans une action où sont mis en scène les grands intérêts de la vie, les passions du cœur humain, la volonté et le caractère des personnages. Mais cette action se développe elle-même au milieu d'une nature extérieure qui, dès lors, prête à l'idéal des couleurs et une forme déterminée. Cette nature environnante doit être aussi conçue et façonnée dans le sens de l'idéal, selon les lois de la *régularité*, de la *symétrie* et de l'*harmonie*, dont il a été parlé plus haut. Comment l'homme doit-il être représenté dans ses rapports avec la nature extérieure? Comment cette prose de la vie doit-elle être idéalisée? Si l'art, en effet, affranchit l'homme des besoins de la vie matérielle, il ne peut néanmoins l'élever au-dessus des conditions de l'existence humaine et supprimer ces rapports.

Hegel consacre un examen particulier à cette face nouvelle de la question de l'idéal, qu'il désigne sous le titre : **De la Détermination extérieure de l'idéal.**

De nos jours on a donné une importance exagérée à ce côté extérieur, dont on a fait l'objet principal. On a trop oublié que l'art doit représenter les idées et les sentiments de l'âme humaine, que c'est là le fond véritable de ses œuvres. De là toutes ces descriptions minutieuses, ce soin extrême donné à l'élément pittoresque ou à la couleur locale, à l'ameublement, aux costumes, à tous ces moyens artificiels employés pour déguiser le vide et l'insignifiance du fond, l'absence d'idées, la fausseté des situations et la faiblesse des caractères, l'invraisemblance d'une action.

Néanmoins, ce côté a sa place dans l'art, et il ne doit pas être négligé. Il donne de la clarté, de la vérité, de la vie et de l'intérêt à ses œuvres par la secrète sympathie qui existe entre l'homme et la nature. C'est le caractère des grands maîtres de représenter la nature avec une vérité parfaite. Homère en est un exemple. Sans oublier le fond pour la forme, le sujet pour le cadre, il nous offre une image nette et précise du théâtre de l'action. Les arts diffèrent beaucoup sous ce rapport. La sculpture se borne à des indications symboliques; la peinture, qui dispose de moyens plus étendus, enrichit de ces objets le fond de ses tableaux. Parmi les genres de poésie, l'épopée est plus circonstanciée dans ses descriptions que le drame ou la poésie lyrique. Mais cette fidélité extérieure ne doit, dans aucun art, aller jusqu'à représenter les détails insignifiants, en faire un objet de prédilection, et y subordonner les développements que réclame le sujet lui-même. Le grand point, c'est que, dans ces descriptions, l'on sente une secrète harmonie entre l'homme et la nature, entre l'action et le théâtre où elle se passe.

Une autre espèce d'accord s'établit entre l'homme et les objets de la nature physique, lorsque, par le fait de son activité libre, il leur fait subir l'empreinte de son intelligence et de sa volonté, et les appropries à son usage; l'idéal consiste à faire disparaître du domaine de l'art la misère et la nécessité, à révéler la liberté qui se déploie sans effort sous nos yeux et surmonte facilement les obstacles.

Tel est l'idéal considéré sous cet aspect. Ainsi les dieux du polythéisme eux-mêmes ont des vêtements et des armes; ils boivent le nectar et se nourrissent d'ambroisie. Le vêtement est une parure destinée à rehausser l'éclat des traits, à donner de la noblesse au maintien, à faciliter les mouvements, ou à indiquer la force, l'agilité. Les objets les plus éclatants, les métaux, les pierres précieuses, la pourpre et l'ivoire sont employés dans le même but. Tout concourt à produire l'effet de la grâce et de la beauté.

Dans la satisfaction des besoins physiques, l'idéal consiste surtout dans la simplicité des moyens; au lieu d'être artificiels, factices, multipliés, ceux-ci émanent directement de l'activité de l'homme et de la liberté. Les héros d'Homère tuent eux-mêmes le bœuf qui doit servir au festin, et le font rôtir; ils fabriquent leurs armes, préparent leur couche. Ce n'est pas, comme on croit, un reste de mœurs barbares, quelque chose de prosaïque; mais on voit percer partout la joie de l'invention, le plaisir du travail facile et de l'activité libre se déployant sur les objets matériels. Tout est propre et inhérent à sa personne, c'est un moyen pour le héros de se révéler la force de son bras, l'habileté de sa main; tandis que, dans une société civilisée, ces objets dépendent de mille causes étrangères, d'une fabrication compliquée où l'homme est lui-même converti en machine assujettie à des machines. Les choses ont perdu leur fraîcheur et leur vitalité; elles restent inanimées, et ne sont plus des créations propres, directes de la personne humaine, où l'homme aime à se complaire et à se contempler lui-même.

Un dernier point relatif à la *forme extérieure de l'idéal* est celui qui concerne le *rapport des œuvres d'art avec le public*, c'est-à-dire avec la nation et l'époque pour lesquelles l'artiste ou le poëte composent leurs ouvrages. L'artiste doit-il, quand il traite un sujet, consulter avant tout l'esprit, le goût, les mœurs du public auquel il s'adresse, et se conformer à ses idées? C'est le moyen d'exciter l'intérêt pour des personnages fabuleux et imaginaires ou même historiques. Mais alors on s'expose à défigurer l'histoire et la tradition.

Doit-il, au contraire, reproduire avec une scrupuleuse exactitude les mœurs et les usages d'un autre temps, conserver aux faits et aux personnages leur couleur propre, leur costume original et primitif? Voilà le problème. De là deux écoles et deux modes de représentation opposés. Au siècle de Louis XIV, par exemple, les Grecs et les Romains ont été francisés; depuis, par une réaction naturelle, la tendance contraire a prévalu. Aujourd'hui le poëte doit avoir la science d'un archéologue et en montrer la scrupuleuse exactitude : observer avant tout la couleur locale et la vérité historique, est devenu l'objet principal et le but essentiel de l'art.

Le vrai, ici, comme toujours, est entre les deux extrêmes. Il faut maintenir, à la fois, les droits de l'art et ceux du public, garder les ménagements qui sont dus à l'esprit de l'époque, et satisfaire aux exigences du sujet que l'on traite. Voici les règles fort sages que trace l'auteur sur ce point délicat.

Le sujet doit être intelligible et intéressant pour le public auquel il s'adresse. Mais ce but, le poëte ou l'artiste ne l'atteindra qu'autant que, par son esprit général, son œuvre répondra à quelqu'une des idées essentielles de l'esprit humain et aux intérêts généraux de l'humanité. Les particularités d'une époque ne sont pas ce qui nous intéresse véritablement et d'une manière durable.

Si donc le sujet est emprunté aux époques reculées de l'histoire ou à quelque tradition éloignée, il faut que, par un effet de la culture générale des esprits, nous soyons familiarisés avec lui. C'est ainsi seulement que nous pouvons sympathiser avec une époque et des mœurs qui ne sont plus. Ainsi deux conditions essentielles : que le sujet offre le caractère général, humain ; ensuite, qu'il soit en rapport avec nos idées.

L'art n'est pas destiné à un petit nombre de savants et d'érudits ; il s'adresse à la nation tout entière. Ses œuvres doivent se faire comprendre et goûter par elles-mêmes, non à la suite d'une recherche difficile. Aussi les sujets nationaux sont les plus favorables. Tous les grands poëmes sont des poëmes nationaux. Les histoires bibliques ont pour nous un charme particulier, parce que nous sommes familiarisés avec elles dès notre enfance. Cependant, à mesure que les relations se multiplient entre les peuples, l'art peut emprunter ses sujets à toutes les latitudes et à toutes les époques. Il doit même, quant aux traits principaux, conserver aux traditions, aux événements et aux personnages, aux mœurs et aux institutions leur caractère historique ou traditionnel ; mais le devoir de l'artiste, avant tout, est de mettre l'idée qui en fait le fond en harmonie avec l'esprit de son siècle et le génie propre de sa nation.

Dans cette nécessité est la raison et l'excuse de ce qu'on appelle *anachronisme* dans l'art. Quand l'anachronisme ne porte que sur des circonstances extérieures, il est indifférent.

Il devient plus grave si l'on prête aux personnages les idées, les sentiments d'une autre époque. Il faut respecter la vérité historique, mais aussi avoir égard aux mœurs et à la culture intellectuelle de son temps. Les héros d'Homère eux-mêmes sont plus civilisés que ne l'étaient les personnages réels de l'époque qu'il retrace ; et les caractères de Sophocle sont encore plus rapprochés de nous. Violer ainsi les règles de la réalité historique est un anachronisme nécessaire dans l'art. Enfin, un dernier anachronisme qui demande plus de mesure et de génie pour se faire pardonner, c'est celui qui transporte des idées religieuses ou morales d'une civilisation plus avancée à une époque antérieure et connue ; lorsque l'on donne, par exemple, aux anciens les idées des modernes. Quelques grands poëtes l'ont osé à dessein ; peu y ont réussi.

La conclusion générale est celle-ci : « On doit exiger de « l'artiste qu'il se fasse le contemporain des siècles passés, « qu'il se pénètre de leur esprit. Car, si la substance de ces « idées est vraie, elle reste claire pour tous les temps. Mais « vouloir reproduire avec une exactitude scrupuleuse l'élé- « ment extérieur de l'histoire avec tous ses détails et ses par- « ticularités, en un mot toute cette rouille de l'antiquité, c'est « là l'œuvre d'une érudition puérile qui ne s'attache qu'à un « but superficiel. Il ne faut pas enlever à l'art le droit qu'il « a de flotter entre la réalité et la fiction. »

Cette première partie se termine par un examen des qualités nécessaires à l'*artiste*, telles que : l'*imagination*, le *génie*, l'*inspiration*, l'*originalité*, etc. L'auteur ne croit pas devoir s'étendre beaucoup sur ce sujet, qui lui paraît ne pouvoir donner lieu ici qu'à un petit nombre de règles générales ou à des observations psychologiques. La manière dont il traite plusieurs points et en particulier de l'*imagination*, fait regretter qu'il n'ait pas cru devoir donner plus d'étendue à ces questions, qui occupent la place principale dans la plupart des traités d'esthétique : nous les retrouverons sous une autre forme dans la théorie des arts.

DEUXIÈME PARTIE.

DES FORMES GÉNÉRALES DE L'ART

ET DE SON DÉVELOPPEMENT HISTORIQUE.

La première partie de l'esthétique de Hegel renferme les questions relatives à la nature de l'art en général. La seconde expose ses formes principales aux diverses époques de l'histoire. C'est une sorte de philosophie de l'histoire de l'art. Elle contient un grand nombre d'aperçus et de descriptions qui ne peuvent figurer dans cette analyse. Nous prendrons d'autant plus de soin de marquer nettement la marche des idées et de ne rien omettre d'essentiel sans nous laisser arrêter par les détails.

L'idée du beau ou l'idéal se manifeste sous trois formes essentielles et fondamentales : la forme *symbolique*, la forme *classique*, et la forme *romantique*. Elles représentent les trois grandes époques de l'histoire, l'Orient, la Grèce et les temps modernes.

Dans l'Orient, la pensée, encore vague et indéterminée, cherche sa véritable expression et ne peut la trouver. En présence des phénomènes de la nature et de la vie humaine, l'esprit, dans son enfance, incapable de saisir le véritable sens des choses et de se comprendre lui-même, s'épuise en vains efforts pour exprimer des conceptions grandioses, mais confuses ou obscures. Au lieu d'unir et de fondre ensemble dans un tout harmonieux le fond et la forme, l'idée et son image, il ne parvient qu'à un rapprochement superficiel et grossier, dont le résultat est le symbole avec son sens énigmatique et mystérieux.

Dans l'art classique, au contraire, s'accomplit cet harmonieux mélange de la forme et de l'idée. L'intelligence, ayant pris conscience d'elle-même et de sa liberté, capable de se maîtriser, de pénétrer le sens des phénomènes de l'univers et d'en interpréter les lois, trouve aussi l'exacte correspondance, la mesure et la proportion qui sont les caractères de la beauté. L'art crée des œuvres qui représentent le beau sous sa forme la plus parfaite et la plus pure.

Mais l'esprit ne peut se reposer dans ce juste accord de la forme et de l'idée, où l'infini et le fini se confondent. Dès qu'il vient à se replier sur lui-même, à pénétrer plus avant dans les profondeurs de sa nature intime, à prendre conscience de sa spiritualité et de sa liberté, alors l'idée de l'infini lui apparaît dépouillée des formes naturelles qui l'enveloppaient. Cette idée, présente à toutes ses conceptions, ne peut plus qu'imparfaitement s'exprimer par les formes du monde fini, elle les dépasse. Et alors se brise cette unité qui fait le caractère de l'art classique. Les formes extérieures, les images sensibles ne suffisent plus pour exprimer l'âme et sa libre spiritualité.

1. DE L'ART SYMBOLIQUE. — Après ces considérations générales, Hegel traite successivement des différentes formes

de l'art. Avant de parler de l'art symbolique, il donne quelques explications sur le *symbole* en général.

Le *symbole* est une image qui représente une idée. Il se distingue des signes du langage en ce qu'entre l'image et l'idée qu'il représente, il y a un rapport naturel non arbitraire ou conventionnel. C'est ainsi que le lion est le symbole du courage, le cercle de l'éternité, le triangle de la Trinité.

Toutefois le symbole ne représente pas l'idée parfaitement, mais par un seul côté. Le lion n'est pas seulement courageux, le renard rusé. D'où il suit que le symbole, ayant plusieurs sens, est équivoque. Cette ambiguïté ne cesse que quand les deux termes sont conçus séparément et ensuite rapprochés ; le symbole alors fait place à la *comparaison*.

Ainsi conçu, le symbole, avec son caractère énigmatique et mystérieux, s'applique particulièrement à toute une époque de l'histoire, à l'*art oriental* et à ses créations extraordinaires. Il caractérise cet ordre de monuments et d'emblèmes par lesquels les peuples de l'Orient ont cherché à rendre leurs idées, et n'ont pu le faire que d'une façon équivoque et obscure. Ces œuvres de l'art nous offrent, au lieu de la beauté et de la régularité, un aspect bizarre, grandiose, fantastique.

Plusieurs degrés se font remarquer dans le développement de cette forme de l'art en Orient. Voici d'abord quelle dut être son origine.

Le sentiment de l'art, comme le sentiment religieux ou la curiosité scientifique, est né de l'*étonnement* : l'homme qui ne s'étonne de rien vit dans un état d'imbécillité et de stupidité. Cet état cesse lorsque son esprit, se dégageant de la matière et des besoins physiques, est frappé par le spectacle des phénomènes de la nature, et en cherche le sens, lorsqu'il pressent en eux quelque chose de grand, de mystérieux, une puissance cachée qui s'y révèle.

Alors il éprouve aussi le besoin de se représenter ce sentiment intérieur d'une puissance générale et universelle. Les objets particuliers, les éléments, la mer, les fleuves, les montagnes perdent leur sens immédiat, et deviennent pour l'esprit les images de cette puissance invisible.

C'est alors que l'art apparaît. Il naît du besoin de représenter cette idée par des images sensibles qui s'adressent à la fois aux sens et à l'esprit.

L'idée d'une puissance absolue, dans les religions, se manifeste, d'abord, par le culte des objets physiques. La Divinité est identifiée avec la nature elle-même; mais ce culte grossier ne peut durer. Au lieu de voir l'absolu dans les objets réels, l'homme le conçoit comme un être distinct et universel; il saisit, quoique très-imparfaitement, le rapport qui unit ce principe invisible aux objets de la nature; il façonne une image, un symbole destinés à le représenter. L'art alors est l'interprète des idées religieuses.

Tel est l'art à son origine; la forme symbolique est née avec lui. Suivons-le maintenant dans les degrés successifs de son développement, et marquons ses pas dans la carrière qu'il a parcourue en Orient avant d'arriver à l'idéal grec.

Ce qui caractérise l'art symbolique, c'est qu'il fait vainement effort pour trouver des conceptions pures et un mode de représentation qui leur convienne. C'est un combat entre le fond et la forme, tous deux imparfaits et hétérogènes. De là, la lutte incessante des deux éléments de l'art, qui cherchent inutilement à se mettre d'accord. Les degrés de son développement offrent les phases ou les modes successifs de cette lutte.

A l'origine, cependant, ce combat n'existe pas encore, ou l'art n'en a pas conscience. Le point de départ est une unité encore indivise, au sein de laquelle fermente la discorde entre les deux principes. Aussi les créations de l'art, peu distinctes des objets de la nature, sont à peine encore des symboles.

La fin de cette époque est la disparition du symbole ; elle a lieu par la séparation réfléchie des deux termes : l'idée, étant clairement conçue, l'image, de son côté, étant perçue comme distincte de l'idée, de leur rapprochement naît le symbole *réfléchi* ou la comparaison, *l'allégorie*, etc.

Ces principes posés *à priori*, Hegel cherche parmi les peuples de l'Orient les formes de l'art qui répondent à ces divers degrés du symbolisme oriental ; il les trouve principalement chez les anciens *Perses*, dans l'*Inde* et en *Égypte*.

1° *Art persan.* Au premier moment de l'histoire de l'art, le principe divin, Dieu, apparaît identifié avec la nature et l'homme. Dans le culte de *Lama*, par exemple, un homme réel est adoré comme Dieu. Dans d'autres religions, le soleil, les montagnes, les fleuves, la lune, les animaux sont également l'objet d'un culte religieux.

Le spectacle de cette unité de Dieu et de la nature nous est offert de la manière la plus frappante dans la vie et la religion des anciens Perses, dans le Zend-Avesta.

Dans la religion de *Zoroastre*, la lumière est Dieu lui-même. Dieu n'est pas séparé de la lumière, envisagée comme simple expression, emblème, image sensible de la Divinité. Si la lumière est prise dans le sens de l'Être bon et juste, du principe conservateur de l'univers, qui répand partout la vie et ses bienfaits, elle n'est pas seulement une image du bon principe ; le souverain bien lui-même est la lumière. Il en est de même de l'opposition de la lumière et des ténèbres : celles-ci étant considérées comme l'élément impur en toute chose, le hideux, le mal, le principe de mort et de destruction.

Hegel cherche à démontrer cette opinion par l'analyse des principales idées qui forment le fond du Zend-Avesta.

Selon lui, le culte que décrit le Zend-Avesta est encore moins symbolique. Toutes les pratiques dont il fait un devoir religieux pour le Parse sont des occupations sérieuses qui ont pour but d'étendre à tous la pureté dans le sens physique et moral. On ne trouve pas ici de ces danses symboliques qui imitent le cours des astres, de ces actes religieux qui n'ont de valeur que comme images et signes de conceptions générales ; il n'y a donc point d'art proprement dit, mais seulement une certaine poésie. Comparé aux grossières images, aux insignifiantes idoles des autres peuples, le culte de la lumière, comme substance pure et universelle, peut présenter quelque chose de beau, d'élevé, de grand, de plus conforme à la nature du bien suprême et de la vérité. Mais cette conception reste vague ; l'imagination n'invente ni une idée profonde ni une forme nouvelle. Si nous voyons apparaître quelques types généraux et des formes qui leur correspondent, c'est le résultat d'une combinaison artificielle, non une œuvre de poésie et d'art.

Ainsi, cette unité du principe invisible et des objets visibles constitue seulement la première forme du symbole dans l'art. Pour atteindre à la forme symbolique proprement dite, il faut que la distinction et la séparation des deux termes nous apparaissent clairement indiquées et représentées. C'est ce qui a lieu dans la religion, l'art et la poésie de l'Inde, que Hegel appelle la *symbolique de l'imagination*.

2° *Art indien.* Le caractère des monuments qui trahissent

une forme plus avancée et un degré supérieur de l'art, c'est donc la séparation des deux termes. L'intelligence forme des conceptions abstraites, et elle cherche des formes qui les expriment. L'imagination proprement dite est née, l'art véritablement commence. Ce n'est pourtant pas encore le véritable symbole.

Ce que nous rencontrons d'abord, ce sont des productions d'une imagination qui fermente et s'agite en tous sens. Dans cette première tentative de l'esprit humain pour séparer les éléments et les réunir, sa pensée est encore confuse et vague. Le principe des choses n'est pas conçu dans sa nature spirituelle ; les idées sur Dieu sont de vides abstractions ; en même temps, les formes qui le représentent portent un caractère exclusivement sensible et matériel. Plongé encore dans la contemplation du monde sensible, n'ayant pour apprécier la réalité ni mesure ni règle fixes, l'homme s'épuise en inutiles efforts pour pénétrer le sens général de l'univers, et ne sait employer, pour exprimer les pensées les plus profondes, que des images et des représentations grossières, où éclate l'opposition entre l'idée et la forme. L'imagination va ainsi d'un extrême à l'autre, s'élevant très-haut pour retomber plus bas encore, errant sans appui, sans guide et sans but, dans un monde de représentations à la fois grandioses, bizarres et grotesques.

Telle est la manière dont Hegel caractérise la mythologie indienne et l'art qui y correspond.

« Au milieu de ces sauts brusques et inconsidérés, de ce passage d'un excès à un autre, si nous trouvons de la grandeur et un caractère imposant dans ces conceptions, nous voyons ensuite l'être universel précipité dans les formes les plus ignobles du monde sensible. L'imagination ne sait échapper à cette contradiction qu'en étendant indéfiniment les dimensions de la forme : elle s'égare dans des créations gigantesques, caractérisées par l'absence de toute mesure, et se perd dans le vague ou l'arbitraire. »

Hegel développe et confirme ces propositions en suivant l'imagination indienne dans les points principaux qui distinguent l'art, la poésie et la mythologie. Il fait voir que, malgré la fécondité, l'éclat et la grandeur de ces conceptions, les Indiens n'ont jamais eu le sens net des personnes et des événements, le sens historique ; que, dans cet amalgame continuel de l'absolu et du fini, se fait remarquer l'absence complète d'esprit positif et de raison. La pensée se laisse aller aux chimères les plus extravagantes et les plus monstrueuses que puisse enfanter l'imagination. Ainsi, la conception de Brahman est l'idée abstraite de l'être sans vie ni réalité, privé de forme réelle et de personnalité. De cet idéalisme poussé à l'extrême, l'intelligence se précipite dans le naturalisme le plus effréné. Elle divinise les objets de la nature, les animaux. La Divinité apparaît sous la forme d'un homme idiot, divinisé parce qu'il appartient à une caste. Chaque individu, parce qu'il est né dans cette caste, représente Brahman en personne. L'union de l'homme avec Dieu est rabaissée au niveau d'un fait simplement matériel. De là aussi le rôle que joue dans cette religion la loi de la génération des êtres, qui donne lieu aux représentations les plus obscènes. — Hegel fait en même temps ressortir les contradictions qui fourmillent dans cette religion, et la confusion qui règne dans toute cette mythologie. Il établit un parallèle entre la trinité indienne et la Trinité chrétienne, et montre leur différence. Les trois personnes de cette trinité ne sont pas des personnes ; chacune d'elles est une abstraction par rapport aux autres. D'où il suit que si cette trinité a quelque analogie avec la Trinité chrétienne, elle lui est inférieure, et l'on doit se garder d'y reconnaître le dogme chrétien.

Examinant ensuite la partie qui répond au polythéisme grec, il démontre également son infériorité ; il fait remarquer la confusion de ces théogonies et de ces cosmogonies sans nombre qui se contredisent et se détruisent, et où domine, en définitive, l'idée de la génération naturelle et non spirituelle, où l'obscénité est souvent poussée au dernier degré. Dans les fables grecques, au moins, dans la Théogonie d'Hésiode en particulier, on entrevoit souvent le sens moral. Tout est plus clair et plus explicite, plus fortement lié, et nous ne restons pas enfermés dans le cercle des divinités de la nature.

Néanmoins, en refusant à l'art indien l'idée de la vraie beauté et même du véritable sublime, Hegel reconnaît qu'il nous offre, principalement dans la poésie, « des scènes de la vie humaine pleines d'attrait et de douceur, beaucoup d'images gracieuses et de sentiments tendres, les descriptions de la nature les plus brillantes, des traits charmants d'une simplicité enfantine et d'une innocence naïve en amour, en même temps quelquefois beaucoup de grandiose et de noblesse. » (p. 66.)

« Mais, pour ce qui concerne les conceptions fondamentales dans leur ensemble, le spirituel ne peut se dégager du sensible. On rencontre la plus plate trivialité à côté des situations les plus élevées, une absence complète de précision et de proportion. Le sublime n'est que le démesuré ; et, quant à ce qui tient au fond du mythe, l'imagination, saisie de vertige et incapable de maîtriser l'essor de la pensée, s'égare dans le fantastique, ou n'enfante que des énigmes qui n'ont pas de sens pour la raison. » (*Ibid.*)

3° *Art égyptien.* Ainsi, ces créations de l'imagination

indienne ne paraissent réaliser encore qu'imparfaitement l'idée de la forme symbolique elle-même. C'est en *Égypte*, dans les monuments de l'*art égyptien*, que nous trouvons le type du véritable symbole. Voici comment il se caractérise :

Au premier degré de l'art, nous sommes partis de la confusion et de l'identité du fond et de la forme, de l'esprit et de la nature. Ensuite, la forme et le fond se sont séparés et opposés. L'imagination a cherché vainement à les combiner, et n'est parvenue qu'à faire éclater leur disproportion. Pour que la pensée soit libre, il faut qu'elle s'affranchisse et se dépouille de la forme matérielle; qu'elle la détruise. Le moment de la destruction, de la négation ou de l'anéantissement, est donc nécessaire pour que l'esprit arrive à prendre conscience de lui-même et de sa spiritualité. Cette idée de la mort comme moment de la nature divine est déjà dans la religion indienne; mais ce n'est qu'un changement, une transformation et une abstraction. Les dieux s'anéantissent et rentrent les uns dans les autres, et tous à leur tour dans un seul être, Brahman, l'être universel. Dans la religion persane, les deux principes négatif et positif, Ormuzd et Ahriman, existent séparément et restent séparés. Or ce principe de la négation, de la mort et de la résurrection, comme moments et attributs de la nature divine, constitue le fond d'une religion nouvelle; cette pensée y est exprimée par les formes de son culte, et apparaît dans toutes ses conceptions et ses monuments. C'est le caractère fondamental de l'art et de la religion de l'Egypte. Aussi voyons-nous la glorification de la mort et de la souffrance, comme anéantissement de la nature sensible, apparaître dans la conscience des peuples, dans les cultes de l'*Asie Mineure,* de la *Phrygie* et de la *Phénicie.*

4

Mais si la mort est un moment nécessaire dans la vie de l'absolu, il ne reste pas dans cet anéantissement; c'est pour passer à une existence supérieure, pour arriver, après la destruction de l'existence visible, par la résurrection, à l'immortalité divine. La mort n'est que la naissance d'un principe plus élevé et le triomphe de l'esprit.

Dès lors, la forme physique, dans l'art, perd sa valeur par elle-même et son existence indépendante; en outre, le combat de la forme et de l'idée doit cesser. La forme se subordonne à l'idée. Cette fermentation de l'imagination qui produit le fantastique s'apaise et se calme. Les conceptions précédentes sont remplacées par un mode de représentation énigmatique, il est vrai, mais supérieur, et qui nous offre le vrai caractère du symbole.

L'idée commence à s'affermir. De son côté, le symbole prend une forme plus précise; le principe spirituel s'y révèle plus clairement et se dégage de la nature physique, quoiqu'il ne puisse encore apparaître dans toute sa clarté.

A cette idée de l'art symbolique répond le mode de représentation suivant: d'abord, les formes de la nature et les actions humaines expriment autre chose qu'elles-mêmes; elles révèlent le principe divin par les qualités qui ont avec lui une réelle analogie. Les phénomènes et les lois de la nature qui, dans les divers règnes, représentent la vie, la naissance, l'accroissement, la mort et la renaissance des êtres, sont de préférence employés. Tels sont la germination et l'accroissement des plantes, les phases du cours du soleil, la succession des saisons, les phénomènes de l'accroissement et de la décroissance du Nil, etc. Ici, à cause de la ressemblance réelle et des analogies naturelles, le fantastique est abandonné. On remarque un choix plus intelligent des formes symboliques.

C'est une imagination qui déjà sait se régler et se maîtriser, qui montre plus de calme et de raison.

Ici, donc, apparaît une conciliation plus haute de l'idée et de la forme, et en même temps une tendance extraordinaire pour l'art, un penchant irrésistible qui se satisfait d'une manière toute symbolique, mais supérieure aux modes précédents. C'est la tendance propre vers l'art et principalement vers les arts figuratifs. De là la nécessité de trouver et de façonner une forme, un emblème qui exprime l'idée et lui soit subordonné, de créer une œuvre qui révèle à l'esprit une conception générale, d'offrir un spectacle qui montre que ces formes ont été choisies à dessein pour exprimer des idées profondes.

Cette combinaison emblématique ou symbolique peut s'effectuer de plusieurs manières. L'expression la plus abstraite est le *nombre*. La symbolique des nombres joue un très-grand rôle dans l'art égyptien. Les nombres sacrés reviennent sans cesse dans les escaliers, les colonnes, etc. Ce sont ensuite des figures symboliques tracées dans l'espace, les détours du labyrinthe, les danses sacrées qui représentent les mouvements des corps célestes. A un degré plus élevé, se place la forme humaine, déjà façonnée avec une plus haute perfection que dans l'Inde. Un symbole général résume l'idée principale : c'est le *phénix* qui se consume lui-même et renaît de ses cendres.

Dans les mythes qui servent de transition, comme ceux de l'Asie Mineure, dans le mythe d'Adonis pleuré par Vénus, dans celui de Castor et Pollux et dans la fable de Proserpine, cette idée de la mort et de la résurrection est déjà très-apparente.

Mais c'est surtout l'Egypte qui a symbolisé cette idée. L'Egypte est la terre du symbole. Les problèmes, toutefois, restent non résolus. Les énigmes de l'art égyptien étaient des énigmes pour les Egyptiens eux-mêmes.

Quoi qu'il en soit, en Orient, les Egyptiens sont le peuple véritablement artiste. Ils montrent une activité infatigable pour satisfaire ce besoin de représentation symbolique qui les tourmente. Mais leurs monuments restent mystérieux et muets. L'esprit n'a pas encore trouvé la forme qui lui est propre, il ne sait pas encore parler le langage clair et intelligible de l'esprit. « C'est surtout un peuple architecte: il a fouillé le sol, creusé des lacs, et, dans son instinct de l'art, il a élevé à la clarté du jour de gigantesques constructions, exécuté au-dessous du sol des ouvrages également immenses. C'était l'occupation, la vie de ce peuple, qui a couvert le pays de ses monuments, nulle part en aussi grande quantité et sous des formes aussi variées. »

Si l'on veut caractériser d'une manière plus précise les monuments de l'art égyptien et en pénétrer le sens, on y découvre les aspects suivants :

D'abord l'idée principale, l'idée de la mort, est conçue comme un moment de la vie de l'esprit, non comme principe du mal; c'est l'opposé du dualisme persan. Ce n'est pas non plus l'absorption des êtres dans l'Être universel, comme dans la religion indienne. L'invisible conserve son existence et sa personnalité ; il conserve même sa forme physique. De là les embaumements, le culte des morts. Il y a plus, l'imagination s'élève plus haut que cette durée visible. Chez les Égyptiens, pour la première fois, apparaît la distinction nette de l'âme et du corps, et le dogme de l'immortalité. Cette idée, toutefois, est encore imparfaite, car ils accordent une égale importance à la durée du corps et à celle de l'âme.

Telle est la conception qui sert de base à l'art égyptien et qui se traduit sous une multitude de formes symboliques. C'est dans cette idée qu'il faut chercher le sens des œuvres de l'architecture égyptienne. Deux mondes, le monde des vivants et celui des morts; deux architectures, l'une à la surface du sol, l'autre souterraine. Les labyrinthes, les tombeaux, et surtout les pyramides, représentent cette idée.

La pyramide, image de l'art symbolique, est une espèce d'enveloppe taillée en forme de cristal, qui cache un objet mystique, un être invisible. De là aussi le côté extérieur superstitieux du culte, excès difficile à éviter, l'adoration du principe divin dans les animaux, culte grossier qui n'est même plus symbolique.

L'écriture *hiéroglyphique*, autre forme de l'art égyptien, est elle-même en grande partie symbolique, puisqu'elle fait connaître les idées par des images empruntées à la nature et qui ont quelque analogie avec ces idées.

Mais un défaut se trahit surtout dans les représentations de la *forme humaine*. En effet, si une force mystérieuse et spirituelle s'y révèle, ce n'est pas la vraie personnalité. Le principe interne manque, l'action et l'impulsion viennent du dehors. Telles sont les statues de Memnon, qui s'animent, n'ont une voix et ne rendent un son que frappées par les rayons du soleil. Ce n'est pas la voix humaine qui part du dedans et résonne de l'âme; ce principe libre qui anime la forme humaine reste ici caché, enveloppé, muet, sans spontanéité propre, et ne s'anime que sous l'influence de la nature.

Une forme supérieure est celle du mythe d'Osiris, du dieu égyptien par excellence, de ce dieu qui est engendré, naît, meurt et ressuscite. Dans ce mythe, qui offre des sens divers, à la fois physique, historique, moral et religieux ou métaphysique, se montre la supériorité de ces conceptions sur celles de l'art indien.

En général, dans l'art égyptien se révèle un caractère plus profond, plus spirituel et plus moral. La forme humaine n'est plus une simple personnification abstraite. La religion et l'art font effort pour se spiritualiser ; ils n'atteignent pas à leur but, mais ils l'entrevoient et y aspirent. De cette imperfection naît l'absence de liberté dans la forme humaine. La figure humaine reste encore sans expression, colossale, sérieuse, pétrifiée. Ainsi s'expliquent ces attitudes des statues égyptiennes, les bras roides, serrés contre le corps, sans grâce, sans mouvement et sans vie, mais absorbées dans une pensée profonde et pleines de sérieux.

De là aussi la complication des éléments et des symboles qui s'entremêlent et se réfléchissent les uns dans les autres ; ce qui indique à la fois la liberté de l'esprit, mais aussi une absence de clarté et de mesure. De là, le caractère obscur, énigmatique de ces symboles qui feront toujours le désespoir des savants, énigmes pour les Égyptiens eux-mêmes. Ces emblèmes renferment une multitude de sens profonds. Ils restent là comme un témoignage des efforts infructueux de l'esprit pour se comprendre lui-même; symbolisme plein de mystères, vaste énigme représentée par un symbole qui résume toutes ces énigmes, le *sphinx*. Cette énigme, l'Egypte la proposera à la Grèce, qui elle-même en fera le problème de la religion et de la philosophie. Le sens de cette énigme, jamais résolue et qui se résout sans cesse, c'est l'*homme*. *Connais-toi toi-même* : telle est la maxime que la Grèce inscrivit sur le fronton de ses temples, le problème qu'elle pose à ses sages, comme le but même de la sagesse.

4° *Poésie hébraïque.* Dans cette revue des différentes formes de l'art et du culte chez les diverses nations de l'Orient, doit figurer une religion qui se caractérise précisément par le rejet de tout symbole, et sous ce rapport est peu favorable à l'art, mais dont la poésie offre un cachet particulier de grandeur et de sublimité. Aussi Hegel désigne-t-il sous le nom d'*art du sublime* la poésie hébraïque. Il jette en même temps un coup d'œil sur le *panthéisme* mahométan, qui proscrit aussi les images, et bannit de ses temples toute représentation figurée de la Divinité.

Le *sublime,* comme Kant l'a très-bien décrit, c'est la tentative d'exprimer l'infini dans le fini, sans trouver aucune forme sensible qui soit capable de le représenter. C'est l'infini manifesté sous une forme qui, faisant éclater cette opposition, révèle la grandeur incommensurable de l'infini comme dépassant toute représentation prise dans le fini.

Or, ici, deux points de vue sont à distinguer. Ou l'infini est l'Être absolu conçu par la pensée, comme la substance immanente des êtres; ou c'est l'Être infini comme distinct des êtres du monde réel, mais s'élevant au-dessus d'eux de toute la distance qui sépare l'infini du fini, de sorte que, comparés à lui, ceux-ci ne sont plus qu'un pur néant. Dieu est ainsi purifié de tout contact, de toute participation avec l'existence sensible, qui disparaît et s'anéantit en sa présence.

Au premier point de vue répond le *panthéisme* oriental. Dieu y est conçu comme l'Être absolu, immanent dans les objets les plus divers, dans le soleil, la mer, les fleuves, les arbres, etc.

Une pareille conception ne peut être exprimée par les arts figuratifs, mais seulement par la poésie. Là où le panthéisme est pur, il n'admet aucune représentation sensible et proscrit les images. On trouve déjà ce panthéisme dans l'Inde. Tous les dieux supérieurs de la mythologie indienne s'absorbent dans l'unité absolue ou dans Brahman. Le panthéisme oriental s'est développé d'une manière plus formelle et plus brillante dans le *mahométisme*, et, en particulier, chez les Perses mahométans.

Mais le véritable sublime, c'est celui qui est représenté par la *poésie hébraïque*. Ici, pour la première fois, Dieu apparaît véritablement comme esprit, comme l'Être invisible, en opposition avec la nature. D'un autre côté, l'univers entier, malgré la richesse et la magnificence de ses phénomènes, comparé à l'Être souverainement grand, n'est rien par lui-même. Simple création de Dieu, soumis à sa puissance, il n'existe que pour le manifester et le glorifier.

Telle est l'idée qui fait le fond de cette poésie, dont le caractère est le sublime. Dans le beau, l'idée perce à travers la réalité extérieure dont elle est l'âme, et elle forme avec elle une harmonieuse unité. Dans le sublime, la réalité visible, où se manifeste l'infini, est rabaissée en sa présence. Cette supériorité, cette domination de l'infini sur le fini, la distance infinie qui les sépare, voilà ce que doit exprimer l'art du sublime. C'est l'art religieux, l'art saint par excellence; son unique destination est de célébrer la gloire de Dieu. Ce rôle, la poésie seule peut le remplir.

L'idée dominante de la poésie hébraïque, c'est Dieu comme maître du monde, Dieu dans son existence indépendante et son essence pure, inaccessible aux sens et à toute représentation sensible qui ne répondrait pas à sa grandeur. Dieu est le créateur de l'univers. Toutes ces idées grossières sur la génération des êtres font place à celle de la création spirituelle : « Que la lumière soit, et la lumière fut. » Ce mot, indique la création par la parole, expression de la pensée et de la volonté.

La création prend alors un nouvel aspect : la nature et l'homme ne sont plus divinisés. A l'infini s'oppose nettement le fini, qui ne se confond plus avec le principe divin comme dans les conceptions symboliques des autres peuples. Les situations et les événements se dessinent plus clairement. Les caractères prennent un sens plus fixe, plus précis. Ce sont des figures humaines qui n'offrent plus rien de fantastique et d'étrange ; elles sont parfaitement intelligibles et se rapprochent de nous.

D'un autre côté, malgré son impuissance et son néant, l'homme obtient ici une place plus libre et plus indépendante que dans les autres religions. Le caractère immuable de la volonté divine fait naître l'idée de la loi à laquelle l'homme doit obéir. Sa conduite devient éclairée, fixe, régulière. La distinction parfaite de l'humain et du divin, du fini et de l'infini, amène celle du bien et du mal et permet un choix éclairé. Le mérite et le démérite en est la conséquence. Vivre selon la justice en accomplissant la loi, voilà le but de l'existence humaine et il met l'homme en rapport direct avec Dieu. Là est le principe et l'explication de toute sa vie, de son bonheur et de ses malheurs. Les événements de la vie sont considérés comme des bienfaits, des récompenses, ou comme des épreuves et des châtiments.

Là aussi apparaît le miracle. Ailleurs, tout était prodigieux et, par conséquent, rien n'était miraculeux. Le miracle suppose une succession régulière, un ordre constant et une interruption à cet ordre. Mais la création tout entière est un miracle perpétuel, destiné à servir à la glorification et à la louange de Dieu.

Telles sont les idées qui sont exprimées avec tant d'éclat, d'élévation et de poésie dans les psaumes, exemples classiques du véritable sublime, dans les prophètes et dans les livres saints en général. Cette reconnaissance du néant des choses, de la grandeur et de la toute-puissance de Dieu, de l'indignité de l'homme en sa présence, les plaintes, les lamentations, le cri de l'âme vers Dieu, en forment le pathétique et la sublimité.

Du symbole réfléchi. *Fable, apologue, allégorie*, etc. Nous avons parcouru les principales formes que présente le symbolisme chez les différents peuples de l'Orient, et nous l'avons vu disparaître dans le sublime, qui place l'infini tellement au-dessus du fini qu'il ne peut plus être représenté par des formes sensibles, mais seulement célébré dans sa grandeur et sa puissance.

Avant de passer à une autre époque de l'art, Hegel signale comme transition entre le symbole oriental et l'idéal grec une forme mixte dont la base est la *comparaison*. Cette forme, qui appartient aussi principalement à l'Orient, se manifeste par différents genres de poésie, tels que la *fable*, l'*apologue*, le *proverbe*, l'*allégorie*, et la *comparaison* proprement dite.

L'auteur explique de la manière suivante la nature de cette forme et la place qu'il lui assigne dans le développement de l'art.

Dans le symbole proprement dit, l'idée et la forme, quoique distinctes et même opposées comme dans le sublime, sont réunies par un lien essentiel et nécessaire : les deux éléments ne sont pas étrangers l'un à l'autre, et l'esprit saisit le rapport immédiatement. Or la séparation des deux termes, qui a déjà son principe dans le symbole, doit aussi s'effectuer clairement, et trouver sa place dans le développement de l'art. Et comme l'esprit alors n'opère plus spontanément, naïvement, mais avec réflexion, c'est aussi d'une manière réfléchie qu'il rapproche les deux termes. Cette forme de l'art, dont la base est la *comparaison*, peut s'appeler *symbolique réfléchie*, par opposition à la symbolique *irréfléchie*, dont nous avons étudié les formes principales.

Ainsi, dans cette forme de l'art, le rapport des deux éléments n'est plus, comme précédemment, un rapport fondé sur la nature de l'idée ; il est plus ou moins le résultat d'une combinaison artificielle qui dépend de la volonté du poëte, de sa verve et de son génie d'invention. Tantôt celui-ci part d'un phénomène sensible auquel il prête un sens spirituel, une idée, en profitant de quelque analogie. Tantôt c'est une idée qu'il cherche à revêtir d'une forme sensible ou d'une image par une certaine ressemblance.

Ce mode de conception est clair, mais superficiel. En Orient, il joue un rôle distinct, ou paraît dominer comme un des traits caractéristiques de la pensée orientale. Plus tard, dans les grandes compositions de la poésie classique ou romantique, il est subordonné; il sert à fournir des ornements et des accessoires, des allégories, des images et des métaphores, ou il constitue des genres secondaires.

Hegel divise ensuite cette forme de l'art et classe les espèces qu'elle engendre. Il distingue, à cet effet, deux points de vue : 1° le cas où le fait sensible s'offre le premier à l'esprit, et où l'esprit lui donne ensuite une signification, comme dans la *fable*, la *parabole*, l'*apologue*, le *proverbe*, les *métamorphoses* ; 2° le cas où, au contraire, c'est l'idée qui apparaît la première à l'esprit, et où le poëte cherche ensuite à lui adapter une image, une forme sensible, par voie de comparaison. Telles sont l'*énigme*, l'*allégorie*, la *métaphore*, l'*image* et la *comparaison*.

Nous ne suivrons pas l'auteur dans les développements qu'il croit devoir donner à l'analyse de chacune de ces formes inférieures de la poésie ou de l'art (1).

II. DE L'ART CLASSIQUE. — Le but de l'art est de représenter l'idéal, c'est-à-dire l'accord parfait des deux éléments du beau, de l'idée et de la forme sensible. Or ce but, l'art symbolique s'efforce vainement d'y atteindre. Tantôt c'est la nature avec ses forces aveugles qui forme le fond de ses représentations ; tantôt c'est l'Être spirituel, qu'il conçoit d'une manière vague, et qu'il personnifie dans des divinités grossières. Entre l'idée et la forme se révèle une simple affinité, une correspondance extérieure. La tentative de les concilier fait mieux encore éclater leur opposition ; ou l'art, en voulant exprimer l'esprit, ne crée que d'obscures énigmes. Partout se trahit l'absence de vraie personnalité et de liberté. Car celles-ci ne peuvent éclore qu'avec la conscience nette que l'esprit prend de lui-même.

---

(1) On peut s'étonner de ne pas voir, dans cette revue des principales formes de l'art oriental, au moins mentionné l'*art chinois*. C'est que, suivant Hegel, l'art, les beaux-arts, à proprement parler, n'existent pas pour les Chinois. L'esprit de ce peuple lui paraît antiartistique et prosaïque. Voici comment il caractérise l'art chinois dans sa *Philosophie de l'histoire* : « Ce peuple, en général, a un rare talent d'imitation, qui s'est exercé non-seulement dans les choses de la vie journalière, mais aussi dans l'art. Il n'est pas encore parvenu à représenter le beau comme beau. Dans la peinture, il lui manque la perspective et les ombres ; il copie bien les images européennes comme tout le reste. Un peintre chinois sait exactement combien il y a d'écailles sur le dos d'une carpe, combien une feuille offre de découpures; il connaît parfaitement la forme des arbres et la courbure de leurs rameaux ; mais le sublime, l'idéal et le beau ne sont pas du domaine de son art et de son habileté. » (Vorlesungen über die Philosophie der Geschichte, p. 137.)

Nous avons rencontré, il est vrai, cette idée de la nature de l'esprit comme opposé au monde sensible clairement exprimée la religion et la poésie du peuple hébreu. Mais ce qui naît de cette opposition, ce n'est pas le beau, c'est le sublime. Un sentiment vif de la personnalité se manifeste encore en Orient chez la race *arabe*. Dans ses brûlants déserts, au milieu d'un espace libre, elle s'est toujours distinguée par ce trait d'indépendance et d'individualité qui se trahit par la haine de l'étranger, la soif de la vengeance, une cruauté réfléchie, et aussi par des traits d'amour, de grandeur d'âme et de dévouement, et surtout par la passion des aventures ; cette race se distingue aussi par un esprit net et clair, ingénieux et plein de finesse, vif, brillant, dont elle a donné tant de preuves dans les arts et les sciences. Mais ce n'est là qu'un côté superficiel, dénué de profondeur et de généralité; ce n'est pas la vraie personnalité appuyée sur une base solide, sur la connaissance de l'esprit et de la nature morale.

Tous ces éléments séparés ou réunis ne peuvent donc offrir l'idéal. Ce sont des antécédents, des conditions et des matériaux. L'ensemble n'offre rien qui réponde à l'idée de la beauté réelle. Cette beauté idéale, nous la trouvons réalisée, pour la première fois, chez le peuple grec et dans l'*art classique*, qu'il s'agit de caractériser.

Pour que les deux éléments du beau s'harmonisent d'une manière parfaite, il est nécessaire que le premier, l'idée, soit l'esprit lui-même ayant conscience de sa nature et de sa libre personnalité. Si l'on se demande ensuite quelle est la forme qui convient à cette idée, qui exprime l'esprit individuel, personnel, ce ne peut être que la *forme humaine* : elle seule est capable de manifester l'esprit.

L'art classique, qui représente la spiritualité libre sous une forme individuelle, est donc nécessairement *anthropomorphique*. L'anthropomorphisme est son essence même, et l'on aurait tort de lui en faire un reproche. L'art chrétien et la religion chrétienne sont eux-mêmes anthropomorphiques et le sont à un bien plus haut degré, puisque Dieu s'est fait réellement homme, que le Christ n'est pas une simple personnification divine conçue par l'imagination, qu'il est à la fois véritablement Dieu et véritablement homme. Il a parcouru toutes les phases de l'existence terrestre : il est né, il a souffert et il est mort. Dans l'art classique, la nature sensible ne meurt pas, mais elle ne ressuscite pas. Aussi cette religion ne satisfait pas l'âme humaine tout entière. L'idéal grec a pour base une harmonie inaltérable entre l'esprit et la forme sensible, la sérénité inaltérable des dieux immortels ; mais ce calme a quelque chose de froid et d'inanimé. L'art classique n'a pas compris la véritable essence de la nature divine ni creusé jusqu'aux profondeurs de l'âme. Il n'a pas su dévoiler ses puissances les plus intimes dans leur opposition et en rétablir l'harmonie. Toute cette face de l'existence, le mal, le péché, le malheur, la souffrance morale, la révolte de la volonté, les remords et les déchirements de l'âme lui sont inconnus. L'art classique ne dépasse pas le domaine propre de la beauté sensible ; mais il la représente d'une manière parfaite.

Cet idéal de la beauté classique a été réalisé par les *Grecs*. Les conditions les plus favorables se trouvaient réunies pour le faire éclore. La position géographique, le génie de ce peuple, son caractère moral, sa vie politique, tout devait concourir à l'accomplissement de cette idée du beau classique dont les caractères sont la proportion, la mesure, l'harmonie. Placée entre l'Asie et l'Europe, la Grèce réalise l'accord de la liberté personnelle et des mœurs publiques, de la cité et de l'individu, de l'esprit général et particulier. Son génie, mélange de spontanéité et de réflexion, offre une égale fusion des contraires. Le sentiment de cette heureuse harmonie perce à travers toutes les productions de l'esprit grec. C'est le moment de la jeunesse dans la vie de l'humanité, âge court, moment unique et irrévocable, comme celui de la beauté dans l'individu.

L'art atteignit alors le point culminant de la beauté sensible sous la forme de l'individualité plastique. Le culte du beau c'est la vie tout entière du peuple grec. Aussi la religion et l'art s'identifient. Toutes les autres formes de la civilisation grecque sont subordonnées à l'art.

Il importe ici de déterminer la position nouvelle de l'artiste dans la production des œuvres de l'art.

L'art y apparaît non comme une production de la nature, mais comme une création de l'esprit individuel ; c'est l'œuvre d'un esprit libre qui a conscience de lui-même, qui se possède, qui n'a rien de vague et d'obscur dans la pensée, et ne se trouve arrêté par aucune difficulté technique.

Cette position nouvelle de l'*artiste grec* se manifeste à la fois sous le rapport du fond, de la forme et de l'habileté technique.

En ce qui regarde le *fond* ou les idées qu'il doit représenter, à l'opposé de l'art symbolique, où l'esprit tâtonne, cherche sans pouvoir arriver à une notion claire, l'artiste trouve l'idée toute faite dans le dogme, la croyance populaire, et une idée nette, précise, dont lui-même se rend compte. Toutefois, il ne s'y asservit pas, il l'accepte mais la reproduit librement. Les artistes grecs recevaient leurs sujets de la religion populaire; c'était une idée originairement transmise par l'Orient, mais déjà transformée dans la conscience du peuple. Ils la transformaient, à leur tour, dans le sens du beau ; ils reproduisaient et créaient à la fois.

Mais c'est surtout sur la *forme* que se concentre et s'exerce leur activité libre. Tandis que l'art symbolique s'épuise à chercher mille formes extraordinaires pour rendre ses idées, n'ayant ni mesure ni règle fixe, l'artiste grec s'enferme dans son sujet, dont il respecte les limites. Puis, entre le fond et la forme il établit un parfait accord. En travaillant ainsi la forme, il perfectionne aussi le fond. Il les dégage tous deux des accessoires inutiles, afin d'adapter l'un à l'autre. Dès lors il ne s'arrête pas à un type immobile et traditionnel, il perfectionne le tout, car le fond et la forme sont inséparables ; il les développe l'un et l'autre dans toute la sérénité de l'inspiration.

Quant à l'élément *technique*, à l'artiste classique appartient au plus haut degré l'habileté combinée avec l'inspiration. Rien ne l'arrête ni ne le gêne. Ici point d'entraves comme dans une religion stationnaire où les formes sont consacrées par l'usage, en Egypte, par exemple. Et cette habileté va toujours croissant. Le progrès dans les procédés de l'art est nécessaire pour la réalisation de la beauté pure et l'exécution parfaite des œuvres du génie.

Après ces considérations générales sur l'art classique, Hegel l'étudie plus en détail. Il le considère : 1° dans son *développement* ; 2° en lui-même, comme réalisation de l'*idéal* ; 3° dans les causes qui ont amené sa ruine et sa destruction.

1° En ce qui concerne le *développement de l'art grec*, l'auteur s'étend longuement sur l'histoire et le progrès de la mythologie. C'est que la religion et l'art, ici, se confondent. Le point central de l'art grec, c'est l'Olympe et les belles divinités qui composent ce monde idéal.

Voici quels sont, suivant Hegel, les principaux degrés du développement de l'art et de la mythologie grecs :

Le premier perfectionnement consiste dans une réaction contre la forme symbolique, qu'il s'agit de détruire. Les dieux grecs sont venus de l'Orient; les Grecs ont emprunté leurs divinités aux religions étrangères. On peut dire, d'un autre côté, qu'ils les ont inventées; car l'invention n'exclut pas les emprunts. Ils ont transformé les idées contenues dans les traditions antérieures. Or, sur quoi a porté cette transformation? C'est là l'histoire du polythéisme et de l'art antique, qui suit une marche parallèle et en est inséparable.

Les divinités grecques sont, avant tout, des personnes morales revêtues de la forme humaine. Le premier développement consiste donc à rejeter ces symboles grossiers qui, dans le naturalisme oriental, forment l'objet du culte, et qui défigurent les représentations de l'art. Ce progrès est marqué par la *dégradation du règne animal*. Il est clairement indiqué, dans un grand nombre des cérémonies et des fables du polythéisme, par les sacrifices d'animaux, les chasses sacrées, plusieurs des exploits attribués aux héros, en particulier les travaux d'Hercule. Quelques-unes des fables d'Ésope ont le même sens. Les métamorphoses racontées par Ovide sont aussi des mythes défigurés, ou des fables devenues burlesques, mais dont le fond, resté intact et facile à reconnaître, contient la même idée.

C'est l'opposé de la manière dont les Égyptiens considéraient les animaux. La nature, ici, au lieu d'être vénérée et adorée, est rabaissée et dégradée. Revêtir une forme animale n'est plus une divinisation, c'est un châtiment d'un crime monstrueux. On fait honte aux dieux eux-mêmes de cette forme, et ils ne la prennent que pour satisfaire des passions de la nature sensuelle. Tel est le sens de plusieurs des fables de Jupiter, comme celles de Danaé, d'Europe, de Léda, de Ganymède. La représentation du principe générateur dans la nature, qui fait le fond des anciennes mythologies, est ici changée en une série d'histoires où le pèr des dieux et des hommes joue un rôle peu édifiant et souvent ridicule. Enfin, toute cette partie de la religion qui est relative aux désirs sensuels de la nature animale est refoulée sur un dernier plan, et représentée par des divinités subalternes : Circé, qui change les hommes en pourceaux; Pan, Silène, les satyres et les faunes. Encore la forme humaine domine, et la forme animale est à peine indiquée par des oreilles, de petites cornes, etc.

Un autre progrès se fait remarquer dans les *oracles*. Les phénomènes de la nature, au lieu d'être l'objet de l'adoration et du culte, ne sont plus que des signes par lesquels les dieux font connaître leur volonté aux mortels. Ces signes prophétiques deviennent de plus en plus simples; enfin, c'est surtout la voix de l'homme qui est l'organe de l'oracle. L'oracle est ambigu, de sorte que l'homme qui le reçoit est obligé de l'interpréter, d'y mêler sa raison, et, s'il prend un parti, d'en garder en partie la responsabilité. Dans l'art dramatique, par exemple, l'homme n'agit pas encore tout à fait par lui-même; il consulte les dieux, obéit à leur volonté; mais sa volonté se confond avec la leur. Une part est faite à sa liberté.

La distinction des *anciennes* et des *nouvelles divinités* marque encore mieux ce progrès de la liberté morale.

Entre les premières, qui personnifient les puissances de la nature, s'établit déjà une gradation. D'abord, les puissances sauvages et souterraines, le Chaos, le Tartare, l'Érèbe; puis, Uranus, Géa, les Géants et les Titans; *à* un degré supérieur, Prométhée, d'abord l'ami des nouveaux dieux, le bienfaiteur des hommes, puis puni par Jupiter pour ce bienfait apparent : inconséquence qui s'explique en ce que, si Prométhée enseigna l'industrie aux hommes, il créa une cause de discordes et de dissensions en n'y joignant pas un enseignement plus élevé, la moralité, la science du gouvernement, les garanties de la propriété. Tel est le sens profond de ce mythe, que Platon explique ainsi dans ses Dialogues.

Une autre classe de divinités, également anciennes, mais déjà morales quoiqu'elles rappellent encore la fatalité des lois physiques, sont les Euménides, Dicé, les Erinnyes. On voit apparaître ici les idées de droit et de justice, mais de droit exclusif, absolu, étroit, inintelligent, sous la forme d'une implacable vengeance, ou, comme la Némésis antique, d'une puissance qui rabaisse tout ce qui est élevé, rétablit l'égalité par le nivellement ; ce qui est l'opposé de la vraie justice.

Enfin, ce développement de l'idéal classique se révèle plus clairement encore dans la *théogonie* et la *généalogie* des dieux, dans leur naissance et leur succession, par l'abaissement des divinités des races antérieures, enfin dans l'hostilité qui éclate entre elles, dans la révolution qui leur a enlevé la souveraineté pour la mettre entre les mains des divinités nouvelles. Maintenant, la distinction se prononce au point d'engendrer la lutte, et le combat devient l'événement principal de la mythologie.

Ce combat est celui de la nature et de l'esprit, et il est la loi du monde. Sous la forme historique, c'est le perfectionnement de la nature humaine, la conquête successive des droits et de la propriété, l'amélioration des lois, de la constitution politique. Dans les représentations religieuses, c'est le triomphe des divinités morales sur les puissances de la nature.

Ce combat s'annonce comme la plus grande catastrophe dans l'histoire du monde ; aussi ce n'est pas le sujet d'un mythe particulier, c'est le fait principal, décisif, qui fait le centre de toute cette mythologie.

La conclusion de tout ceci, relativement à l'histoire de l'art et au développement de l'idéal, c'est que l'art doit faire, comme la mythologie, rejeter comme indigne de lui tout ce qui est purement physique ou animal, ce qui est confus, fantastique, obscur, tout mélange grossier du matériel et du spirituel. Toutes ces créations d'une imagination déréglée ne trouvent plus ici leur place, elles doivent fuir devant la lumière de l'esprit. L'art se purifie de tout ce qui est caprice, fantaisie, accessoire symbolique, de toute idée vague et confuse.

De même, les dieux nouveaux forment un monde organisé et constitué. Cette unité s'affermit et se perfectionne encore dans les développements ultérieurs de l'art plastique et de la poésie.

Toutefois, les anciens éléments, refoulés par l'avénement des puissances morales, conservent une place à côté de celles-ci, ou se combinent avec elles. Tel est, par exemple, le sens et le but des *mystères.*

Dans les divinités nouvelles, qui sont des personnes morales, il reste aussi comme un écho, un reflet des puissances de la nature. Elles offrent, par conséquent, une combinaison de l'élément physique et de l'élément moral ; mais le premier est subordonné au second. Ainsi Neptune c'est la mer, mais il est surtout invoqué comme dieu de la navigation et fondateur des villes ; Apollon est le soleil, le dieu de la lumière, mais c'est aussi le dieu de la lumière spirituelle, de la science et des oracles. Dans Jupiter, Diane, Hercule, Vénus, il est facile de retrouver le côté physique combiné avec le sens moral.

Ainsi, dans les nouveaux dieux, les éléments de la nature, après avoir été rabaissés et dégradés, reparaissent et sont conservés. Il en est de même des formes du règne animal ; mais le sens symbolique se perd de plus en plus. Elles ne figurent plus que comme accessoires combinés avec la forme humaine; elles sont réduites à n'être plus qu'un emblème ou un attribut, un signe indicateur, comme l'aigle à côté de Jupiter, le paon auprès de Junon, la colombe auprès de Vénus. Ou le mythe principal n'est plus qu'un fait accidentel, peu sérieux, de la vie d'un dieu ; il devient le texte d'histoires licencieuses abandonné à l'imagination des poëtes.

2° Après avoir assisté au développement de l'idéal dans l'art grec, développement parallèle à celui de la religion et de la mythologie, nous avons à le considérer en lui-même dans ses caractères principaux, tel qu'il est sorti de l'activité créatrice ou de l'imagination du poëte et de l'artiste.

Cette mythologie a son origine dans les religions antérieures, mais ces dieux sont bien les dieux d'Homère et d'Hésiode. La tradition a fourni les matériaux ; mais l'idée que chaque dieu doit représenter, et surtout la forme qui l'exprime dans sa pureté et sa simplicité, voilà ce qui n'était pas donné. Et ce type idéal, les grands poëtes le tirèrent de leur génie, ils trouvèrent aussi la véritable forme qui lui convenait. Par là, ils furent les créateurs de cette mythologie que nous admirons dans l'art grec et qui se confond avec lui.

Les dieux grecs n'en ont pas moins leur racine dans l'esprit et les croyances du peuple grec, dans la croyance nationale ; les poëtes furent les interprètes de la pensée générale, de ce qu'il y avait de plus élevé dans l'imagination du peuple. Dès lors, l'artiste, comme on l'a vu plus haut, prend une position tout autre que dans l'Orient. Son inspiration est personnelle. Son œuvre est celle d'une imagination libre, créant d'après ses propres conceptions. L'inspiration ne vient pas du dehors ; ce qu'ils révèlent aux hommes, ce sont les idées de l'esprit humain, ce qu'il y a de plus intime dans le cœur de l'homme. Aussi les artistes sont-ils véritablement poëtes ; ils façonnent à leur gré le fond et la forme pour en tirer des figures libres et originales. La tradition se dépouille entre leurs mains de tout ce qu'elle a de grossier, de symbolique, de laid et de difforme ; ils dégagent l'idée qu'ils veulent mettre en lumière, et l'individualisent sous la forme humaine. Telle est la manière libre, quoique non arbitraire, dont les artistes grecs procèdent dans la création de leurs œuvres.

Ils sont poëtes, mais aussi prophètes et devins. Ils représentent les actions humaines dans les actions divines, et réciproquement, sans que la distinction soit nette et tranchée. Ils maintiennent l'union, l'accord de l'humain et du divin. Tel est le sens de la plupart des apparitions des dieux dans Homère, lorsque les dieux, par exemple, consultent les héros ou interviennent dans les combats.

Maintenant, si l'on veut connaître la *nature de cet idéal*, déterminer, d'une manière plus précise, les caractères de ces divinités de l'art grec, voici ce que l'on peut dire en les envisageant à la fois par le côté *général, particulier* et *individuel*.

Le premier attribut qui les distingue, c'est quelque chose de général, de substantiel. Ces dieux immortels sont étrangers aux misères et aux agitations de l'existence humaine. Ils jouissent d'un calme et d'une sérénité inaltérables qu'ils puisent dans leur repos et leur majesté. Ils ne sont pas, toutefois, des abstractions vagues, des existences universelles et purement idéales. A ce caractère de généralité s'ajoute l'individualité. Chaque divinité a ses traits et sa physionomie propres, son rôle particulier, sa sphère d'activité déterminée et limitée. Une juste mesure encore ici est observée ; les deux éléments, le général et l'individuel, sont dans un accord parfait.

En même temps, ce caractère moral se manifeste sous une forme extérieure et corporelle, elle-même sa plus parfaite expression, où apparaît l'harmonieuse fusion de la forme extérieure et du principe interne qui l'anime.

Cette forme physique, ainsi que le principe spirituel qui se manifeste en elle, est affranchie de tous les accidents de la vie matérielle et des misères de l'existence finie. C'est le corps humain avec ses belles proportions et leur harmonie ; tout annonce la beauté, la liberté, la grâce. C'est ainsi que cette forme, dans sa pureté, répond au principe spirituel et divin qui s'est incarné en elle. De là la noblesse, la grandeur et l'élévation de ces figures, qui n'ont rien de commun avec les besoins de la vie matérielle, et semblent élevées au-dessus de leur existence corporelle. Ce sont des divinités immortelles sous des traits humains. Le corps, malgré sa beauté, paraît un appendice superflu ; et néanmoins c'est une forme animée et vivante qui offre une indestructible harmonie entre les deux principes, l'âme et le corps.

Mais une contradiction se fait sentir entre l'esprit et la forme matérielle. Ce tout harmonieux recèle un principe de destruction qui se fera de plus en plus sentir. On peut remarquer dans ces figures un souffle de tristesse au milieu de la grandeur. Absorbées en elles-mêmes, calmes et sereines, elles manquent d'abandon et de satisfaction intérieure ; quelque chose de froid et d'insensible se fait remarquer dans leurs traits, surtout si on les compare à la vivacité du sentiment moderne. Cette paix divine, cette indifférence pour tout ce qui est mortel et passager, forme un contraste entre la grandeur morale et la forme corporelle. Ces divinités bienheureuses se plaignent à la fois de leur félicité et de leur existence physique. On lit sur leurs traits le destin qui pèse sur leurs têtes.

Maintenant, quel est l'art particulier le plus propre à représenter cet idéal ? c'est évidemment la *sculpture*. Elle seule est capable de nous montrer ces figures idéales dans leur éternel repos, d'exprimer cet accord parfait du principe spirituel et de la forme sensible. A elle a été confiée la mission de réaliser cet idéal dans sa pureté, sa grandeur et sa perfection.

La poésie, la poésie dramatique surtout, qui fait agir les dieux et les entraîne dans des luttes et des combats contraires à leur grandeur et à leur dignité, est beaucoup moins en état de remplir cette destination.

Si l'on envisage ces divinités dans leur caractère *particulier* et non plus général, on voit qu'elles forment une pluralité, un tout, un ensemble, qui est le *polythéisme*. Chaque dieu particulier, tout en ayant son caractère propre et original, est lui-même un tout complet ; il possède aussi les qualités distinctives des autres divinités. De là la richesse de ces caractères. C'est pour cette raison que le polythéisme grec n'offre pas un ensemble systématique. L'Olympe se compose d'une multitude de dieux distincts, mais qui ne forment pas une hiérarchie constituée. Les rangs n'y sont pas rigoureusement fixés. De là la liberté, la sérénité, l'indépendance de ces personnages. Sans cette contradiction apparente, ces divinités seraient embarrassées les unes dans les autres, entravées dans leur développement et leur puissance. Au lieu d'être de véritables personnages, elles ne seraient que des êtres allégoriques, des abstractions personnifiées.

Quant à leur représentation sensible, c'est encore la sculpture qui est l'art le plus propre à exprimer ce caractère particulier de la nature des dieux. En combinant avec la grandeur immobile l'individualité des traits propres à chacun d'eux, elle fixe dans les statues des dieux l'expression la plus parfaite de leur caractère et arrête sa forme définitive. La sculpture, encore ici, est plus idéale que la poésie. Elle offre une forme déterminée et fixe, tandis que la poésie y mêle une foule d'actions, d'histoires et de particularités accidentelles. La sculpture crée des modèles absolus, éternels ; elle a fixé le type de la vraie beauté classique, base de toutes les autres productions du génie grec ; elle est ici le point central de l'art.

Mais, pour représenter les dieux dans leur véritable *individualité*, il ne suffit pas de les distinguer par quelques attributs particuliers. L'art classique ne se borne pas d'ailleurs à représenter ces personnages immobiles et concentrés en eux-mêmes, il les montre aussi en mouvement et en action. Le caractère des dieux se particularise donc, et offre les traits spéciaux dont se compose la physionomie propre de chaque dieu. C'est là le côté accidentel, positif, historique, qui figure dans la mythologie et aussi dans l'art comme élément accessoire mais nécessaire.

Ces matériaux sont fournis par l'histoire ou la fable. Ce sont des antécédents, des particularités locales qui donnent aux dieux leur individualité et leur originalité vivantes. Les uns sont empruntés aux religions symboliques qui conservent une trace dans les nouvelles créations ; l'élément symbolique est absorbé dans le mythe nouveau. D'autres sont pris dans les origines nationales qui se rattachent aux temps héroïques et aux traditions étrangères. D'autres enfin proviennent des circonstances locales, relatives à la propagation des mythes, à leur formation, aux usages et aux cérémonies du culte, etc. Tous ces matériaux façonnés par l'art donnent aux dieux grecs l'apparence, l'intérêt et le charme de l'humanité vivante. Mais ce côté traditionnel qui, à l'origine, avait un sens symbolique l'a perdu peu à peu ; il n'est plus destiné qu'à compléter l'individualité des dieux, à leur donner une forme plus humaine et plus sensible, à ajouter, par ces détails souvent peu dignes de la majesté divine, le côté de l'arbitraire et de l'accidentel. La sculpture, qui représente l'idéal pur, doit, sans l'exclure tout à fait, le laisser apparaître le moins possible ; elle le représente comme accessoire dans la coiffure, les armes, les ornements, les attributs extérieurs. Une autre source pour la détermination plus précise du caractère des dieux est leur intervention dans les actions et les circonstances de la vie humaine. Ici l'imagination du poëte se répand comme une source intarissable en une foule d'histoires particulières, de traits de caractère et d'actions attribuées aux dieux. Le problème de l'art consiste à combiner d'une manière naturelle et vivante l'action des personnages divins et les actions humaines, de manière que les dieux apparaissent comme la cause générale de ce que l'homme fait et accomplit lui-même. Les dieux, ainsi, sont les principes intérieurs, qui résident au fond de l'âme humaine, ses propres passions dans ce qu'elles ont d'élevé, et sa pensée personnelle ; ou c'est la nécessité de la situation, la force des circonstances dont l'homme subit l'action fatale. C'est ce qui perce dans toutes les situations où Homère fait intervenir les dieux et dans la manière dont ils influent sur les événements.

Mais, par ce côté, les dieux de l'art classique abandonnent, de plus en plus, la sérénité silencieuse de l'idéal, pour descendre dans la multiplicité des situations individuelles, des actions, et dans le conflit des passions humaines. L'art classique se trouve ainsi entraîné au dernier degré d'individualisation ; il tombe dans l'agréable et le gracieux. Le divin s'absorbe dans le fini, qui s'adresse exclusivement à la sensibilité et ne satisfait plus la pensée. L'imagination et l'art, s'emparant de ce côté, et l'exagérant de plus en plus, corrompent la religion elle-même. Le sévère idéal fait place à la beauté purement sensible et à l'agrément; il s'éloigne de plus en plus des idées éternelles qui forment le fond de la religion et de l'art, et ceux-ci sont entraînés à leur ruine.

3° En effet, indépendamment des causes extérieures qui ont occasionné la *décadence* de l'art grec et précipité sa chute, plusieurs causes internes, prises dans la nature même de l'idéal grec, rendaient cette chute inévitable. D'abord, les dieux grecs, comme on l'a vu, portent en eux-mêmes le germe de leur destruction, et le vice qu'ils recèlent est dévoilé par les représentations de l'art classique lui-même. La pluralité des dieux et leur diversité en font déjà des existences accidentelles; cette multiplicité ne peut satisfaire la raison. La pensée les dissout et les fait rentrer dans une divinité unique. Les dieux, d'ailleurs, ne restent pas dans leur repos éternel, ils entrent en action, prennent part aux intérêts, aux passions, et se mêlent aux collisions de la vie humaine. Cette multitude de rapports où ils s'engagent, comme acteurs dans ce drame, détruit la majesté divine, contredit leur grandeur, leur dignité, leur beauté. Dans le véritable idéal lui-même, celui de la sculpture, on remarque quelque chose d'inanimé, d'insensible, de froid, un air sérieux de tristesse silencieuse qui indique que quelque chose de plus élevé pèse sur leurs têtes, le Destin, unité suprême, divinité aveugle, l'immuable fatalité à laquelle sont soumis et les dieux et les hommes.

Mais la cause principale, c'est que, la nécessité absolue ne faisant pas partie intégrante de leur personnalité, et leur étant étrangère, le côté particulier individuel n'est plus retenu sur sa pente; il se développe de plus en plus sans règle et sans mesure. Ils se laissent entraîner dans les accidents extérieurs de la vie humaine, et tombent dans toutes les imperfections de l'anthropomorphisme. Dès lors, la ruine de ces belles divinités de l'art est inévitable. La conscience morale s'en détourne et les réprouve. Les dieux, il est vrai, sont des personnes morales, mais sous la forme humaine et corporelle. Or la vraie moralité n'apparaît qu'à la conscience, et sous une forme purement spirituelle. Le point de vue du beau n'est ni celui de la religion ni celui de la morale. La spiritualité infinie, invisible, voilà le divin pour la conscience religieuse. Pour la conscience morale, le bien est une idée, une conception, un devoir qui commande le sacrifice des sens. On a donc beau s'enthousiasmer pour l'art et la beauté grecs, admirer ces belles divinités, l'âme ne se reconnaît pas tout entière dans l'objet de sa contemplation ou de son culte. Ce qu'elle conçoit comme le vrai idéal, c'est un Dieu esprit, infini, absolu, personnel, doué de qualités morales, de la justice, de la bonté, etc.

C'est ce dont les dieux du polythéisme grec, malgré leur beauté, ne nous offrent pas l'image.

Quant à la *transition* de la mythologie grecque à une religion nouvelle et à un art nouveau, elle ne pouvait plus s'effectuer dans le domaine de l'imagination. A l'origine de l'art grec, la transition apparaît sous la forme d'un combat entre les anciens et les nouveaux dieux, dans la région même de l'art et de l'imagination. Ici, c'est sur le terrain plus sérieux de l'histoire que s'accomplit cette révolution. L'idée nouvelle n'apparaît pas comme une révélation de l'art ou sous la forme du mythe et de la fable, mais dans l'histoire même, par le cours des événements, par l'apparition de Dieu même sur la terre, où il est né, a vécu et est ressuscité. C'est là un fonds d'idées que l'art n'a pas inventé et qu'il trouve en dehors de lui. Les dieux de l'art classique n'ont d'existence que dans l'imagination ; ils n'ont été visibles que dans la pierre et le bois, ils n'ont pas été à la fois chair et esprit. Cette existence réelle de Dieu en chair et en esprit, le christianisme, pour la première fois, l'a montrée dans la vie et les actions d'un Dieu présent parmi les hommes. Ce passage ne peut donc s'accomplir dans le domaine de l'art, parce que le Dieu de la religion révélée est le Dieu réel et vivant. Comparés à lui, ses adversaires n'ont été que des êtres imaginaires, qui ne peuvent être pris au sérieux et se rencontrer avec lui sur le terrain de l'histoire. L'opposition et le combat ne peuvent donc offrir le caractère d'une lutte sérieuse et être représentés comme tels par l'art ou la poésie. Aussi, toutes les fois que l'on a essayé de faire de ce sujet, chez les modernes, un thème poétique, on l'a fait d'une manière frivole et impie, comme dans *la Guerre des dieux* de Parny.

D'un autre côté, vainement se prendrait-on à regretter, comme on l'a fait souvent, en prose et en vers, l'idéal grec et la mythologie païenne, comme plus favorables à l'art et à la poésie que la croyance chrétienne, à qui l'on accorde une plus haute vérité morale, mais en la regardant comme inférieure au point de vue de l'art et du beau.

Le christianisme a sa poésie et son art à lui, son idéal essentiellement différent de l'idéal et de l'art grecs. Ici tout parallèle est superficiel. Le polythéisme, c'est l'anthropomorphisme. Les dieux de la Grèce sont de belles divinités sous la forme humaine. Dès que la raison a compris Dieu comme esprit et comme Être infini, avec cette conception apparaissent d'autres idées, d'autres sentiments, d'autres exigences que l'art ancien est incapable de satisfaire, auxquels il ne peut atteindre, qui appellent, par conséquent, un art nouveau, une poésie nouvelle. Ainsi, les regrets sont superflus, la comparaison n'a plus de sens, ce n'est plus qu'un texte pour la déclamation. Ce que l'on a pu objecter sérieusement au christianisme, ses tendances au mysticisme à l'ascétisme, qui, en effet, sont contraires à l'art, ne sont que les exagérations de son principe. Mais la pensée qui fait le fond du christianisme, le vrai sentiment chrétien, loin d'être contraires à l'art, lui sont très-favorables. De là est sorti un art nouveau, inférieur, il est vrai, par certains côtés, à l'art antique, dans la sculpture, par exemple, mais qui lui est supérieur, par d'autres côtés, de toute la hauteur de son idée comparée à l'idée païenne.

En tout ceci, nous ne faisons que résumer les idées de l'auteur. Il faut lui rendre cette justice, que, partout où il parle de l'art chrétien, il le fait dignement, et montre un esprit dégagé de toute préoccupation systématique.

Si l'on jette maintenant un coup d'œil sur les causes extérieures qui ont amené cette décadence, il est facile de les reconnaître dans les situations de la société antique, qui annoncent à la fois et la ruine de l'art et celle de la religion. On reconnaît les vices de cet ordre social où l'Etat était tout, l'individu rien par lui-même. C'est là le vice radical de la cité grecque. Dans cette identification de l'homme et de l'Etat, les droits de l'individu sont méconnus. Celui-ci, alors, cherche à se frayer une voie distincte et indépendante, se sépare de l'intérêt public, poursuit ses fins propres, et finalement travaille à la ruine de l'Etat. De là l'égoïsme qui mine peu à peu cette société, et les excès toujours croissants de la démagogie.

D'un autre côté, s'élève dans les âmes d'élite le besoin d'une liberté plus haute dans un Etat organisé sur la base de la justice et du droit. En attendant, l'homme se replie sur lui-même, et, désertant la loi écrite, religieuse et civile, prend sa conscience pour règle de ses actes. Socrate marque l'avénement de cette idée. A Rome, dans les dernières années de la république, chez les âmes énergiques, se révèle cet antagonisme et ce détachement de la société. De beaux caractères nous offrent le spectacle des vertus privées à côté de l'affaiblissement et de la corruption des mœurs publiques.

Cette protestation de la conscience morale contre la corruption croissante trouve son expression dans l'art lui-même ; elle crée une forme de poésie qui lui correspond, la *satire*.

Selon Hegel, la *satire*, en effet, appartient en propre aux Romains ; elle est, du moins, le caractère distinctif et original, le trait saillant de leur poésie et de leur littérature. « L'esprit du monde romain, c'est la domination de la lettre morte, la destruction de la beauté, l'absence de sérénité dans les mœurs, le refoulement des affections domestiques et naturelles, en général le sacrifice de l'individualité qui se dévoue à l'Etat, l'impassible dignité dans l'obéissance à la loi. Le principe de cette vertu politique, dans sa froide et austère rudesse, a soumis au dehors toutes les individualités nationales, tandis qu'au dedans le droit s'est développé avec la même rigueur et la même exactitude de formes, au point d'atteindre à la perfection. Mais ce principe était contraire à l'art véritable. Aussi ne trouve-t-on à Rome aucun art qui présente un caractère de beauté, de liberté, de grandeur. Les Romains ont reçu et appris des Grecs la sculpture, la peinture, la musique, la poésie épique, lyrique et dramatique. Ce qui est regardé comme indigène chez eux, ce sont les farces comiques, les fescennines et les atellanes. Les Romains ne peuvent revendiquer comme leur appartenant en propre que les formes de l'art qui, dans leur principe, sont prosaïques, telles que le poëme didactique. Mais il faut placer avant tout la satire.

III. DE L'ART ROMANTIQUE. — Ce mot, employé pour désigner ici l'art moderne dans son opposition avec l'art grec ou classique, n'emporte aucun des sens défavorables qu'il a dans notre langue et notre littérature, où il est devenu le synonyme d'une liberté poussée jusqu'à la licence et du mépris de toute règle. L'art romantique, qui, dans son plus haut développement, est aussi l'art chrétien, a ses lois et ses principes aussi nécessaires que l'art classique. Mais l'idée qu'il exprime étant différente, ses conditions le sont aussi : il obéit à d'autres règles, tout en observant celles qui sont la base de tout art et l'essence même du beau.

Voici comment Hegel caractérise, d'une manière générale, cette forme de l'art, en l'opposant à l'art antique que nous venons d'étudier.

Dans l'art classique, c'est l'esprit qui fait le fond de la représentation ; mais il est combiné avec la forme sensible ou matérielle, de telle sorte qu'il s'harmonise parfaitement avec elle et ne la dépasse pas. L'art atteignit à sa perfection lorsque s'accomplit cet heureux accord, lorsque l'esprit idéalisa la nature et en fit une image fidèle de lui-même. C'est ainsi que l'art classique fut la représentation parfaite de l'idéal, le règne de la beauté.

Mais il existe quelque chose de plus élevé que la manifestation belle de l'esprit sous la forme sensible. L'esprit doit abandonner cet accord avec la nature, se retirer en lui-même, trouver la véritable harmonie dans son monde propre, le monde spirituel de l'âme et de la conscience. Or ce développement de l'esprit qui, ne pouvant se satisfaire dans le monde des sens, cherche une harmonie plus haute en lui-même, est le principe fondamental de l'art romantique.

Ici, la beauté de la forme n'est plus la chose suprême ; la beauté, dans ce sens, reste quelque chose d'inférieur, de subordonné ; elle fait place à la beauté spirituelle qui réside au fond de l'âme, dans les profondeurs de sa nature infinie.

Or, pour prendre ainsi possession de lui-même, il faut que l'esprit ait conscience de son rapport avec Dieu et de son union avec lui ; que non-seulement le principe divin se révèle sous une forme vraie et digne de lui, mais que l'âme humaine, de son côté, s'élève jusqu'à Dieu, qu'elle se sente remplie de son essence, que la Divinité descende au sein de l'humanité. L'anthropomorphisme de la pensée grecque doit disparaître pour faire place à un anthropomorphisme d'un ordre plus élevé.

Dès lors, toutes les divinités du polythéisme seront absorbées dans un Dieu unique. Dieu n'a plus rien de commun avec ces personnages individuels qui avaient leurs attributs et leur rôle distincts, et formaient un ensemble libre, quoique soumis au destin.

En même temps, Dieu ne reste pas enfermé dans les profondeurs de son essence, il apparaît aussi dans le monde réel, il ouvre ses trésors et les répand dans la création. Il se révèle toutefois moins dans la nature que dans le monde moral ou de la liberté. Enfin Dieu n'est pas un idéal créé par l'imagination, il se manifeste sous les traits de l'humanité vivante.

Si nous comparons, sous ce rapport, l'art romantique avec l'art classique, on voit que la sculpture ne suffit plus pour exprimer cette idée. On chercherait vainement dans l'image des dieux façonnés par la sculpture ce qui annonce la vraie personnalité, la conscience nette de soi-même et la volonté réfléchie. A l'extérieur, ce défaut se trahit par l'absence de l'œil, ce miroir de l'âme. La sculpture est privée du regard, ce rayon de l'esprit émané du dedans. D'un autre côté, l'esprit entrant en relation avec les objets extérieurs, cette immobilité de la sculpture ne répond plus au besoin d'activité, qui demande à s'exercer dans une carrière plus étendue. La représentation doit embrasser un champ plus vaste d'objets et de situations physiques et morales.

Quant à la manière dont ce principe se développe et se réalise, l'art romantique offre des différences frappantes, sous ce rapport, avec l'art antique.

D'abord, comme il a été dit, au lieu de divinités idéales qui n'existent que pour l'imagination et ne sont que la nature humaine idéalisée, c'est Dieu lui-même qui se fait homme et parcourt toutes les phases de la vie humaine, la naissance, la souffrance, la mort et la résurrection. Telle est l'idée fondamentale que représente l'art dans le cercle même de la religion.

Le résultat de cette conception religieuse c'est de donner aussi à l'art, comme fond principal de ses représentations, la lutte, le combat, la douleur et la mort, la tristesse profonde qu'inspire le néant de la vie, la souffrance physique et morale. Tout cela, en effet, n'est-ce pas une partie essentielle de l'histoire de l'Homme-Dieu, qui doit être proposé pour modèle à l'humanité? N'est-ce pas le moyen de se rapprocher de Dieu, de lui ressembler, et de s'unir à lui? L'homme doit donc dépouiller sa nature finie, renoncer à ce qui n'est que néant, et, par cette mort à la vie réelle, se proposer de devenir ce que Dieu a donné à contempler lui-même dans sa vie mortelle.

La douleur infinie de ce sacrifice, cette idée de la souffrance et de la mort, qui étaient à peu près bannies de l'art classique, trouvent, pour la première fois, leur place nécessaire dans l'art chrétien. Chez les Grecs, la mort n'a rien de sérieux, parce que l'homme n'attache pas une grande importance à sa personnalité et à sa nature spirituelle. Maintenant, au contraire, que l'âme a une valeur infinie, la mort devient terrible. La terreur devant la mort et l'anéantissement de notre être s'empreint fortement dans les âmes. De même encore, chez les Grecs, surtout avant Socrate, l'idée de l'immortalité était peu profonde; ils ne concevaient guère la vie comme inséparable de l'existence physique. Dans la croyance chrétienne, au contraire, la mort n'est que la résurrection de l'esprit, l'harmonie de l'âme avec elle-même, la véritable vie. Ce n'est qu'en se débarrassant des liens de l'existence terrestre qu'elle doit entrer en possession de sa véritable nature.

Telles sont les principales idées qui forment le fond religieux de l'art romantique ou chrétien. Malgré quelques explications qui rappellent le système particulier de l'auteur, on ne peut nier qu'elles ne soient exprimées avec grandeur et vérité.

Maintenant, en dehors du cercle religieux, se développent des intérêts qui appartiennent à la vie mondaine et qui forment aussi l'objet des représentations de l'art ; ce sont des passions, des collisions, des joies et des souffrances qui portent un caractère terrestre ou purement humain, mais où apparaît pourtant le même principe qui distingue la pensée moderne, savoir : un sentiment plus vif, plus énergique et plus profond de la *personnalité* humaine, ou, comme l'appelle l'auteur, de la *subjectivité*.

L'art romantique ne diffère pas moins de l'art classique par la *forme*, ou le mode de représentation, que par les idées qui constituent le fond de ses œuvres. Et d'abord, une conséquence nécessaire du principe précédent, c'est le point de vue nouveau sous lequel la nature ou le monde physique sont envisagés. Les objets de la nature perdent leur importance; au moins cessent-ils d'être divinisés. Ils n'ont ni la signification symbolique que leur donnait l'art oriental, ni l'aspect particulier en vertu duquel ils étaient animés et personnifiés dans l'art grec et la mythologie. La nature s'efface, elle se retire sur un plan inférieur; l'univers se condense en un seul point, au foyer de l'âme humaine. Celle-ci, absorbée par une seule pensée, la pensée de s'unir à Dieu, voit le monde s'évanouir, ou elle le regarde d'un œil indifférent. Vous voyez aussi apparaître un héroïsme tout différent de l'héroïsme antique, un héroïsme de soumission et de résignation.

Mais, d'un autre côté, précisément par cela même que tout se concentre au foyer de l'âme humaine, le cercle des idées se trouve infiniment agrandi. Cette histoire intime de l'âme se développe sous mille formes diverses empruntées à la vie humaine. Elle rayonne au dehors, et l'art s'empare de nouveau de la nature, qui sert de décoration et de théâtre à l'activité de l'esprit. Par là, l'histoire du cœur humain devient infiniment plus riche qu'elle ne l'était dans l'art et la poésie antiques. La multitude croissante des situations, des intérêts et des passions forme un domaine d'autant plus vaste que l'esprit est descendu plus avant en lui-même. Tous les degrés, toutes les phases de la vie, l'humanité tout entière et son développement deviennent la matière inépuisable des représentations de l'art.

Toutefois, l'art n'occupe ici qu'une place secondaire; comme il est incapable de révéler le fond du dogme, la religion constitue encore plus sa base essentielle. Aussi conserve-t-elle la priorité et la supériorité que la foi réclame sur les conceptions de l'imagination.

De là résulte une conséquence importante et une différence caractéristique pour l'art moderne. C'est que, dans la représentation des formes sensibles, l'art ne craint plus d'admettre dans son sein le réel avec ses imperfections et ses défauts. Le beau n'est plus la chose essentielle; le laid occupe une place beaucoup plus grande dans ses créations. « Ici donc s'évanouit cette beauté idéale qui élève les formes du monde réel au-dessus de la condition mortelle, et la remplace par une jeunesse florissante. Cette libre vitalité dans son calme infini, ce souffle divin qui anime la matière, l'art romantique n'a pas pour but essentiel de les représenter. Au contraire, il tourne le dos à ce point culminant de la beauté classique, il accorde même au laid un rôle illimité dans ses créations. Il permet à tous les objets d'entrer dans la représentation, malgré leur caractère accidentel. Néanmoins, ces objets, qui sont indifférents ou vulgaires, n'ont de valeur qu'autant que les sentiments de l'âme se reflètent en eux. Mais, au plus haut point de son développement, l'art n'exprime que l'esprit, la spiritualité pure, invisible. On sent qu'il cherche à se dépouiller de toutes les formes matérielles, à s'élancer dans une région supérieure aux sens, où rien ne frappe les regards, où aucun son ne vibre plus à l'oreille.

« Aussi peut-on dire, en comparant sous ce rapport l'art ancien à l'art moderne, que le trait fondamental de l'art romantique ou chrétien c'est l'élément musical, en poésie l'accent lyrique. L'accent lyrique résonne partout, même dans l'épopée et le drame. Dans les arts figuratifs, ce caractère se fait sentir comme un souffle de l'âme et une atmosphère de sentiment. » (T. II, p. 387.)

Après avoir ainsi déterminé le caractère général de l'art romantique, Hegel l'étudie plus en détail; il l'envisage successivement sous le double point de vue religieux et profane ; il le suit dans son développement, et signale les causes qui ont amené sa décadence. Il termine par des considérations sur l'état actuel de l'art et sur son avenir.

Analysons rapidement les idées principales contenues dans ces chapitres.

1° En ce qui concerne le *côté religieux* dont il a été question jusqu'ici, Hegel, développant son principe, établit un parallèle entre l'*idéal* religieux dans l'art classique et dans l'art romantique; car l'art romantique a aussi son idéal, qui, comme on l'a vu déjà, diffère essentiellement de l'idéal antique.

La beauté grecque montre l'âme entièrement identifiée avec la forme corporelle. Dans l'art romantique, la beauté ne réside plus dans l'idéalisation de la forme sensible, mais dans l'âme elle-même. Sans doute, on doit encore exiger un certain accord entre la réalité et l'idée ; mais la forme déterminée est indifférente, elle n'est pas purifiée de tous les accidents de l'existence réelle. Les dieux immortels, en s'offrant à nos yeux sous la forme humaine, ne partagent pas les besoins et les misères de la condition mortelle. Au contraire, le Dieu de l'art chrétien n'est pas un Dieu solitaire, étranger aux conditions de la vie mortelle ; il se fait homme et partage les misères et les souffrances de l'humanité. L'homme, alors, s'approche de Dieu avec confiance et amour. L'idéal, ici, a donc pour forme et manifestation essentielles le sentiment, l'*amour*.

L'amour divin est donc le fond religieux de l'art; son sujet principal, c'est la vie, la passion et la mort d'un Dieu qui s'immole pour l'homme et l'humanité. La représentation de l'amour religieux est le sujet le plus favorable pour les belles créations de l'art chrétien.

Ainsi, d'abord, l'amour dans Dieu est représenté par l'histoire de la *rédemption du Christ*, par les diverses phases de sa vie, de sa passion, de sa mort et de sa résurrection. — En second lieu, l'amour dans l'homme, l'union de l'âme humaine avec Dieu, apparaît dans la sainte famille, dans l'amour maternel de la Vierge et des disciples. — Enfin, l'amour dans l'humanité est manifesté par l'esprit de l'Église, c'est-à-dire par l'esprit de Dieu présent dans la société des fidèles, par le retour de l'humanité à Dieu, la mort à la vie terrestre, le martyre, le repentir et la conversion, les miracles et les légendes.

Tels sont les sujets principaux qui forment le fond de l'art religieux. C'est l'idéal chrétien dans ce qu'il a de plus élevé. L'art s'en empare et cherche à l'exprimer ; mais il ne le fait toujours qu'imparfaitement. L'art est ici nécessairement dépassé par la pensée religieuse, et doit reconnaître son insuffisance.

2° De l'idéal religieux si nous passons à l'*idéal profane*, il se présente à nous sous deux formes différentes. L'une, quoique représentant la personnalité humaine, développe encore des sentiments nobles, élevés, et qui se combinent avec des idées morales ou religieuses. L'autre ne nous montre que des personnages qui déploient, à la poursuite des intérêts purement humains et positifs, l'indépendance et l'énergie du caractère. La première est représentée par la *chevalerie*. Quand on vient à examiner la nature et le principe de l'idéal chevaleresque, on voit que ce qui en fait le fond c'est, en effet, la *personnalité*. Ici, l'homme abandonne l'état de sanctification intérieure, la vie contemplative pour la vie active. Il porte ses regards autour de lui et cherche un théâtre pour son activité. Le principe fondamental est toujours le même, l'âme, la personne humaine poursuivant l'infini. Mais elle se tourne vers une autre sphère, celle de l'action et du monde réel. Le moi n'est rempli que de lui-même, de son individualité, qui, à ses yeux, est d'une valeur infinie. Il attache peu d'importance aux idées générales, aux intérêts, aux entreprises qui ont pour objet l'ordre général. Trois sentiments offrent principalement ce caractère personnel et individuel, l'*honneur*, l'*amour* et la *fidélité*. Aussi, séparés ou réunis, forment-ils, en dehors des rapports religieux qui peuvent s'y refléter, le fond même de la *chevalerie*.

L'auteur analyse ces trois sentiments ; il montre en quoi ils diffèrent des sentiments ou des qualités analogues qui figurent dans l'art antique. Il s'attache surtout à prouver qu'ils représentent, en effet, le côté de la personnalité humaine avec son caractère infini et idéal. Ainsi l'*honneur* ne ressemble pas à la bravoure, qui s'expose pour une cause commune. L'honneur combat uniquement pour se faire reconnaître ou respecter, pour garantir l'inviolabilité de la personne individuelle. De même l'*amour* qui constitue le centre de ce cercle, n'est aussi que la passion accidentelle d'une personne pour une autre personne. Lors même que cette passion est idéalisée par l'imagination et ennoblie par la profondeur du sentiment, elle n'est pas encore le lien moral de la famille et du mariage. La *fidélité* présente davantage le caractère moral puisqu'elle est désintéressée ; mais elle ne s'adresse pas au bien général de la société en elle-même, elle s'attache exclusivement à la personne d'un maître. La fidélité chevaleresque sait très-bien, d'ailleurs, conserver ses avantages et ses droits, l'indépendance et l'honneur de la personne, qui n'est toujours liée que conditionnellement. La base de ces trois sentiments est donc la personnalité libre. C'est la plus belle partie du cercle qui se trouve en dehors de la religion proprement dite. Tout, ici, a pour but immédiat l'homme, avec lequel nous pouvons sympathiser par le côté de l'indépendance personnelle. Ces sentiments sont d'ailleurs susceptibles d'être mis en rapport d'une foule de manières avec la religion, comme ils peuvent conserver leur caractère indépendant.

« Cette forme de l'art romantique s'est développée dans les deux hémisphères, en Orient et en Occident, mais surtout en Occident, cette terre de la réflexion, de la concentration de l'esprit en lui-même. Dans l'Orient s'est accomplie la première expansion de la liberté, la première tentative pour s'affranchir du fini. C'est le mahométisme qui, le premier, a balayé le sol ancien en chassant toute idolâtrie et les religions enfantées par l'imagination. Mais cette liberté intérieure l'absorbe à tel point, que le monde entier s'efface et s'évanouit. Plongé dans l'ivresse de l'extase, l'Oriental goûte dans la contemplation les délices de l'amour, le calme et la félicité. » (p. 456.)

3° Nous avons vu la personnalité humaine se développer sur le théâtre de la vie réelle, et y déployer des sentiments nobles, généreux, tels que l'honneur, l'amour et la fidélité. Maintenant c'est dans la sphère de la vie réelle et des intérêts purement humains que la liberté et l'indépendance du caractère nous apparaissent. L'idéal, ici, ne consiste que dans l'énergie et la persévérance de la volonté et de la passion, ainsi que dans l'*indépendance du caractère*.

La religion et la chevalerie disparaissent avec leurs hautes conceptions, leurs nobles sentiments et leurs fins tout idéales. Au contraire, ce qui caractérise les nouveaux besoins, c'est la soif des jouissances de la vie présente, la poursuite ardente des intérêts humains dans ce qu'ils ont d'actuel, de déterminé, de positif. De même, dans les arts figuratifs, l'homme veut se représenter les objets dans leur réalité palpable et visible.

La destruction de l'art classique a commencé par la prédominance de l'agréable, et elle a fini par la satire. L'art romantique finit par l'exagération du principe de la personnalité, dépourvue d'un fond substantiel et moral, et, dès lors, abandonnée au caprice, à l'arbitraire, à la fantaisie et aux excès de la passion. Il ne reste plus à l'imagination du poëte qu'à peindre fortement et avec profondeur ces caractères, ou au talent de l'artiste qu'à imiter le réel, à l'esprit à montrer sa verve dans les combinaisons et les contrastes piquants.

Cette tendance se révèle sous trois formes principales : 1° l'*indépendance du caractère* individuel poursuivant ses fins propres, ses desseins particuliers, sans but moral ni religieux ; 2° l'exagération du principe chevaleresque, et l'esprit d'*aventures*; 3° la séparation des éléments dont la réunion constitue l'idée même de l'art, par la destruction de l'art lui-même, c'est-à-dire la prédilection pour la réalité commune, l'*imitation du réel*, l'habileté technique, le caprice, la fantaisie et l'*humour*.

Le premier de ces trois points fournit à Hegel l'occasion d'une remarquable appréciation des caractères de *Shakespeare*, qui représentent éminemment cette face de l'idéal romantique. Le trait distinctif du caractère des personnages de Shakespeare est, en effet, l'énergie et la persévérance opiniâtre d'une volonté qui s'attache exclusivement à un but déterminé, et concentre tous ses efforts pour le réaliser. Là il n'est question ni de religion ni d'idées morales. Ce sont des personnages placés uniquement en face d'eux-mêmes et de leurs propres desseins, qu'ils ont conçus spontanément et dont ils poursuivent l'exécution avec l'opiniâtreté inébranlable de la passion. Macbeth, Othello, Richard III sont de semblables caractères. D'autres, comme Roméo, Juliette, Miranda, se distinguent par l'absorption de leur âme dans un sentiment unique, profond, quoique purement personnel, et qui leur fournit l'occasion de déployer une richesse admirable de qualités. Les plus bornés et les plus vulgaires nous intéressent encore par une certaine conséquence dans les actes, un certain éclat d'esprit, une verve, une liberté d'imagination, un esprit supérieur aux circonstances, qui font passer sur ce qu'il y a de commun dans leurs actions et leurs discours.

Mais ce genre, où Shakespeare a excellé, est extrêmement difficile à traiter. L'écueil est inévitable à la médiocrité. On risque, en effet, de tomber dans le fade, l'insignifiant, le trivial ou le repoussant, comme l'a prouvé la foule des imitateurs.

Il n'a été donné qu'à un petit nombre de grands maîtres d'avoir assez de génie et de goût pour saisir ici le vrai et le beau, de racheter l'insignifiance ou la vulgarité du fond par la verve et le talent, la force et l'énergie de leur pinceau et la connaissance profonde des passions humaines.

Un des caractères de l'art romantique, c'est que, dans la sphère religieuse, l'âme, trouvant à se satisfaire en elle-même, n'a pas besoin de se développer dans le monde extérieur. D'un autre côté, quand l'idée religieuse ne se fait plus sentir, et que la volonté libre ne relève plus que d'elle-même, les personnages poursuivent alors des fins tout individuelles dans un monde où tout paraît arbitraire et accidentel. Celui-ci apparaît abandonné à lui-même et livré au hasard. Dans son allure irrégulière, il présente une complication d'événements qui s'entremêlent sans ordre et sans liaison.

Aussi, c'est là la forme qu'affectent les événements dans l'art romantique, en opposition avec l'art classique, où les actions et les événements se rattachent à un but général, à un principe vrai et nécessaire, qui détermine la forme, le caractère et le mode de développement des circonstances extérieures. Dans l'art romantique, aussi, nous trouvons des intérêts généraux, des idées morales; mais ils ne déterminent pas ostensiblement les événements ; ils ne sont pas le principe qui en ordonne et règle le cours. Ceux-ci doivent, au contraire, conserver leur libre allure et affecter une forme accidentelle.

Tel est le caractère de la plupart des grands événements du moyen âge, des croisades, par exemple, que l'auteur nomme, pour cette raison, les grandes aventures du monde chrétien.

Quel que soit le jugement que l'on porte sur les croisades et sur les motifs différents qui les ont fait entreprendre, on ne peut nier qu'au but élevé, religieux, la délivrance du saint sépulcre, ne se mêlent d'autres motifs intéressés et matériels, et que le but religieux et le but profane ne se contredisent, que l'un ne corrompe l'autre. Quant à leur forme générale, les croisades présentent l'absence la plus complète d'unité. Elles sont faites par des masses, par des multitudes qui se précipitent vers cette expédition selon leur bon plaisir et leur caprice individuel. Le défaut d'unité, l'absence de plan et de direction font manquer les entreprises. Les efforts et les tentatives se multiplient et se disséminent en une foule d'aventures particulières.

Dans un autre domaine, celui de la vie profane, la carrière est ouverte aussi à une foule d'*aventures*, dont l'objet est plus ou moins imaginaire, et dont le principe est l'amour, l'honneur ou la fidélité. Se battre pour la gloire d'un nom, voler au secours de l'innocence, accomplir les plus merveilleux exploits pour l'honneur de sa dame, voilà le motif de la plupart des beaux exploits que célèbrent les romans de chevalerie ou les poésies de cette époque et des époques postérieures.

Ces vices de la chevalerie entraînent sa ruine. Nous en trouvons le tableau le plus fidèle dans les poëmes de l'Arioste et de Cervantes.

Mais ce qui marque le mieux la destruction de l'art romantique et de la chevalerie, c'est le *roman moderne*, cette forme de la littérature qui l'a envahie. Le roman, c'est la chevalerie rentrée dans la vie réelle, c'est une protestation contre le réel, l'idéal dans une société où tout est fixé, réglé d'avance par des lois, des usages contraires au libre développement des penchants naturels et des sentiments de l'âme; c'est la chevalerie bourgeoise. Le même principe qui faisait courir les aventures jette les personnages dans les situations les plus diverses et les plus extraordinaires. L'imagination, dégoûtée de ce qui est, se taille un monde à sa fantaisie, et se crée un idéal où elle puisse oublier les convenances sociales, les lois, les intérêts positifs. Les jeunes gens et les femmes, surtout, éprouvent le besoin de cet aliment pour le cœur ou de cette distraction contre l'ennui. L'âge mûr succède à la jeunesse; le jeune homme se marie et rentre dans les intérêts positifs. Tel est aussi le dénoûment de la plupart des romans, où la prose succède à la poésie, le réel à l'idéal.

La destruction de l'art romantique s'annonce par des symptômes plus frappants encore, par l'*imitation du réel* et l'apparition du genre *humoristique*, qui prennent une extension de plus en plus grande dans l'art et la littérature. L'artiste et le poëte peuvent y déployer beaucoup de talent, de verve et d'esprit; mais ces deux genres n'en sont pas moins les indices frappants d'une époque de décadence.

C'est surtout le genre *humoristique* qui marque cette décadence par l'absence de tout principe fixe et de toute règle.

C'est un pur jeu de l'imagination qui combine à son gré les objets les plus disparates, altère et bouleverse les rapports, se met à la torture pour trouver des conceptions nouvelles, extraordinaires. L'auteur se met au-dessus du sujet, se regarde comme affranchi de toutes les conditions imposées par la nature du fond comme de la forme, et s'imagine que tout dépend de son esprit et de la puissance de son talent.

Il est à remarquer que ce que Hegel appelle la ruine de l'art en général et de l'art romantique en particulier est précisément ce que nous appelons le genre romantique dans l'art et la littérature de notre temps.

Telles sont les formes fondamentales que l'art nous présente dans son développement historique. Si l'art de la renaissance ou l'art moderne proprement dit ne trouvent pas de place dans cette esquisse, c'est qu'ils ne constituent pas une forme originale et fondamentale. La renaissance est un retour à l'art grec; et, quant à l'art moderne, il tient à la fois de l'art grec et de l'art chrétien.

Mais il reste à tirer des conclusions sur l'*avenir de l'art* et ses destinées futures. Question du plus haut intérêt, à laquelle devait aboutir cette revue des formes et des monuments du passé. Les conclusions de l'auteur, que nous apprécierons ailleurs, sont loin de répondre à ce qu'on pouvait attendre d'un tableau historique aussi remarquable.

Quelles sont, en effet, ces conclusions ? La première, c'est que le rôle de l'art, à proprement parler, est fini, du moins son rôle original et distinct. Le cercle des idées et des croyances de l'humanité est parcouru. L'art les a revêtues des formes qu'il était capable de leur donner. A l'avenir, il doit donc occuper une place secondaire. Après avoir fourni sa carrière indépendante, il devient un satellite obscur de la science et de la philosophie, dans laquelle s'absorbent à la fois la religion et l'art. Cette pensée n'est pas formulée aussi nettement, mais elle est assez clairement indiquée. L'art, en révélant la pensée, a contribué lui-même à la destruction des autres formes et à sa propre ruine. L'art nouveau doit s'élever au-dessus de toutes les formes particulières qu'il a déjà exprimées. « L'art cesse d'être attaché à un cercle déterminé « d'idées et de formes; il se consacre à un nouveau culte, celui « de l'humanité : tout ce que le cœur de l'homme renferme « dans son immensité, ses joies et ses souffrances, ses intérêts, « ses actions, ses destinées, devient son domaine. » Ainsi le fond, c'est la nature humaine; la forme, une combinaison libre de toutes les formes du passé. Nous apprécierons plus loin ce nouvel éclectisme dans l'art.

Hegel signale, en terminant, une dernière forme de la littérature et de la poésie qui est l'indice non équivoque de cette absence d'idées propres, élevées et profondes et de formes originales, cette poésie sentimentale, légère ou descriptive, qui inonde aujourd'hui le monde littéraire et les salons de ses vers : compositions sans haleine et sans fond, sans originalité ni vraie inspiration ; expression banale et vague de tous les sentiments, pleine d'aspirations et vide d'idées, où se fait partout reconnaître l'imitation de quelques talents illustres, égarés eux-mêmes dans des voies fausses ou périlleuses ; espèce de monnaie courante, analogue au genre épistolaire. Tout le monde poëte, et à peine un véritable poëte : « Partout où les facultés de l'esprit et les formes du langage ont reçu un certain degré de culture, il n'est personne qui ne puisse, si la fantaisie lui vient, exprimer en vers quelques-unes des situations de l'âme, comme chacun est dans le cas d'écrire une lettre. »

Un pareil genre, aussi universellement répandu et reproduit sous mille formes, quoique avec des nuances différentes, devient facilement fastidieux.

TROISIÈME PARTIE.

SYSTÈME DES ARTS PARTICULIERS.

Sous le titre de système des arts particuliers, Hegel expose dans cette troisième partie la théorie de chacun des arts, de l'*architecture*, de la *sculpture*, de la *peinture*, de la *musique* et de la *poésie*.

Avant de procéder à la division des arts, il jette un coup d'œil sur les divers *styles* qui distinguent les principales périodes de leur développement. Il les ramène à trois, le style *simple* ou sévère, le style *idéal* ou le beau style, et le style *gracieux*.

1° A l'origine, s'offrent à nous le simple et le naturel ; mais ce n'est pas le vrai naturel, la vraie simplicité. Celle-ci suppose un perfectionnement antérieur. La simplicité primitive est grossière, confuse, roide, inanimée. L'art, dans son enfance, est lourd et minutieux, privé de vie et de liberté, sans expression, ou d'une vivacité exagérée. Encore âpre et rude dans ses commencements, il apprend peu à peu à se rendre maître de la forme, à la marier intimement avec le fond ; il arrive ainsi à une beauté sévère. Ce style est le beau dans sa haute simplicité. Il se borne à reproduire le sujet avec ses traits essentiels. Dédaignant la grâce et l'agrément, il se contente de l'expression générale et grande qui naît du sujet sans que l'artiste se montre et y révèle sa personnalité.

2° Vient ensuite le beau style, le style *idéal* et pur qui tient le milieu entre l'expression simple et la tendance prononcée au gracieux. Son caractère est la vitalité combinée avec une grandeur calme et belle. La grâce n'y fait pas défaut, mais c'est plutôt un abandon naturel, une simple complaisance, que le désir de plaire; une beauté insouciante aux charmes extérieurs qui fleurissent d'eux-mêmes à la surface. Tel est l'idéal du beau style, le style de Phidias et d'Homère. C'est le point culminant de l'art.

3° Mais ce moment est court. Le style idéal passe vite au *gracieux*, à l'agréable. Ici apparaît un autre but que celui de la réalisation du beau que doit se proposer l'art pur, savoir l'intention de plaire, de produire une impression sur l'âme. De là, des œuvres d'un style travaillé avec art et une certaine recherche des agréments extérieurs. Le sujet n'est plus la chose principale. L'attention de l'artiste se porte sur les ornements et les accessoires, les décorations, les découpures, les airs souriants, les attitudes et les poses gracieuses, ou les couleurs vives et les formes attrayantes, les images brillantes, le luxe des ornements et des draperies, la savante facture des vers. Mais l'effet général reste sans grandeur et sans noblesse. Les belles proportions et les grandes masses font place à des dimensions moyennes, ou sont masquées par les ornements.—Le style gracieux engendre le *style à effet*, qui en est l'exagération. L'art, alors, se projette tout entier au dehors, appelle l'attention du spectateur par tout ce qui peut frapper les sens. L'artiste lui livre ses fins personnelles et son dessein. Dans cette espèce de tête-à-tête avec le public, partout se trahit le besoin de montrer son esprit, de faire admirer son habileté, son savoir-faire, le talent de l'exécution. Cet art, sans naturel, plein de coquetterie, d'artifice et d'affectation, l'opposé du style sévère qui n'accorde rien au public, est le style des époques de décadence. Souvent il a recours à un dernier artifice, à l'affectation de la profondeur et de la simplicité qui n'est alors que l'obscurité, une profondeur mystérieuse qui cache l'absence d'idées et l'impuissance véritable. Ce mystérieux qui s'étale, à son tour, ne vaut guère mieux que la coquetterie; le principe est le même, le besoin de produire de l'effet.

L'auteur passe ensuite à la *Division des arts*. La méthode commune les classe d'après leurs moyens de représentation et les *sens* auxquels ils s'adressent. Deux sens seulement sont affectés à la perception du beau : la *vue*, qui perçoit les formes et les couleurs ; l'*ouïe*, qui perçoit les sons. De là, la division en *art du dessin* et en *art musical*. La *poésie*, qui se sert de la *parole* et s'adresse à l'*imagination*, forme un domaine à part. Sans écarter cette division, Hegel la combine avec un autre principe de classification plus philosophique et qui est pris non plus dans les moyens extérieurs de l'art, mais dans leur rapport avec le fond même des idées qu'il doit représenter.

L'art a pour objet la représentation de l'idéal. Les arts doivent donc se classer d'après la manière dont ils sont plus ou moins capables de l'exprimer. Cette gradation aura en même temps l'avantage de répondre au progrès historique et aux formes fondamentales de l'art, étudiées précédemment.

Voici comment, d'après ce principe, les arts s'échelonnent et se succèdent pour former un système régulier et complet.

1° Au premier degré, se place l'*Architecture*. Cet art, en effet, est incapable de représenter une idée autrement que d'une manière vague et indéterminée ; il façonne les masses de la nature inorganique, selon les lois de la matière et les proportions géométriques ; il les dispose avec régularité et symétrie, de manière à offrir aux yeux une image qui est un simple reflet de l'esprit, un symbole muet de la pensée. L'architecture est en même temps affectée à des fins qui lui sont étrangères : elle est destinée à fournir une demeure à l'homme et un temple à la Divinité ; elle doit abriter sous son toit, dans son enceinte, les autres arts et en particulier la sculpture et la peinture.

Pour ces raisons, l'architecture doit être historiquement et logiquement placée la première dans la série des arts.

2° A un degré supérieur, se place la *Sculpture*, qui représente déjà l'esprit sous des traits déterminés. Son objet, en effet, c'est l'esprit individualisé, révélé par la forme humaine et son organisme vivant. Sous cette apparence visible, par les traits de la figure et les proportions du corps, elle exprime la beauté idéale, le calme divin, la sérénité, en un mot, l'idéal *classique*.

3° Quoique retenue dans le monde des formes visibles, la *Peinture* offre un plus haut degré de spiritualité. A la forme, elle ajoute les aspects divers de l'apparence visible, les illusions de la perspective, la couleur, la lumière et les ombres, et par là elle devient capable non-seulement de reproduire les tableaux variés de la nature, mais aussi d'exprimer sur la toile les sentiments les plus profonds de l'âme humaine, toutes les scènes de la vie morale.

4° Mais comme expression du sentiment, la *Musique* surpasse encore la peinture. Ce qu'elle exprime, c'est l'âme elle-même dans ce qu'elle a de plus intime et de plus profond, et cela par un phénomène sensible également invisible, instantané, insaisissable, le son, les vibrations sonores qui résonnent dans les profondeurs de l'âme et l'ébranlent tout entière.

5° Tous ces arts sont enfin couronnés par la *Poésie*, qui les résume et les dépasse, et dont la supériorité est due à son mode d'expression, la *parole*. Elle seule est capable d'exprimer toutes les idées, tous les sentiments, toutes les passions, les plus hautes conceptions de l'intelligence et les impressions les plus fugitives de l'âme. A elle seule il est donné de représenter une action dans son développement complet et dans toutes ses phases. C'est l'art universel, son domaine est illimité. Aussi se divise-t-elle elle-même en plusieurs genres, dont les principaux sont : l'*épopée*, la *poésie lyrique* et le *drame*.

Ces cinq arts forment le système complet et organisé des arts. D'autres, tels que l'*art des jardins*, la *danse*, la *gravure*, etc., ne sont que des accessoires et se rattachent plus ou moins aux précédents. Ils n'ont pas le droit d'occuper une place distincte dans une théorie générale ; ils ne feraient qu'y jeter la confusion, y défigurer le type fondamental propre à chacun d'eux.

Telle est la division adoptée par Hegel. Il la rattache, en même temps, à sa division générale des formes du développement historique de l'art. Ainsi l'architecture lui paraît répondre plus particulièrement au type *symbolique;* la sculpture est l'art *classique* par excellence ; la peinture et la musique forment la catégorie des arts *romantiques*. La poésie, comme art universel, appartient à toutes les époques.

I. ARCHITECTURE.—Dans l'étude de l'architecture, Hegel suit une méthode purement historique. Il se borne à décrire et à caractériser ses principales formes aux différentes époques de l'histoire. Cet art, en effet, se prête moins que les autres à une théorie abstraite. Il y a ici peu de principes à établir; et dès qu'on s'écarte des généralités, on entre dans le domaine des lois mathématiques ou dans les applications techniques étrangères à la science pure. Il ne reste donc qu'à déterminer le sens et le caractère des monuments en rapport avec l'esprit des peuples et des époques auxquels ils appartiennent. C'est à ce point de vue que l'auteur s'est attaché. Voici la division qu'il adopte à ce sujet, et la manière dont il l'explique.

Le but de l'architecture, indépendamment de la destination positive et de l'usage auxquels sont affectés ses monuments, est d'exprimer une pensée générale, par des formes empruntées à la nature inorganique, par des masses façonnées et disposées selon les lois de la géométrie et de la mécanique. Mais quelles que soient les idées et les impressions que fait naître l'aspect d'un édifice, il n'offre toujours qu'un emblème obscur et énigmatique. La pensée est vaguement représentée par ces formes matérielles que l'esprit n'anime pas lui-même.

Si telle est la nature de cet art, il s'ensuit qu'essentiellement symbolique il doit dominer à cette première époque de l'histoire qui se distingue par le caractère symbolique de ses monuments. Il doit s'y montrer plus libre, plus indépendant de l'utilité pratique, non subordonné à une fin étrangère. Son but essentiel doit être d'exprimer des idées, d'offrir des emblèmes, de symboliser les croyances de ces peuples, incapables qu'ils sont de les exprimer autrement. C'est la langue propre de cette époque, langue énigmatique et mystérieuse; elle atteste l'effort de l'imagination pour se représenter des idées encore vagues; ses monuments sont des problèmes posés aux siècles futurs, et que ces peuples ne comprennent qu'imparfaitement eux-mêmes.

Tel est le caractère de l'architecture orientale. Là, le but est nul ou accessoire ; l'expression symbolique est l'objet principal. L'architecture est *indépendante* et la sculpture se confond avec elle.

Les monuments de l'architecture grecque et romaine présentent un caractère tout opposé. Ici apparaît clairement le but d'utilité distinct de l'expression. L'appropriation, la destination du monument ressort d'une manière évidente. C'est une maison, un abri, un temple, etc.

La sculpture, de son côté, se détache de l'architecture, et c'est elle qui lui assigne son but. L'image du dieu enfermée dans le temple, voilà l'objet principal. Le temple n'est qu'un abri, un appareil extérieur. Ses formes sont réglées d'après les lois des nombres et les proportions d'une savante eurythmie ; mais ses vrais ornements lui sont fournis par la sculpture. L'architecture cesse donc d'être symbolique et indépendante ; elle devient *dépendante*, subordonnée à une fin positive.

Quant à l'architecture chrétienne ou du moyen âge, elle offre la réunion des deux caractères précédents : elle est à la fois appropriée à un but utile et éminemment expressive ou symbolique, *dépendante* et *indépendante*. Le temple est la maison de Dieu, il est affecté aux usages et aux cérémonies du culte, et montre partout sa destination dans ses formes ; mais, en même temps, celles-ci symbolisent admirablement l'idée chrétienne.

Ainsi les formes symbolique, classique et romantique empruntées à l'histoire, et qui marquent le développement total de l'art, servent à la division et à la classification des formes de l'architecture. Celle-ci étant surtout l'art qui s'exerce dans le domaine de la matière, la différence essentielle consiste à savoir si le monument qui s'adresse aux yeux renferme en lui-même son propre sens, ou s'il est considéré comme moyen pour un but étranger, ou enfin si, quoiqu'au service d'un but étranger, il conserve son indépendance.

Les bases de la division ainsi posées, Hegel la justifie en décrivant les caractères des monuments appartenant à ces trois époques. Toute cette partie descriptive ne peut s'analyser ; nous devons nous borner à faire saisir les traits généraux et à noter les endroits les plus remarquables.

1° Puisque le caractère distinctif de l'*architecture symbolique* est d'exprimer une pensée générale, sans autre but que de la représenter, l'intérêt de ses monuments est moins dans leur destination positive que dans les conceptions religieuses des peuples, qui, n'ayant d'autre moyen d'expression, ont déposé leur pensée encore vague et confuse dans ces masses gigantesques et ces colossales images. Des nations entières n'ont pas su exprimer autrement leurs croyances religieuses. De là le caractère symbolique des constructions des Babyloniens, des Indiens et des Egyptiens, de ces ouvrages qui absorbèrent la vie de ces peuples, et dont nous cherchons nous-mêmes à nous expliquer le sens.

Il est difficile de suivre un ordre régulier, dans l'absence de chronologie, en parcourant la multiplicité d'idées et de formes que présentent ces monuments et ces symboles. Hegel croit cependant pouvoir établir la gradation suivante :

Au premier degré, se placent les monuments les plus simples, qui semblent uniquement destinés à servir de lien à une nation tout entière ou à des nations différentes. Ces constructions gigantesques, comme la tour de Bélus ou de Babylone, sur les bords de l'Euphrate, offrent l'image de la réunion des peuples avant leur dispersion. La communauté du travail et des efforts est le but et l'idée même de l'ouvrage; c'est l'œuvre commune de leurs efforts réunis, le symbole de la dissolution de la famille primitive et de la formation d'une plus vaste société.

A un degré plus élevé, apparaissent les monuments d'un caractère plus déterminé, et où se remarque un mélange de l'architecture et de la sculpture, quoiqu'ils appartiennent à la première. Tels sont ces symboles qui, en Orient, représentent la force génératrice de la nature; le phallus et le linga, répandus en si grand nombre dans la Phrygie et la Syrie, et dont l'Inde est le siége principal; en Egypte, les obélisques, qui tirent leur signification symbolique des rayons du soleil; les memnons, statues colossales qui représentent aussi le soleil et son influence bienfaisante sur la nature; les sphinx, que l'on trouve en Egypte en nombre prodigieux et d'une étonnante grandeur, rangés en files en forme d'avenues. Ces monuments, d'une sculpture grandiose, se groupent en masses entourées de murs de manière à former des constructions.

Ils offrent, d'une manière frappante, le double caractère signalé plus haut : libres de toute destination positive, ils sont, avant tout, des symboles; ensuite, la sculpture s'y confond avec l'architecture. Ce sont des constructions sans toit, sans portes, sans allées, souvent des forêts de colonnes où l'œil se perd. Le regard se promène sur ces objets qui sont là pour eux-mêmes, destinés uniquement à frapper l'imagination par leur aspect colossal et leur sens énigmatique, non à servir de demeure à un dieu, et de lieu de réunion à ses adorateurs. Leur ordre et leur disposition seuls leur conservent un caractère architectural. Vous cheminez ainsi au milieu de ces ouvrages humains, muets symboles qui vous entretiennent des choses divines; vos regards sont partout frappés de l'aspect de ces formes et de ces figures extraordinaires, de ces murailles parsemées d'hiéroglyphes, sortes de livres de pierre, feuillets d'un livre mystérieux. Tout y est déterminé symboliquement, les proportions, les distances, le nombre des colonnes, les degrés, etc. Les Egyptiens, en particulier, consacrèrent leur vie à bâtir et à construire ces monuments, par instinct, comme un peuple d'abeilles bâtit sa ruche. Ce fut toute la vie de ce peuple. Il y mit toute sa pensée, car il ne pouvait l'exprimer autrement.

Toutefois, cette architecture, en un point, par ses chambres et ses salles, ses tombeaux, commence à se rapprocher du genre suivant, qui offre une destination plus positive, et dont le type est la maison.

Un troisième degré marque le passage de l'architecture symbolique à l'architecture classique. L'architecture offre déjà un caractère d'utilité, de conformité à un but. Le monument a une destination précise; il sert à un usage particulier pris en dehors du sens symbolique. C'est un temple ou un tombeau. Telle est d'abord l'architecture souterraine des Indiens, ces vastes excavations qui sont aussi des temples, des espèces de cathédrales souterraines, les cavernes de Mithra remplies également de sculptures symboliques. Mais cette transition est mieux caractérisée par la double architecture souterraine et au-dessus du sol des Egyptiens, qui se lie à leur culte des morts. Un être individuel, qui a son sens et sa valeur propre, le mort, distinct de son habitation qui lui sert uniquement d'enveloppe et d'abri, réside à l'intérieur. Les plus anciens de ces tombeaux sont les pyramides, espèces de cristaux, enveloppes de pierre qui renferment un noyau, un être invisible et qui servent à la conservation des corps. Dans ce mort caché réside le sens du monument qui lui est subordonné.

Ici donc l'architecture cesse d'être indépendante. Elle se partage en deux éléments, le but et le moyen; elle est le moyen et elle s'asservit au but. En outre, la sculpture se sépare d'elle et obtient une tâche distincte, celle de façonner l'image intérieure et les accessoires. Ici apparaît clairement la destination spéciale de l'architecture, la conformité à un but; aussi elle affecte des formes inorganiques et géométriques, la forme abstraite, mathématique, qui lui convient en propre. La pyramide offre déjà la destination d'une maison, la forme rectangulaire.

2° L'architecture *classique* a un double point de départ, l'architecture symbolique et le besoin. L'appropriation des parties au but, dans l'architecture symbolique, est accessoire. Dans la maison, au contraire, tout est commandé d'abord par le besoin lui-même et la commodité. Or l'architecture classique procède, à la fois, de l'un et de l'autre principe, du besoin et de l'art, de l'utile et du beau, qu'elle combine ensemble de la manière la plus parfaite. Le besoin produit les formes régulières, les angles droits, les surfaces planes. Mais le but n'est pas simplement la satisfaction d'un besoin physique; c'est aussi une idée, une représentation religieuse, une image sacrée, qu'il s'agit d'abriter et d'entourer, le culte, une cérémonie religieuse. Le temple doit donc, comme la statue façonnée par la sculpture, sortir de l'imagination créatrice de l'artiste. Il faut une demeure au dieu, façonnée par l'art et selon ses lois.

Ainsi, tout en tombant sous la loi de la conformité au but et en cessant d'être indépendante, l'architecture échappe à l'utile et obéit aux lois du beau ; ou plutôt l'utile et le beau se rencontrent et se combinent de la manière la plus heureuse. La symétrie, l'eurythmie, les formes organiques les plus gracieuses, les plus riches et les plus variées s'ajoutent, comme ornements, aux formes architecturales. Les deux points de vue se réunissent sans se confondre et forment un tout harmonieux ; ce sera à la fois l'architecture utile, commode et la belle architecture.

Ce qui marque le mieux la transition à l'architecture grecque, c'est l'apparition de la *colonne*, qui en est le type. La colonne est un support. Là est sa destination utile et mécanique ; elle remplit cette destination de la manière la plus simple et la plus parfaite, parce que, chez elle, la force du support est réduite à son minimum de moyens matériels. D'un autre côté, pour être appropriée à son but et à la beauté, elle doit se dérober à sa forme naturelle et primitive. La belle colonne procède d'une forme empruntée à la nature ; mais taillée, façonnée, elle prend une configuration régulière et géométrique. En Egypte, ce sont des figures humaines qui servent de colonnes ; ici on les remplace par des cariatides. Mais la forme naturelle, primitive, c'est l'arbre, le tronc, la tige flexible, qui porte sa couronne. Telle apparaît encore la colonne égyptienne ; on voit les colonnes sortir du règne végétal dans les tiges de lotus et d'autres arbres ; la base ressemble à un oignon. La feuille s'échappe de la racine, comme celle d'un roseau, et le chapiteau présente l'aspect d'une fleur. La forme mathématique et régulière est absente. Dans la colonne grecque, au contraire, tout est façonné d'après les lois mathématiques de la régularité et des proportions. La belle colonne procède d'une forme empruntée à la nature, mais façonnée dans le sens de l'art.

Ainsi le caractère de l'architecture classique, comme de l'architecture en général, est d'unir la beauté à l'utilité. Sa beauté consiste dans sa régularité, et, bien qu'elle serve à une fin étrangère, elle constitue un tout parfait en soi ; elle laisse entrevoir dans toutes ses parties son but essentiel et, dans l'harmonie de ses rapports, elle transforme l'utile en beau.

Le caractère de l'architecture classique étant la subordination à un but, c'est ce but qui, sans nuire à la beauté, donne à l'édifice entier son sens propre et qui devient aussi le principe régulateur de toutes ses parties, comme il s'impose à l'ensemble, et détermine sa forme fondamentale. La première question, au sujet d'une œuvre de ce genre, c'est donc de savoir quel est son but, sa destination. Le but général pour le temple grec c'est la statue du dieu. Mais à l'extérieur, le caractère du temple est en rapport avec une destination différente, et le génie, la vie du peuple grec.

Chez les Grecs, les constructions ouvertes, les colonnades, les portiques ont pour but la promenade en plein air, la conversation, la vie publique sous un ciel pur. Aussi les maisons des particuliers sont insignifiantes. Chez les Romains, au contraire, dont l'architecture nationale a un but plus positif d'utilité, apparaît plus tard le luxe des maisons particulières, des palais, des villas, des théâtres, des cirques, des amphithéâtres, des aqueducs et des fontaines. Mais l'édifice principal est celui dont le but est le plus en dehors des besoins de la vie matérielle, c'est le temple destiné à servir d'abri à un objet divin qui appartient déjà aux beaux-arts, à la statue du dieu.

Quoique affectée à un but déterminé, cette architecture n'en est pas moins libre, en ce sens qu'elle se dégage des formes organiques ; elle est plus libre même que la sculpture, qui est obligée de les reproduire; elle invente son plan, la configuration générale, et elle déploie dans les formes extérieures toute la richesse de l'imagination; elle n'a d'autres lois que celles du bon goût et de l'harmonie; elle travaille sans modèle direct. Toutefois, elle s'exerce dans un domaine limité, celui des figures mathématiques, et elle est assujettie aux lois de la mécanique. Ici doivent être conservés, avant tout, les rapports entre la largeur, la longueur, la hauteur de l'édifice; les proportions exactes des colonnes selon leur épaisseur, le poids à supporter, les intervalles, le nombre des colonnes, le mode, la simplicité des ornements. C'est là ce qui donne à la théorie de cet art, et en particulier de cette forme d'architecture, un caractère de sécheresse et d'abstraction. Mais partout domine une eurythmie naturelle que le sens plein de justesse des Grecs a su trouver et fixer comme la mesure et la règle du beau.

Nous ne suivrons pas l'auteur dans la description qu'il donne des caractères particuliers des formes architectoniques; nous omettrons aussi d'autres détails intéressants sur la construction en pierre ou en bois comme type primitif, sur les rapports des différentes parties du temple grec. En suivant ici Vitruve, l'auteur a su ajouter des remarques fines et judicieuses. Ce qu'il dit en particulier de la colonne, de ses proportions et de sa destination, de l'ensemble des différentes parties et de leur effet total, ajoute à ce que l'on connaît déjà une explication philosophique qui satisfait la raison. On remarque surtout ce passage qui résume le caractère général du temple grec. « En général, le temple grec offre un aspect qui satisfait la vue et la rassasie pour ainsi dire. Rien ne s'élève bien haut, le tout s'étend régulièrement en long et en large. L'œil se trouve attiré dans le sens de la largeur, tandis que l'architecture gothique s'élève d'une manière presque démesurée et s'élance vers le ciel. De plus, les ornements sont ménagés de manière qu'ils ne nuisent pas à l'expression générale de simplicité. Les anciens observent en cela la plus belle mesure. »

Le rapport de cette architecture avec le génie, l'esprit, et la vie du peuple grec est indiqué dans le passage suivant : « Au lieu du spectacle d'une assemblée réunie dans un seul but, tout paraît dirigé vers l'extérieur et nous offre l'image d'une promenade animée. Là, des hommes qui ont du loisir se livrent à des conversations sans fin, où règnent la gaieté, la sérénité. L'expression totale de ce temple reste bien en soi simple et grande, mais il a en même temps un air de sérénité, quelque chose d'ouvert et de gracieux. » — Ceci nous prépare et nous conduit à un autre genre d'architecture qui offre avec le précédent un contraste frappant, à l'architecture chrétienne ou gothique.

3° Nous n'essayerons pas davantage de reproduire, même dans ses traits principaux, la description que Hegel fait en quelques pages de l'*architecture romantique* ou gothique. L'auteur s'est proposé pour but, d'abord de comparer les deux genres d'architecture grecque et chrétienne, ensuite de faire saisir le rapport de cette forme de l'architecture avec l'idée chrétienne. C'est là ce qui fait l'intérêt particulier de cette remarquable esquisse, qui, par la vigueur et la sévérité du dessin, conserve un mérite distinct à côté de toutes les descriptions qui ont été faites de l'architecture du moyen âge.

L'architecture *gothique*, selon Hegel, réunit d'abord les caractères opposés des deux genres précédents. Toutefois, cette réunion ne consiste pas dans la simple fusion des formes architectoniques de l'Orient et de la Grèce. Ici, plus encore que dans le temple grec, la maison fournit le type fondamental. Cet édifice architectural, qui est la maison de Dieu, se montre parfaitement conforme à sa destination et approprié au culte; mais le monument aussi est là pour lui-même, indépendant, absolu. A l'extérieur, l'édifice monte, s'élance librement dans les airs.

La conformité au but, quoique s'offrant aux yeux, s'efface donc et laisse à l'ensemble l'apparence d'une existence indépendante. Le monument a un sens déterminé et le montre; mais, dans son aspect grandiose et son calme sublime, il s'élève au-dessus de toute destination utile, à quelque chose d'infini en soi.

Si l'on examine le rapport de cette architecture avec l'esprit intime et l'idée du culte chrétien, on remarque d'abord que la forme fondamentale est ici la maison entièrement fermée. De même, en effet, que l'esprit chrétien se retire dans l'intérieur de la conscience, de même l'église est l'enceinte fermée de toutes parts, le lieu du recueillement et du silence. « C'est le lieu du recueillement de l'âme en elle-même qui s'enferme ainsi matériellement dans l'espace. D'un autre côté, si, dans la méditation chrétienne, l'âme se retire en elle-même, elle s'élève en même temps au-dessus du fini, et ceci détermine également le caractère de la maison de Dieu. L'architecture prend, dès lors, pour sa signification indépendante, l'élévation vers l'infini, caractère qu'elle exprime par les proportions de ses formes architectoniques. » Ces deux caractères, la profondeur du recueillement et l'élévation de l'âme vers l'infini, expliquent l'architecture gothique tout entière et ses formes principales. Ils donnent aussi la différence essentielle de l'architecture gothique et de l'architecture grecque.

L'impression que doit produire l'église chrétienne, en opposition avec cet aspect ouvert et serein du temple grec, c'est d'abord celle du calme de l'âme qui se recueille en elle-même, ensuite celle d'une majesté sublime qui s'élance au delà des limites des sens. Les édifices grecs s'étendent horizontalement, l'église chrétienne doit s'élever du sol et s'élancer dans les airs.

Le caractère le plus frappant que présente la maison de Dieu dans son ensemble et ses parties, c'est donc le libre essor, l'élancement en pointes formées soit par des arcs brisés, soit par des lignes droites. Dans l'architecture grecque, partout l'exacte proportion entre le support et le poids est observée. Ici, au contraire, l'action de supporter et la disposition à angle droit, la plus conforme à ce but, disparaissent ou s'effacent. Les murs et les colonnes s'élancent sans différence marquée entre ce qui supporte et ce qui est supporté, et se rencontrent à angle aigu. De là le triangle aigu et l'*ogive*, qui forment les traits caractéristiques de l'architecture gothique.

Nous ne pouvons suivre l'auteur dans l'explication détaillée des différentes formes et des diverses parties de l'édifice gothiques et de sa structure totale.

II. SCULPTURE. — L'architecture façonne et dispose selon les lois géométriques les masses de la nature inerte, et elle ne parvient ainsi qu'à nous offrir un symbole vague et incomplet de la pensée. Le progrès consiste à se détacher de l'existence physique et à exprimer l'esprit d'une manière plus conforme à sa nature. Le premier pas que fait l'art dans cette carrière n'indique pas encore le retour de l'esprit sur lui-même, ce qui rendrait nécessaire un mode d'expression tout spirituel et des signes immatériels comme la pensée; mais l'esprit apparaît sous la forme corporelle, organisée, vivante. Ce que l'art représente, c'est le corps animé, vivant, et surtout le corps humain, avec lequel l'âme s'identifie tout entière. Tels sont le rôle et la place qui appartiennent à la sculpture.

Elle ressemble encore à l'*architecture*, en ce qu'elle façonne la matière étendue et solide avec ses dimensions ; mais elle s'en distingue en ce que cette matière, entre ses mains, cesse d'être étrangère à l'esprit. La forme corporelle se confond avec lui et devient son image vivante. Comparée à la *poésie*, elle semble, d'abord, avoir sur elle l'avantage de représenter les objets sous leur forme naturelle et visible, tandis que la parole n'exprime les idées que par les sons ; mais cette clarté plastique est plus que compensée par la supériorité du langage comme moyen d'expression. La parole révèle les pensées les plus intimes avec une tout autre clarté que les traits de la figure, le maintien et les attitudes du corps; de plus, elle montre l'homme en action, agissant en vertu de ses idées et de ses passions ; elle retrace les diverses phases d'un événement complet. La sculpture ne représente ni les sentiments intimes de l'âme, ni ses passions déterminées. Elle n'offre le caractère individuel que dans sa généralité et dans la mesure où le corps peut l'exprimer dans un moment déterminé, sans mouvement, sans action vivante, sans développement. Elle le cède aussi, sous ce rapport, à la *peinture*. Celle-ci, par l'emploi de la couleur et des effets de la lumière, acquiert plus de naturel et de vérité, et surtout une grande supériorité d'expression. Aussi, pourrait-on croire, au premier abord, que la sculpture ferait bien d'ajouter à ses moyens propres ceux de la peinture. C'est une grave erreur; car cette forme abstraite, dépourvue de couleur, qu'emploie le statuaire, n'est pas pour elle une imperfection, c'est la limite que cet art se pose à lui-même.

Chaque art représente un degré, une forme particulière du beau, un moment du développement de l'esprit, et l'exprime excellemment. A la sculpture, il appartient de représenter la perfection de la forme corporelle, la beauté plastique, la vie, l'âme, l'esprit animant un corps. Si elle voulait dépasser ce but, elle le manquerait; l'emploi de moyens étrangers altérerait la pureté de ses œuvres.

Il en est ici de l'art comme de la science : chaque science a son objet propre, abstrait, limité, son cercle dans lequel elle se meut, et où elle est libre. La géométrie étudie l'étendue, et l'étendue seule; l'arithmétique, le nombre; la jurisprudence, le droit; etc. Faites que chacune empiète sur les autres et vise à l'universalité; vous introduisez dans son domaine la confusion, l'obscurité, une imperfection réelle. Elles développent diversement des objets divers : la clarté, la perfection, la liberté même sont à ce prix.

L'art aussi a plusieurs degrés; à chacun répond un art distinct. La sculpture s'arrête à la forme, qu'elle façonne selon ses lois propres; y ajouter la couleur, c'est altérer, défigurer son objet. Par là, elle conserve son caractère, sa fonction, son indépendance; elle représente le côté matériel, corporel, dont l'architecture ne donne qu'un vague et imparfait symbole. A la peinture il est donné de substituer à cette forme réelle une simple apparence visible qui, alors, admet la couleur, d'y joindre les effets de la perspective, de la lumière et des ombres. Mais la sculpture doit respecter ses propres limites, se borner à représenter la forme corporelle comme expression de l'esprit individuel, de l'âme privée de passion et de sentiment déterminés. A ce titre, elle peut d'autant mieux se contenter de la forme humaine en elle-même, dans laquelle l'âme est comme répandue sur tous les points.

Telle est aussi la raison pour laquelle la sculpture ne représente pas l'esprit en action dans une succession de mouvements, ayant un but déterminé, ni engagé dans des entreprises et des actions qui manifestent un caractère. Elle le présente, de préférence, dans une attitude calme, ou lorsque le mouvement et le groupement n'indiquent qu'un commencement d'action. Par cela même qu'elle offre à nos yeux l'esprit absorbé dans la forme corporelle, destinée à le manifester par son ensemble, il lui manque le point essentiel où se concentre l'expression de l'âme, le regard de l'œil. Elle n'a pas non plus besoin de la magie des couleurs qui, par la finesse et la variété de leurs nuances, sont propres à exprimer toute la richesse des traits particuliers du caractère et à manifester l'âme avec tous les sentiments qui l'agitent. La sculpture ne doit pas admettre les matériaux dont elle n'a pas besoin au degré où elle s'arrête. L'image façonnée par elle est d'une seule couleur ; elle emploie la matière première la plus simple, uniforme, unicolore : le marbre, l'ivoire, l'or, l'airain, les métaux. C'est ce que les Grecs ont parfaitement su saisir et maintenir.

Après ces considérations sur le caractère général de la sculpture et sur ses rapports avec les autres arts, Hégel aborde l'étude plus spéciale et la théorie de cet art. Il l'envisage : 1° dans son principe; 2° dans son idéal; 3° dans les matériaux qu'il emploie, ainsi que dans ses divers modes de représentation et les principales époques de son développement historique.

Sur chacun de ces points, nous sommes forcé d'écarter une foule de détails intéressants, et de nous borner aux idées générales :

1° Pour bien saisir le principe de la sculpture et l'essence de cet art, il faut examiner d'abord ce qui fait le *fond* de ses représentations, puis la *forme* corporelle qui doit l'exprimer ; enfin, voir comment de l'accord parfait de l'idée et de la forme, résulte l'*idéal* de la sculpture tel qu'il a été réalisé dans l'art grec.

Le *fond* essentiel des représentations de la sculpture, c'est, comme il a été dit, l'esprit incarné dans une forme corporelle. Or, toute situation de l'âme n'est pas propre à être ainsi manifestée. L'activité, le mouvement, la passion déterminée ne peuvent être représentés sous une forme matérielle; celle-ci doit nous montrer l'âme répandue dans le corps tout entier, dans tous ses membres. Ainsi, ce que représente la sculpture, c'est l'esprit individuel, ou, selon la formule de l'auteur, l'individualité spirituelle dans son essence, avec son caractère général universel, éternel : l'esprit élevé au-dessus des inclinations, des caprices, des impressions passagères qui influent sur l'âme, sans la pénétrer profondément. Toute cette face du principe personnel doit être exclue des représentations de la sculpture. Le fond de ses œuvres, c'est l'essence, la partie *substantielle*, vraie, invariable du caractère, en opposition avec tout ce qui est accidentel et passager.

Or, cet état de l'esprit, non encore particularisé, inaltérable, concentré, calme, c'est le divin en opposition avec l'existence finie qui se développe au milieu des accidents et des hasards dont nous offre le spectacle ce monde de la diversité et du changement.

Sous ce rapport, la sculpture doit représenter le divin en

soi, dans son calme infini et sa sublimité, éternel, immobile, sans désaccord d'action et de situation. Si, ensuite, affectant un mode plus déterminé, elle représente quelque chose d'humain dans la forme et le caractère, elle doit encore repousser tout ce qui est accidentel et passager, n'admettre que le côté invariable, fixe, le fond du caractère. Cet élément fixe, c'est ce que la sculpture doit exprimer comme constituant uniquement la vraie individualité ; elle représente ses personnages comme des êtres complets et parfaits en soi, dans un repos absolu, affranchis de toute influence étrangère. L'éternel dans les dieux et dans les hommes, voilà ce qu'elle est appelée à faire contempler dans une parfaite et inaltérable clarté.

Telle est l'idée qui fait le fond essentiel des œuvres de la sculpture. Quelle est la *forme* sous laquelle doit apparaître cette idée? On l'a vu, c'est le corps, la forme corporelle. Mais la forme seule digne de représenter l'esprit, c'est la *forme humaine*. Cette forme, à son tour, doit être représentée non dans ce qui la rapproche de la forme animale, mais dans sa beauté idéale, c'est-à-dire libre, harmonieuse, reflétant l'esprit par les traits qui le désignent, par toutes ses proportions, la pureté, la régularité de ses lignes, par son maintien, ses poses, etc. Elle doit exprimer l'esprit dans son calme, sa sérénité, à la fois âme et vie, mais avant tout esprit.

Ces principes servent à déterminer l'idéal de la beauté sous la forme physique.

Il ne faut pas confondre cette manière d'envisager, dans les œuvres de la sculpture, la correspondance parfaite de l'âme et des formes du corps avec l'étude des traits de la physionomie, etc. La science de Gall ou de Lavater, qui étudie la correspondance des caractères avec certains traits du visage ou les formes de la tête, n'a rien de commun avec l'étude artistique des ouvrages de la statuaire. Ceux-ci semblent, il est vrai, nous inviter à cette étude; mais le point de vue est tout autre, c'est celui de l'accord harmonieux et nécessaire des formes d'où résulte la beauté. Le fond de la sculpture exclut d'ailleurs précisément toutes les particularités du caractère individuel, auxquelles s'attache le physionomiste. La forme idéale ne manifeste que le type fixe, régulier, invariable, quoique vivant et individuel. Il est donc interdit à l'artiste, en ce qui regarde la physionomie, d'aller jusqu'à représenter les traits les plus expressifs et déterminés du visage; car, outre les airs proprement dits, l'expression de la physionomie renferme beaucoup de choses qui se reflètent passagèrement sur le visage, dans la contenance ou le maintien, le sourire et le regard. La sculpture doit s'interdire des choses aussi passagères, et se renfermer dans les traits permanents de l'expression de l'esprit; en un mot, elle doit incarner dans la forme humaine le principe spirituel dans sa nature à la fois générale et individuelle, mais non encore particularisée. Maintenir ces deux termes dans une juste harmonie, voilà le problème qui échoit à la statuaire et que les Grecs ont résolu.

Les conséquences à tirer de ce principe sont celles-ci:

D'abord, la sculpture est plus que les autres arts affectée à l'idéal, et cela à cause de la parfaite appropriation de la forme à l'idée; en second lieu, elle constitue le centre de l'art classique qui représente cet accord parfait de l'idée et de la forme sensible. Lui seul, en effet, nous offre ces figures idéales, pures de tout alliage, expression parfaite de la beauté physique. Il réalise, sous nos yeux, l'union de l'humain et du divin, sous la forme corporelle. Le sens de la beauté plastique fut donné surtout aux Grecs, et ce trait apparaît partout non-seulement dans l'art grec et dans la mythologie grecque, mais dans le monde réel, dans les personnages historiques : Périclès, Phidias, Socrate, Platon, Xénophon, Sophocle, Thucydide, ces natures d'artistes, artistes d'eux-mêmes, caractères grands et libres appuyés sur la base d'une forte individualité, dignes d'être placés à côté des dieux immortels que représente la sculpture grecque.

2° Après avoir déterminé le principe de la sculpture, Hégel l'applique à l'étude du beau idéal, tel que les chefs-d'œuvre de l'art grec l'ont réalisé. Il examine successivement et en détail les caractères et les conditions de la *forme idéale*, dans les différentes parties du corps humain, la *figure*, l'*air*, le *maintien*, l'*habillement*. Sur tous ces points, il suit fidèlement Winckelmann, le résume et le cite perpétuellement. Le philosophe cependant garde son originalité ; elle consiste dans la manière dont il systématise ce qui est simplement décrit dans l'Histoire de l'art, et à donner partout la raison de ce que le grand critique, avec son sens exquis et profond, a si admirablement saisi et constaté, mais sans pouvoir en exposer la théorie. Le sujet tire dès lors un nouvel intérêt de cette explication. On peut citer en particulier la description du *profil grec*, qui, entre les mains du philosophe, prend le caractère d'un théorème géométrique. C'est en même temps un exemple qui démontre sans réplique le caractère absolu de la beauté physique. La beauté de ces lignes n'a rien d'arbitraire ; elles indiquent la supériorité de l'esprit et la prédominance des formes qui l'expriment sur celles qui sont affectées aux fonctions de la nature animale.

Ce qu'il dit ensuite de l'*air*, du *maintien*, des *poses*, de l'*habillement* antique comparé à l'habillement moderne et de son caractère idéal, n'offre pas moins d'intérêt. Mais tous ces détails, où l'auteur montre beaucoup de finesse, de verve même et d'esprit, échappent à l'analyse. L'article où il décrit les attributs particuliers et les accessoires qui distinguent les personnages de la sculpture grecque, bien qu'en grande partie emprunté aussi à Winckelmann, dénote un esprit familiarisé avec la connaissance des ouvrages de l'antiquité.

3° Le chapitre consacré à l'examen des différents *modes de représentation*, des matériaux de la sculpture et de son développement historique, est également plein d'observations justes et fines. Tout cela n'est pas seulement d'un théoricien, mais d'un connaisseur et d'un juge éclairé. L'appréciation des *matériaux de la sculpture* et la comparaison de leur valeur esthétique, fournit aussi à l'auteur des remarques fort ingénieuses sur un sujet qui ne semble guère susceptible d'intérêt. Enfin, dans une rapide esquisse, Hégel retrace le *développement historique* de la sculpture. La statuaire égyptienne, l'art étrusque, l'école d'Egyne, sont caractérisés en quelques traits, remarquables de précision.

Arrivé à la *sculpture chrétienne*, sans contester la richesse et l'habileté qu'elle a déployées dans les ouvrages en bois, en pierre, etc., et son excellence sous le rapport de l'expression, Hégel soutient avec raison que le principe chrétien est peu favorable à la sculpture, et qu'en voulant exprimer avec sa profondeur et sa vivacité le sentiment chrétien, elle dépasse ses propres limites. « Le recueillement de l'âme, la souffrance morale, les tourments du corps et de l'esprit, le martyre et la pénitence, la mort et la résurrection, la profondeur mystique, l'amour et les élans du cœur, ne sont nullement propres à être représentés par la sculpture, qui veut le calme, la sérénité de l'esprit, et dans l'expression, l'harmonie des formes. » Ainsi la sculpture, ici, reste plutôt un ornement de l'architecture ; elle sculpte des saints, des bas-reliefs pour des niches et les portails des églises, des tourelles, etc. D'un autre côté, par les arabesques et les bas-reliefs, elle se rapproche du principe de la peinture, en donnant trop d'expression à ses figures ou en faisant des portraits en marbre et en pierre. La sculpture revint à son vrai principe, à l'époque de la renaissance, en prenant pour modèles les belles formes de l'art grec.

III. PEINTURE. — Avec la peinture commence une nouvelle série, celle que l'auteur désigne sous le nom d'*arts romantiques*. Nous avons déjà parlé plus haut de cette division qui fait coïncider l'ordre chronologique et historique avec l'ordre logique dans la théorie des arts. Hégel part, en effet, de ce principe que chaque art répond à un degré particulier du développement de l'esprit. Ainsi l'architecture se borne à façonner selon les lois mathématiques les formes de la matière inerte, qui, par là, n'exprime que vaguement et symboliquement la pensée et convient surtout à l'enfance des sociétés; elle est la langue des peuples, dont la pensée religieuse est pour eux-mêmes une énigme, et dont le culte s'adresse aux forces de la nature. La sculpture, qui représente l'esprit sous la forme humaine et l'accord parfait de l'âme et du corps, marque une époque plus avancée ; c'est à elle qu'il est donné de réaliser le type de la beauté classique. Mais l'esprit ne s'arrête pas à ce degré ; il se replie sur lui-même, et descend dans les profondeurs de sa nature intime. Il se distingue de la nature extérieure et de tout ce qui dans l'âme se rapporte au corps ; il acquiert le sentiment de sa libre personnalité, de sa nature infinie, de son essence divine, et de ses destinées immortelles. Il conçoit aussi Dieu comme esprit pur, comme esprit infini.

Alors s'ouvre et se dévoile à lui un monde nouveau, le monde de l'âme avec toutes ses profondeurs.

En d'autres termes, l'idéal de la sculpture païenne représentait le principe divin sous une forme individuelle et corporelle. Le spiritualisme chrétien abandonne cette forme et se retire en lui-même; il représente l'essence de l'esprit comme esprit.

Dès lors, le lien qui unissait l'esprit à la forme corporelle est, sinon totalement rompu, au moins fort relâché. Les deux termes se rendent plus indépendants. Si donc l'esprit veut s'exprimer par des emblèmes sensibles, il a besoin de formes plus spirituelles, plus idéales, moins matérielles. Il lui faut, en outre, un plus vaste champ de représentation, des matériaux plus riches et plus variés, plus de vivacité et de profondeur dans l'expression. La nature tiendra sa place dans ses représentations, mais elle-même spiritualisée, offrant partout un reflet de la pensée, un écho du sentiment, un cadre au développement de l'esprit devenu l'objet principal. Si l'on considère le mode d'expression et les moyens dont les arts disposent, il en résulte que l'étendue, avec ses trois dimensions ou la forme plastique, doit faire place à un autre mode de représentation plus propre à exprimer la pensée et les sentiments de l'âme.

Cette nouvelle forme plus spirituelle, c'est l'apparence visible créée par l'esprit lui-même, et qui, combinée avec la couleur, la perspective, le jeu de la lumière et des ombres, acquiert une plus haute expression, ouvre un champ plus vaste à la représentation, permet aux objets de se presser sur une même surface. Tel est l'objet de la peinture.

La musique ira plus loin encore. Elle supprimera l'étendue. Saisissant l'âme dans ce quelle a de plus intime, le sentiment, elle exprime celui-ci par un signe immatériel, invisible, par le son qui vibre à l'oreille et pénètre dans l'âme.

Enfin la poésie consommera cet affranchissement de la pensée. L'art de la parole remplace la forme, l'apparence visible, la couleur, le son expressif et harmonieux, par un signe en lui-même privé de sens, mais capable d'exprimer toutes les conceptions de l'esprit, toutes les nuances de la pensée, les sentiments les plus intimes de l'âme, de reproduire une action dans les phases successives de son développement. L'art qui s'exprime par la parole embrasse et résume les moyens propres aux autres arts. Aussi s'applique-t-il à toutes les formes de l'art et à toutes les époques.

Ces principes établis, Hégel aborde la théorie de la peinture, dont il s'attache d'abord à déterminer d'une manière plus précise le *caractère général* et le *principe*. Dans ce but, il la considère à la fois dans son fond, dans sa forme et dans son mode d'exécution.

1° L'idée qui fait le *fond* des représentations de la peinture, c'est la vie intérieure, l'âme, dont les impressions, les sentiments et les actes se manifestent dans une multitude de situations et de scènes diverses, l'âme, qui se reflète encore dans le spectacle de la nature et dans les formes du monde visible. Voilà pourquoi son centre véritable est le monde chrétien. Il n'est pas besoin d'établir ici un parallèle historique entre la peinture ancienne et la peinture moderne ; les matériaux manquent pour cette comparaison. Mais il suffit de savoir quelles sont les idées, les sentiments, le fond, en un mot, qui s'accordent le mieux avec l'essence de cet art, et son mode de représentation. Or, *à priori*, on peut soutenir que, quelque excellents qu'aient été les tableaux des anciens, et malgré l'inaccessible beauté de leur sculpture, la peinture chez eux, sans parler des moyens matériels inventés depuis, n'a pu parvenir au même degré de développement et de perfection que chez les modernes. La raison en est simple, c'est que le fond de la pensée grecque, si éminemment favorable au principe de la sculpture, précisément à cause de cet avantage, ne convient pas à la peinture. Si, au contraire, la peinture a été portée à sa perfection à la fin du moyen âge, c'est que le fond spirituel de ses œuvres, le sentiment chrétien, se prête merveilleusement à ses représentations.

Telle est la véritable cause pour laquelle il a été impossible aux Grecs de réaliser l'idéal de la peinture. Cet idéal n'existait pas. Si la sculpture est l'art païen, la peinture est éminemment chrétienne.

D'autre part, si l'on examine la peinture dans sa forme ou dans son mode de représentation, on voit qu'elle exige également un degré supérieur de spiritualité qui n'appartient qu'à l'art chrétien. Quel est, en effet, l'élément sensible dans lequel se meut cet art? La surface, l'apparence visible, c'est-à-dire quelque chose d'artificiel substitué à la réalité. Or, par là même, ce moyen réclame une animation, une vitalité supérieure à l'expression plastique. La partie la plus intime de l'esprit doit vivifier ces formes extérieures et s'y refléter. La couleur qui spécialise encore cette apparence exige dans les objets représentés un caractère plus déterminé, plus vivant, plus animé que la simplicité idéale des formes de la statuaire. De là le besoin de la multiplicité des situations, du mouvement, de la variété, comme répondant aux matériaux de la peinture. Entre le fond et la forme s'établit une réciprocité nécessaire; si l'idée veut une forme qui soit capable de l'exprimer, celle-ci veut à son tour un principe qui la pénètre et l'anime.

De ces principes, découlent les conséquences suivantes :

D'abord, la peinture, dans ses personnages, représente l'esprit replié sur lui-même, affectant plus de profondeur et d'individualité; elle ne peut plus, comme la sculpture, offrir un caractère purement général; elle réclame une manière plus personnelle, plus de sensibilité, des passions plus prononcées, plus de vitalité dans les situations, une place pour le particulier, l'individuel, l'accidentel, l'indifférent même. Quant à l'étendue du champ de la peinture, elle embrasse l'ensemble des objets de la nature, toutes les sphères de l'activité humaine, toutes les particularités de l'existence; elle fait entrer dans ses représentations une foule d'objets inaccessibles à la sculpture. Le monde religieux, les scènes de la nature et de la vie humaine, les accidents les plus fugitifs des situations et des caractères doivent s'offrir dans les conceptions de l'artiste.

Mais le vrai principe, le fond essentiel, le centre de cet art, c'est toujours la vie intime de l'âme. Dans la représentation des objets extérieurs, dans les tableaux qui représentent la nature, ce qui fait l'intérêt vital, le sens réel, c'est le sentiment qui y perce, le reflet de l'esprit, l'âme de l'artiste qui apparaît dans son œuvre, l'image de sa pensée intime, ou un écho général de nos impressions.

2º Si du fond nous passons à la *forme*, celle-ci, dans la peinture, consiste dans les deux moyens qu'elle emploie, la *surface* et la *couleur*. La surface, au lieu des trois dimensions des corps, n'en offre que deux. C'est, comme on l'a vu, une conséquence même de la nature du fond qu'elle représente. A un fond spirituel doit répondre une forme plus immatérielle et plus artificielle. L'art ne peut plus conserver la matérialité plastique.

Est-ce pour lui une infériorité? Sans doute, plus encore que dans la sculpture, il nous met sous les yeux une forme abstraite; mais cette imperfection apparente est un progrès réel. Déjà la sculpture, au lieu de copier la nature, façonnait une image simple et sans couleur. Ici, c'est le contraire; le sentiment intérieur ne se manifeste bien qu'autant qu'il se dégage de la forme matérielle. La peinture travaille pour les yeux, comme la sculpture, mais elle ne leur montre plus les objets naturels tels qu'ils sont en eux-mêmes; elle les transforme en images, de manière à ce qu'ils soient un miroir de l'esprit. L'art détruit donc l'existence réelle, la change en une simple apparence, créée par l'esprit et qui s'adresse à l'esprit. S'il renonce à l'étendue totale, ce n'est donc pas impuissance, défaut, infériorité; c'est afin que cette apparence, artificiellement façonnée, manifeste l'esprit à lui-même, et que l'œuvre d'art entre dans une relation plus intime avec le spectateur. Celui-ci est ainsi associé, dès l'origine, à la conception. Par cette destination toute contemplative, comme pur reflet de l'esprit, la simple apparence de la réalité suffit et remplit mieux cette destination. L'étendue réelle troublerait le spectacle; car, dans la peinture, le plaisir de la représentation n'est pas produit par la vue des objets réels, il est dans l'intérêt purement contemplatif que l'esprit prend à la manifestation de lui-même dans les formes du monde extérieur.

Mais l'élément physique propre à la peinture, et qui lui convient par son caractère idéal, c'est la *lumière*. Les arts précédents emploient la matière pesante. Chez eux, la lumière ne fait qu'éclairer du dehors; elle ne fait pas partie intégrante de l'œuvre d'art, elle se borne à la rendre visible. Dans la peinture, la lumière, le clair et l'obscur, les effets des ombres, ne sont pas seulement les matériaux mêmes de l'art, ils sont produits par l'art lui-même, sa création. Nouvelle raison pour laquelle la peinture n'a pas besoin des trois dimensions. La forme artistique est produite par la lumière et les ombres; la forme réelle est donc inutile et ferait obstacle.

La lumière ne se borne pas au clair et à l'obscur, au jeu alternatif de la lumière et des ombres, elle devient aussi le principe de la *couleur* qui, pour la peinture, est le moyen par excellence. Formes, éloignement, limites, contours, sont manifestés par la couleur, dont le caractère plus idéal est aussi capable d'exprimer un fond plus idéal. Par les oppositions profondes, les gradations infiniment variées, la finesse des nuances et des teintes, elle embrasse le champ le plus vaste, comme elle reproduit la variété des objets et toute la richesse de leurs détails, la forme, la distance, le jeu des traits du visage, l'expression des sentiments les plus délicats, ce qu'il y a de plus sensible à la fois et de plus immatériel.

3° Quant à son *mode d'exécution*, on peut dire que la peinture, par la manière dont elle traite ses sujets, est capable à la fois de concilier les deux extrêmes, de représenter les sujets les plus élevés, les plus profonds, et aussi en apparence les plus insignifiants; elle paraît accorder une valeur égale au fond et à la forme, souvent même faire de celle-ci et du mode d'exécution son but essentiel. De là deux espèces de peinture, deux styles, deux écoles opposées et aussi deux manières de juger : c'est l'opposition de l'idéal et du réel, mais du réel idéalisé par l'exécution. La peinture admet ces deux extrêmes; elle représente la substance des choses, les objets les plus élevés de la croyance religieuse, les grands événements et les grands personnages de l'histoire ; ou bien elle ouvre un libre champ aux particularités de la nature et de la vie réelle. Elle va dans ce sens jusqu'à faire de l'apparence elle-même et de l'illusion son objet principal. Mais, ici, l'image est supérieure à la réalité; son caractère idéal consiste en ce que l'accident fugitif et momentané est fixé sur la toile pour toujours et représenté dans sa vitalité. C'est ce qui fait qu'il y a deux manières d'entendre l'idéal dans la peinture, toutes deux vraies mais exclusives. De là aussi cette diversité des écoles, des styles, des manières, et l'originalité plus grande peut-être ici que dans les autres arts.

Dans l'examen des *caractères particuliers* de la peinture, l'auteur revient sur les questions précédentes; il les approfondit et les développe. Ainsi, il s'attache à caractériser d'une manière plus spéciale ce qui fait le *fond* de la peinture religieuse ou l'*idéal* chrétien dont il a été parlé plus haut. Il étudie ensuite les moyens d'expression qui sont propres à la peinture, la *perspective*, le *dessin*, le *coloris*; enfin, sous le titre d'exécution artistique, il traite de la *conception de la composition* et de la manière de *caractériser* les œuvres de la peinture.

Nous ne pouvons consacrer que peu de mots à chacun de ces points :

1° Le véritable domaine de la peinture, c'est ce qu'elle est capable d'exprimer mieux que les autres arts par les moyens qui lui sont propres. Ce sont, par conséquent, les sujets qui à la profondeur et à la richesse du sentiment joignent l'originalité fortement marquée du caractère. Ici la grandeur froide de l'idéal antique ne convient plus. L'idéal sera fourni par une religion qui a creusé plus avant dans les profondeurs de l'âme, qui révèle des jouissances et des souffrances inconnues, des joies, des félicités ineffables, un bonheur qui succède aux combats et aux déchirements du cœur. L'âme doit avoir traversé, pour y atteindre, une vie de combats et de souffrances, et en être sortie triomphante.

Tel est l'idéal chrétien : c'est la réconciliation de l'homme avec Dieu qui, dans sa vie terrestre, a parcouru lui-même le chemin de la souffrance. En brisant son cœur terrestre, il s'élève au-dessus des peines et des jouissances de ce monde, à une paix profonde, inaltérable, qu'il puise dans l'amour divin et l'espoir d'être réuni à Dieu.

Ce trait particulier de l'amour ne manque pas tout à fait à l'idéal antique; mais ce n'est pas le véritable amour pour un Dieu vivant et personnel. L'idée du destin glace le sentiment. De là cette silencieuse tristesse dans l'expression de la douleur chez les plus nobles natures, dans Laocoon, dans Niobé, par exemple; cette froide résignation, qui n'est que l'impassibilité, la pétrification de la douleur.

Le véritable amour, au contraire, la vraie félicité dans l'amour, c'est l'abandon, l'oubli de soi, mais pour se retrouver dans l'objet aimé.

Ainsi, dans ce sacrifice et cet abandon, l'âme conserve le sentiment de vivre dans l'objet de son amour, et elle acquiert ainsi la plus haute jouissance d'elle-même. Cette contradiction apparente, ce mystérieux problème, l'amour le résout; seul il rend heureux, il fait goûter le ciel, élève l'âme au-dessus du temporel et du fini.

Or cette profondeur de l'amour mystique, inconnue aux anciens, constitue le centre de l'idéal chrétien et le fond principal des représentations de la peinture religieuse. C'est lui qui fait l'incomparable supériorité de la peinture chrétienne; il est le fond de tous ses sujets.

C'est d'abord, l'amour du Christ, l'amour de Dieu pour les

hommes, qui se reproduit dans tous les actes de sa vie mortelle, dans son enfance, ses miracles, sa passion, sa croix et sa résurrection ; puis viennent les personnages de la sainte famille, la Vierge, saint Joseph, les disciples. Voilà des sujets inépuisables de tableaux où se rencontre le plus haut idéal. Parmi eux se distinguent, comme les plus favorables, l'enfance du Christ et sa passion. A un autre point de vue, le sujet le plus heureux est l'amour maternel, l'amour de la Vierge, qui offre des situations d'un intérêt à la fois si élevé, si pur et si touchant, l'annonciation, la visitation, la naissance, la fuite en Égypte, etc. ; mais surtout Marie au pied de la croix. A côté d'un tel sujet la Niobé antique n'offre plus de comparaison.

D'un genre moins élevé, quoique aussi pleins d'intérêt, sont les tableaux qui représentent les disciples, les apôtres, les saints, le recueillement, l'adoration, la prière, la pénitence, la conversion, la glorification et la sainteté ; ces sujets ont inspiré les plus grands peintres. Il en est de même de cette autre face du sentiment religieux, de la souffrance et de la douleur, dans les scènes qui représentent le martyre, la constance dans les supplices, la douleur physique et morale, les blessures de l'amour, les tristesses de l'âme, la pénitence intérieure, le repentir et la contrition, enfin la glorification par la douleur, la sainteté obtenue par la pénitence.

Tels sont les principaux éléments de l'idéal chrétien qui forment le fond essentiel de la peinture au moyen âge. C'est le sujet de ses œuvres les plus admirées et les plus célébrées, œuvres immortelles par la profondeur de la pensée qu'elles expriment comme par le talent et le génie des artistes qui l'ont représentée.

Après avoir insisté particulièrement sur la peinture religieuse et sur les idées qui forment le fond de ses œuvres, Hégel passe immédiatement à la peinture de paysage. S'il se borne ainsi à caractériser les deux points extrêmes, sans s'arrêter aux points intermédiaires, c'est afin de mieux mettre en lumière le principe général qu'il a posé plus haut; il veut démontrer, par là, que c'est encore l'âme et le sentiment intime que représente la peinture dans les tableaux qui nous offrent le spectacle de la nature.

Voici comment il entreprend de justifier cette assertion :

L'intérêt que nous prenons à la représentation des objets de la nature ne consiste pas dans ces objets eux-mêmes; mais il y a en eux un fond de vitalité qui excite notre sympathie et qui est pour nous une source de plaisir. Entre ces objets et l'âme humaine il existe une secrète harmonie qui entretient en nous une joie intime, le charme de l'existence vivante. Une sorte de dialogue s'établit entre la nature et l'homme qui lui prête ses sentiments, ses idées, tous les attributs de son âme.

L'art, d'ailleurs, change notre point de vue ordinaire vis-à-vis de la nature; le rapport pratique devient purement contemplatif. L'art nous fait oublier nos besoins, nous donne le sentiment de notre vie intime, propre, indépendante. Enfin, il fixe, il éternise ce qui est en soi mobile et instantané. C'est là le triomphe de l'art sur la réalité, l'idéal en ce genre. D'un autre côté, quelque chose de nouveau s'ajoute aux objets représentés ou à leur image, savoir : l'amour, le sens, l'esprit, l'âme de l'artiste qui leur communique ainsi sa propre inspiration comme une nouvelle vie, et en fait sa création.

Sous le titre de *matériaux* de la peinture, Hégel traite de la *perspective*, du *dessin* et du *coloris*. Ce qu'il dit des deux premiers n'offre rien de neuf et mérite peu de nous arrêter. Il s'étend davantage sur le *coloris*. C'est le coloris, dit-il, qui fait, à proprement parler, le peintre. Le dessin, sans doute, est la condition essentielle, mais le peintre doit avant tout peindre. C'est seulement par l'emploi des couleurs qu'il parvient à exprimer l'âme comme réellement vivante. Hégel parle ensuite avec détail des autres moyens dont dispose la peinture pour produire ses effets, du *clair* et de l'*obscur*, de la distribution de la *lumière* et des *ombres*, du *modelé*, de la *couleur*, des couleurs fondamentales, de l'*harmonie des couleurs*, de la *perspective aérienne*, de la *carnation*, de la *magie du coloris*. Toute cette partie, où l'on rencontre une foule d'observations fines, personnelles à l'auteur, qui se mêlent aux idées consacrées, offre un vif intérêt. Ce qu'il dit de la *carnation*, du ton de couleur de la chair humaine, est particulièrement remarquable. En général, sur tous ces points, Hégel ne se montre pas seulement philosophe et métaphysicien : on reconnaît en lui un juge éclairé, qui joint à un tact plein de finesse et à un esprit toujours ingénieux la connaissance des œuvres de l'art, dont il explique les procédés et les effets.

Cette théorie de la peinture se complète par quelques règles générales sur la *conception*, la *composition* et sur la manière de *caractériser* les personnages. Chacun de ces points fournit à l'auteur des réflexions judicieuses dont les artistes eux-mêmes pourraient profiter. Nous devons nous attacher à ce que ces préceptes offrent de plus général et de philosophique.

Le mode de *conception* dans la peinture dépend non-seulement de la nature du sujet, mais du degré de développement où l'art est parvenu.

Le premier mode est celui par où la peinture se rapproche encore de la sculpture et de l'architecture, lorsqu'elle nous représente des figures isolées, dans le repos et l'indépendance absolus, telles que le Christ, les apôtres, des saints isolés, sans situation déterminée, sans objets environnants, avec un cadre et des ornements qui rappellent l'architecture. Ces figures qui, par exemple, décorent les piliers, les arcades des églises gothiques, ont le caractère roide et immobile de la statuaire.

La règle ici est que ces figures forment un tout parfait en soi comme objet de vénération ou d'intérêt; sans cela elles sont insignifiantes.

Mais la peinture peut encore moins que la sculpture s'en tenir à l'immobilité, privée de situation, d'un personnage indépendant; elle doit présenter les personnages dans une situation déterminée, offrir une multiplicité de rapports et de caractères, des figures environnées d'objets accessoires. Tel est, en effet, le progrès de la peinture. Plus que les autres arts du dessin, elle doit adopter la vitalité dramatique, grouper les figures, etc. De là l'importance toujours croissante de l'individualité dans la conception et l'exécution, la vive coloration des objets, etc. Il ne faut pas, pourtant, que ce côté prédomine au point de faire oublier le fond pour l'apparence sensible; en recherchant les tons vaporeux, la magie des couleurs et l'harmonie des combinaisons, la peinture empiète sur la musique.

2° Quant au mode de *composition* on ne peut donner que peu de règles particulières. La condition suprême est le choix d'une *situation* qui convienne à la peinture. C'est ici qu'il importe de bien distinguer les limites de cet art, de ne pas confondre les situations qui lui conviennent avec celles qui sont propres à la sculpture ou à la poésie.

Hégel insiste beaucoup sur ce point important, qui a été traité très-imparfaitement par les auteurs qui s'en sont occupés, et en particulier par Lessing. Ce grand critique a très-bien marqué les limites des arts du dessin et de la poésie; mais il confond sans cesse la sculpture et la peinture, et les suppose soumises aux mêmes lois, ce qui est une grave erreur. Sous ce rapport, les pages que Hégel consacre à cette question et ce qu'il ajoute sur la poésie sont du plus haut intérêt.

La sculpture est appelée surtout à représenter le calme, les traits essentiels que comporte la forme. La peinture, au contraire, doit entrer dans le mouvement vivant des situations humaines, des passions, des conflits, etc.; elle exprime le caractère, l'âme, le sentiment, mais développés et se révélant par des actions.

D'un autre côté, la peinture se distingue de la poésie en ce qu'elle ne peut donner le développement d'une situation, d'un événement, d'une action, d'une manière successive, mais dans un seul moment. De là des différences qui ont été parfaitement saisies et mises en lumière par Lessing. La règle générale est que l'ensemble de la situation ou de l'action dans la peinture doit être visible dans un seul moment; il faut choisir le moment décisif, celui où l'action se concentre en un point unique, où le passé et l'avenir se réunissent et se devinent. Quant au précepte *ut pictura poesis erit*, pris à la lettre, il ne peut se justifier. Car la poésie descriptive elle-même ne peut reproduire tous les détails qui figurent dans un tableau. D'autre part, une foule de détails échappent au peintre, que le poëte peut préciser en les décrivant successivement. La poésie, d'ailleurs, peut développer les sentiments et les idées non-seulement comme tels, mais dans leur fluctuation, leur gradation et leur développement. La peinture n'ayant à sa disposition, pour exprimer le sentiment et la passion, que l'expression du visage et les attitudes du corps, il est des sentiments et des situations que la poésie peut exprimer, et sans lesquels la peinture est impuissante. Telles sont les situations lyriques, celles où le sentiment reste concentré au fond de l'âme et ne peut apparaître que très-vaguement dans le visage ou dans le maintien. Le peintre doit savoir les reconnaître pour ne pas s'exposer à dépasser les limites de son art et manquer son effet. Hégel cite quelques-unes de ces situations exclusivement poétiques, entre autres le *Pêcheur* et la *Mignon* de Gœthe. Ces sujets, dit-il, malgré le talent du peintre, sont conçus sans imagination, parce que ce sont des sentiments qui ne peuvent se traduire en images visibles. Or les personnages de la peinture doivent livrer aux regards l'intérieur de leur âme. Mettre de la poésie dans la peinture, c'est concevoir avec imagination. La poésie elle-même traduit la passion en images, en actions, en événements. Mais pour les sentiments concentrés, abstraits, vagues, vouloir les exprimer par la bouche, l'œil, le maintien, un regard levé vers le ciel, c'est méconnaître les limites de la peinture et de la poésie. — On ne peut nier la solidité de ces réflexions et la vérité de ces règles qu'il est bon de rappeler aux artistes (1).

Hegel tire aussi de ces principes quelques règles générales pour la *composition*. La première concerne la *clarté* des sujets. Que la situation soit facile à comprendre et s'explique autant que possible par elle-même ; car la peinture manque du langage des mots, dont la poésie peut s'aider indépendamment de ses autres moyens. Or, pour que la situation soit reconnaissable, les circonstances extérieures ne suffisent pas ; l'essentiel, ce sont les *motifs* que l'artiste doit savoir mettre

---

(1) On lira aussi avec intérêt un morceau remarquable sur cette question dans le livre que vient de publier M. Guizot, intitulé : *Études sur les beaux-arts.*

en relief et développer avec invention. Chaque action offre des signes frappants, des rapports sensibles, qui peuvent être employés de la manière la plus heureuse, à la fois pour faire comprendre le sujet et mieux caractériser les personnages. Hégel cite comme exemple la Transfiguration de Raphaël.

A ce qui précède se rattachent la manière de disposer les différentes parties d'un tableau, l'*ordonnance* et le groupement des figures et la distribution des objets, de manière à les faire concourir à l'effet total.

Un dernier point, également plein d'intérêt, et que l'auteur développe avec sa sagacité ordinaire, est ce qu'il appelle la *caractérisation*, ou la manière dont le peintre doit caractériser ses personnages. Ce sujet a déjà été traité, au moins implicitement, plus haut; mais il s'éclaire ici d'un jour nouveau par la comparaison des caractères de la sculpture antique et de la peinture moderne. Hégel en déduit de nouvelles règles sur le domaine respectif de la statuaire et de la peinture. La manière de caractériser les figures amène une digression fort intéressante sur la peinture de *portrait*, à laquelle il accorde un rang très-élevé parmi les œuvres de la peinture.

Un portrait, dit-il, n'est une œuvre d'art qu'autant qu'il est empreint du type de l'individualité, qu'il représente parfaitement le caractère original de l'individu, qu'il fait ressortir les traits essentiels de la physionomie morale. Aussi, un portrait peut être très-ressemblant et insignifiant ; tandis qu'une esquisse en quelques traits, qui représente l'image simple, mais totale du caractère, est beaucoup plus vraie. Le peintre doit mettre sous nos yeux le sens spirituel de la figure, les traits permanents qui traduisent le caractère, la figure façonnée par l'esprit. En ce sens, le portrait doit flatter ou idéaliser; le peintre doit négliger les simples accidents de la nature, reproduire ce qui constitue le caractère propre de la personne dans son essence la plus intime, et en même temps avec son plus haut degré de vitalité.

Viennent ensuite des réflexions sur la manière dont la peinture doit approprier les traits de la figure, le maintien, etc., à la situation particulière des personnages, pour établir cet accord parfait entre l'extérieur et l'intérieur, cette belle harmonie du physique et du moral, telle que les grands maîtres, surtout parmi les Italiens, ont su la réaliser.

Jusque dans la peinture de genre, en effet, l'originalité des figures doit être telle, qu'on ne puisse s'imaginer qu'elles puissent jamais avoir un autre maintien, d'autres traits, une autre expression. C'est là la vraie manière de *caractériser*.

Cette théorie se termine par une esquisse générale du *développement historique* de la peinture, depuis ses commencements au moyen âge jusqu'à son plus haut degré de perfection au seizième siècle. Les principales écoles que l'auteur s'attache à caractériser sont l'école *byzantine*, l'école *italienne* et l'école *hollandaise*. Le morceau sur l'école italienne est plein d'élévation et d'éclat. Le caractère de l'école hollandaise, sujet déjà deux fois traité (t. I et t. II), lui fournit l'occasion de joindre à une remarquable appréciation artistique de hautes considérations historiques. On a eu tort de dire qu'Hégel exalte ici le protestantisme dans l'art aux dépens du catholicisme. Cette critique est injuste, après l'admiration sans réserve que l'auteur vient d'exprimer pour l'école italienne, qui conserve le premier rang, et lui paraît marquer le point culminant de l'art.

IV. MUSIQUE. L'art représente, sous des formes différentes, le développement de l'esprit ; c'est donc le degré de spiritualité dans le mode d'expression qui assigne à chacun des arts son rang, sa prééminence, et qui sert à fixer ses rapports.

L'*architecture* est l'art le plus imparfait comme n'exprimant la pensée que d'une manière vague, par des formes empruntées à la matière inorganique. La *sculpture* représente déjà l'esprit, mais encore identifié avec le corps et seulement dans la mesure que comporte la forme corporelle. La *peinture* exprime le côté plus intime et plus profond de l'âme, la passion et le sentiment moral. Aussi rejette-t-elle la matière pour se borner à la surface. Elle emploie l'apparence visible et la couleur comme mode d'expression plus riche, plus varié, plus spirituel. Néanmoins cette apparence est toujours empruntée à la forme visible, étendue et permanente.

Il faut à l'âme des signes, des matériaux plus conformes à sa nature, qui, par conséquent, n'offrent plus rien d'étendu, de fixe, où s'efface entièrement le côté matériel.

C'est ce qui a lieu dans la *musique*. Son but est d'exprimer l'âme en elle-même, le sentiment intérieur, par un signe qui n'offre plus rien d'étendu, de matériel, par un signe invisible, rapide et fugitif comme les mouvements de l'âme elle-même. Ce signe qui, cependant, se produit encore au sein de la matière, mais ne rappelle plus l'étendue et ses formes, est le *son*, le résultat de la vibration ondulatoire des corps.

Comme la musique abandonne la forme visible, elle s'adresse à un nouvel organe, à l'*ouïe*, sens plus spirituel, quoique moins contemplatif que la vue. L'oreille perçoit ce signe inétendu, le résultat de cette vibration qui ne laisse aucune trace après elle et s'évanouit dans la durée.

En se dérobant ainsi à la forme extérieure et matérielle, le son est éminemment propre à être l'écho de l'âme et du sentiment. Aussi le problème de la musique sera de faire résonner les cordes les plus intimes de l'âme, d'en reproduire tous les mouvements et les émotions.

Par là, aussi, s'expliquent ses effets. Son but est d'atteindre à la dernière limite du sentiment, elle est l'art du *sentiment*. Entre le son et le sentiment il existe une union si intime, qu'ils semblent se confondre. Le son, ce phénomène immatériel, sans durée propre, instantané, qui emprunte toute sa valeur du sentiment qu'il recèle, pénètre dans l'âme et résonne dans ses profondeurs.

Si l'on compare la musique avec les autres arts, on trouve, d'abord, qu'elle présente des analogies réelles avec l'*architecture*. Si, en effet, celle-ci n'exprime que vaguement et symboliquement les idées, la musique, aussi, se borne à accompagner les conceptions de l'esprit dont le langage seul est l'expression nette et véritable. Ensuite l'architecture n'emprunte pas à la nature des formes toutes faites, elle les invente ou les façonne d'après les règles et les proportions géométriques.

Or la musique, aussi, indépendamment de l'expression du sentiment, suit les lois des nombres qui déterminent la mesure, la quantité, l'accord des sons. Elle introduit dans les sons, comme l'architecture dans les formes, la régularité, la symétrie, l'harmonie. C'est ce qui a fait appeler l'architecture une *musique muette*.

Cependant, à côté de ces ressemblances, se manifestent entre les deux arts des différences plus grandes encore. Car, si les lois de la quantité et du nombre forment leur base commune, leurs matériaux sont d'une nature directement opposée. L'architecture s'empare de la matière pesante et de ses formes extérieures ; la musique emploie le son, élément invisible, mobile, fugitif, emprunté non à l'étendue mais au temps, le son, signe plein d'âme et de vie.

Ces deux arts appartiennent donc à deux sphères de l'esprit entièrement différentes. Tandis que l'architecture élève ses colossales images que l'œil contemple dans leurs formes symboliques et leur éternelle immobilité, le monde rapide des sons pénètre immédiatement par l'oreille dans l'intérieur de l'âme et la remplit d'émotions sympathiques.

La *sculpture* est l'art dont s'éloigne le plus la musique. La *peinture* offre avec elle une plus grande affinité. Elle s'en rapproche, en effet, par la vivacité de l'expression. Toutefois la peinture, comme la sculpture, représente des formes étendues et visibles qui existent déjà dans la nature. Ces formes, l'artiste ne les invente pas, il se borne à les généraliser et à les spiritualiser ; tandis que le musicien, tout en recevant un texte, invente les combinaisons les plus propres à exprimer les sentiments de l'âme qui s'y rattachent. Sa région propre est le sentiment dans sa simplicité abstraite. Pour le façonner, il n'a qu'à rentrer en lui-même, à s'enfoncer dans les profondeurs de son âme. Il peut même quelquefois aller jusqu'à oublier son sujet pour exprimer ses propres émotions. Aussi est-il donné à cet art d'opérer une certaine délivrance de l'âme, de l'affranchir des besoins et des misères de l'existence actuelle, de lui faire oublier ses douleurs. La musique porte cet affranchissement au plus haut degré.

La sculpture et la peinture n'ont qu'à faire ressortir l'idée déjà contenue dans le sujet, à y ramener les accessoires et les détails. Si l'œuvre musicale ne doit pas manquer de cet enchaînement intérieur et de cette unité, le mode de développement est tout autre. Le thème musical est vite épuisé, la pensée principale reste le centre; mais cette succession nécessite, avec la fuite, un retour, des oppositions, des conflits, des transitions, des péripéties, des dénoûments inattendus. L'unité est donc loin de ressembler à celle des membres et de leurs proportions dans une statue ou à l'ordonnance d'un tableau.

Par là, la musique se distingue des autres arts; elle est trop près du libre monde de l'âme pour n'avoir pas droit de se mettre au-dessus du sujet donné et de la pensée même qui en fait le fond. L'artiste, ici, est plus libre de s'abandonner à sa verve et à ses fantaisies. Ses lois sont celles des sons, et ceux-ci comme tels ne se lient pas aussi étroitement à la pensée et au sens des mots que les formes visibles sont unies à l'idée qu'elles représentent.

Si l'on compare enfin la musique à la *poésie*, elle offre avec elle une grande affinité, mais aussi de profondes différences.

Dans la poésie, le son n'est pas modulé par des instruments. Le son articulé de la voix n'est qu'un signe oral, en lui-même privé de sens, et plus ou moins indépendant de l'idée qu'il exprime. De là, une différence frappante entre l'emploi musical et l'emploi poétique du son. La musique ne réduit pas le son à n'être qu'un moyen, un signe de la pensée; elle en fait son but; elle le façonne en lui-même et pour lui-même.

Mais ce que la poésie perd ainsi quant à l'expression immédiate des objets visibles, elle le regagne en présentant ceux-ci à l'imagination. En un mot, elle forme des tableaux pour l'esprit. La musique doit renoncer à cet avantage; elle se borne à exprimer une certaine harmonie, un rapport sympathique entre les sons et les idées ou les objets. Elle donne ainsi une idée vague de la situation morale; elle parvient même à communiquer une certaine excitation à l'imagination, mais sans faire naître l'image même des objets et de leur forme déterminée.

La musique et la poésie, du reste, se marient très-bien ensemble; mais les deux arts n'en restent pas moins distincts et conservent leur indépendance. Si l'œuvre poétique est parfaite, elle doit attendre peu de secours de la musique; et si la musique est le but principal, le texte poétique doit être accessoire et superficiel; il ne fournit qu'un simple canevas. L'intérêt ne peut se partager également, comme l'opéra italien en est un exemple.

La nature et le rôle propre de la musique étant connus, il est facile de déterminer la manière spéciale dont elle doit concevoir son sujet. Quoiqu'elle puisse, à un certain degré, s'en affranchir, elle doit cependant, pour produire son véritable effet, exprimer une pensée; mais comment? Non comme pensée, comme idée claire ou abstraite, comme notion générale : c'est comme *sentiment*. Elle ne doit pas vouloir travailler au service de l'imagination : ce soin regarde les autres arts; elle doit se borner à rendre saisissables les sentiments de l'âme. La partie interne et sentimentale de l'homme, voilà son objet propre. « Faire résonner dans les sons cette vie intime, ces
« mystérieux mouvements de l'âme, ou combiner cet écho
« harmonieux avec le langage des mots qui expriment des
« pensées, plonger en quelque sorte ce froid langage dans la
« source vive du sentiment sympathique, telle est la tâche
« difficile qui échoit en partage à la musique. »

Quoique ainsi restreint, son domaine n'en est pas moins étendu ; car la sphère du sentiment est infiniment vaste et variée. D'un autre côté, elle doit exprimer le sentiment non tel qu'il s'échappe naturellement de l'âme dans le cri spontané, mais adoucir, tempérer cette expression par des sons mesurés et cadencés, façonnés selon les lois de l'harmonie et du rhythme. C'est par là seulement qu'elle est un art, et qu'entre tous les arts elle est le plus propre à calmer la violence des sentiments naturels, à opérer l'affranchissement de l'âme, à la transporter dans une sphère plus sereine et plus pure.

La puissance avec laquelle la musique agit sur l'âme et principalement sur la sensibilité, s'explique par ces principes. « Elle ne va pas jusqu'à éveiller les conceptions de l'entendement ni jusqu'à évoquer dans l'esprit des images qui dispersent et captivent son attention, elle se concentre dans la région profonde du sentiment. Placée à ce siége des changements intérieurs de l'âme, à ce point central de tout l'homme, elle l'ébranle et le remue tout entier. »

Si l'on compare de nouveau, sous ce rapport, la musique avec les autres arts, on s'expliquera la manière différente dont ils agissent sur nous, et les effets propres de la musique. Dans les arts du dessin, le spectacle et le spectateur sont distincts, en face l'un de l'autre. Dans la musique, les sons se distinguent de nous ; mais l'opposition ne va pas jusqu'à la fixité d'un spectacle permanent. Le caractère des sons est l'instantanéité. La musique pénètre ainsi immédiatement au foyer intérieur des mouvements de l'âme. Celle-ci perd sa liberté contemplative ; l'expression musicale nous emporte et nous entraîne. Le son agit comme un élément, comme une force de la nature. Le moi n'est pas saisi par tel point de son existence spirituelle, il est comme enlevé et mis en mouvement tout entier. Ajoutez à cela la puissance de la mesure et du rhythme, qui agissent mécaniquement sur nous, et nous aurons l'explication des *effets* de la musique.

Par la mesure, le son pénètre, en effet, d'un autre côté, dans le moi ; il le saisit dans son existence simple et l'entraîne dans son mouvement cadencé.

Il ne faudrait, toutefois, pas exagérer cette puissance de la musique et surtout l'isoler trop de la pensée elle-même, de la pensée religieuse, morale, scientifique, etc. La musique ne produit ses effets les plus extraordinaires que sur des peuples barbares ou à moitié civilisés. Les prodiges que l'on raconte à ce sujet appartiennent à la fable. La lyre d'Amphion ne remuait que les pierres, celle d'Orphée apprivoisait les tigres ; mais, pour civiliser l'homme, il faut d'autres moyens plus sérieux : la puissance des idées religieuses et morales, les lois, les institutions. L'homme n'est pas un animal ni un être purement sensible. C'est à la raison qu'il faut savoir parler ; c'est elle qu'il faut persuader. Aujourd'hui la musique a conservé son charme et produit une partie de ses effets ; mais elle est un art, et sa sphère d'action est plus restreinte, plus subordonnée. Elle peut accompagner les élans de la pensée religieuse, échauffer le sentiment patriotique, soutenir la marche des soldats et entretenir leur courage ; mais ce n'est pas à elle que sont dus les prodiges de la foi, les actes du dévouement à la patrie, elle ne fait plus tomber les murailles des villes.

Hégel ne se borne pas à ces généralités sur la musique, il entre dans l'examen des différentes parties qui constituent la théorie de cet art. Sous le titre de *moyens musicaux d'expression*, il cherche à donner une explication philosophique du *temps*, de la *mesure*, du *rhythme*, puis de l'*harmonie*, et de la *mélodie*.

Nous devons le suivre dans cette partie qui, quoique abstraite, ne manque pas d'intérêt au point de vue de la métaphysique de l'art.

1° Pour observer la gradation des idées, aller du simple au composé, parmi les moyens d'expression qu'emploie la musique on doit commencer par ceux qui se rapportent à la *durée* des sons, savoir : le *temps*, la *mesure* et le *rhythme*.

La prépondérance du *temps* dans la musique s'explique par la nature même du *son*. Le son, ce phénomène invisible et inétendu, qui ne se produit dans l'espace que sous la forme du mouvement oscillatoire, est successif. Il tombe dès lors sous la loi du temps. Cette succession des points de la durée a besoin d'être fixée et régularisée. La musique doit donc non-seulement admettre le temps comme élément nécessaire, mais lui imposer une mesure déterminée par une règle mathématique.

Mais une raison plus profonde de cette importance de la mesure, c'est l'analogie intime qui existe entre elle et l'âme elle-même, qui, dans la succession continue du son, perçoit sa propre identité, acquiert le sentiment de sa vie intérieure et de son activité permanente. Tout ce qui la ramène au sentiment d'elle-même et de sa nature l'entretient agréablement.

Or, pour que la durée ne se perde pas dans le vague et l'indéterminé, il faut qu'il y ait un commencement et une fin, des divisions marquées. Le moi ne se retrouve et ne se satisfait, dans cette variété et cette diversité, qu'autant que les intervalles de temps sont ramenés à l'unité. Cette unité fixe, régulièrement et mathématiquement déterminée, c'est la *mesure*. Elle remplit, dans la musique, la même fonction que la régularité dans l'architecture.

Donc, dans cette uniformité de la mesure, le moi retrouve l'image de sa propre unité ; il reconnaît, dans le retour et l'égalité de la mesure, sa propre identité ; il voit que c'est lui qui introduit cette mesure dans la succession du temps ; le plaisir qu'il reçoit est d'autant plus vif que la mesure ici

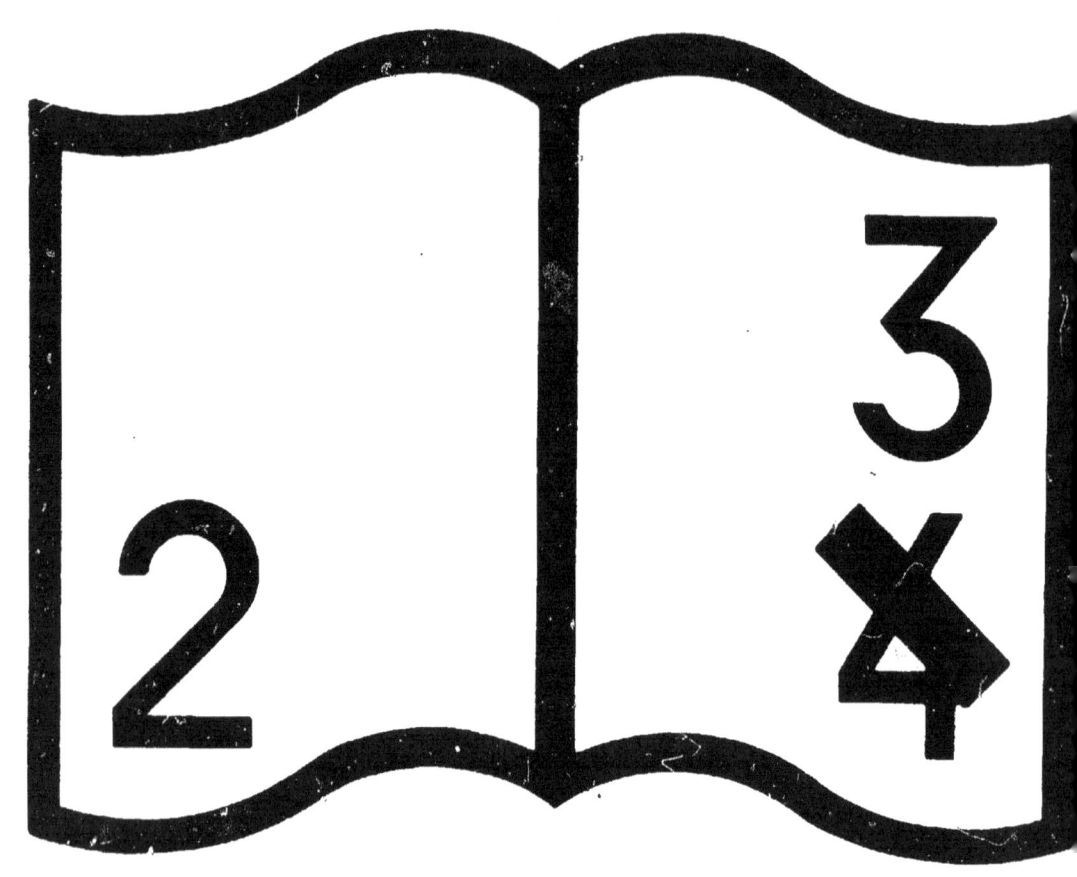

Pagination incorrecte — date incorrecte

NF Z 43-120-12

est son œuvre, et que c'est sa propre unité qui lui sert à mesurer les sons. La mesure ici, bien plus que dans les mouvements des corps célestes, procède de l'esprit ; elle est même bien plus l'œuvre de l'esprit que dans l'architecture, qui imite les mouvements de la nature et suit les analogies qu'elle y trouve.

Mais, pour que la mesure soit plus frappante, il faut que la diversité et l'inégalité rompent l'uniformité ; que l'irrégularité se combine avec la régularité et soit ramenée elle-même à l'unité. De là les différentes espèces de *mesures*.

Enfin, pour donner à la mesure encore plus de richesse, d'animation et de liberté, il est nécessaire que les divisions essentielles de la mesure soient marquées d'une manière plus précise : ce qui engendre le *rhythme*, avec ses formes variées, qui se combinent avec les formes correspondantes du rhythme dans la poésie, sans toutefois se confondre complétement avec elles.

2° Ce qui précède concerne la durée des sons et la quantité. Le second côté, qui offre plus de richesse et de variété, regarde la nature même du son et sa *qualité*. La nature des sons est déterminée d'abord par celle des instruments qui les produisent, ensuite par la manière dont ils sont coordonnés, enfin par les formes qu'ils affectent, par leur opposition, leur conciliation, les diverses transitions et leur fusion réciproque. Les lois qui les régissent sont celles de l'*harmonie*.

Quant aux *instruments*, c'est tantôt une colonne d'air droite et vibrante (instruments à vent), tantôt une corde tendue (instruments à cordes), tantôt une surface plane ou ronde, etc., de verre ou de métal. La direction linéaire domine dans les vrais instruments musicaux, car il existe une secrète analogie entre les sons linéaires et les sentiments intimes de l'âme. La surface plane ou arrondie fournit des instruments d'un genre inférieur, qui ne répondent pas à l'énergie du sentiment. Mais l'instrument par excellence c'est la *voix humaine*, qui réunit les caractères des instruments à vent et des instruments à cordes. La voix humaine, c'est l'écho de l'âme elle-même, le son émané directement d'elle ; c'est son expression naturelle et immédiate, qu'elle façonne elle-même comme elle gouverne le corps, son instrument. La musique doit combiner ces instruments et les accorder ensemble. Sous ce rapport, le progrès de la musique moderne est remarquable. La science de l'instrumentation a reçu des développements inconnus aux anciens.

Mais l'élément harmonique proprement dit, et qui tient de plus près à la qualité physique du son, consiste dans le caractère déterminé de chaque son, et dans son rapport de coordination avec d'autres sons. Il repose d'abord sur la qualité spécifique du son (son côté physique), ensuite sur les proportions et les différences numériques, selon le corps mis en vibration, le degré de tension, le nombre et le mode des vibrations, rapports qui se déterminent mathématiquement. C'est ce qui forme le système harmonique. De là 1° la théorie des *intervalles* ; 2° la série combinée des sons dans leur succession la plus simple, l'*échelle diatonique* ou la *gamme* ; 3° la diversité des *tons* comme procédant les uns des autres et d'un son fondamental, les diverses *espèces de tons*, etc.

Jusqu'ici nous n'avons encore que de simples séries de sons, une succession où chaque son conserve sa valeur propre. Or, c'est leur rapport mutuel qui leur donne une existence concrète et une valeur réelle. Par là, ils se combinent pour former un seul et même son. C'est cette combinaison qui forme l'*accord*. La régularité aussi doit s'introduire dans les accords, selon les fins de la musique. C'est dans la connaissance de ces accords et de leurs lois que consiste la science de l'harmonie proprement dite. Il suffit d'indiquer les principales espèces d'accords et leur gradation.

La première espèce est formée par les sons qui s'accordent immédiatement, dont rien n'altère la parfaite consonnance. Puis se manifeste une opposition plus profonde, où la consonnance immédiate est détruite, ce qui constitue la profondeur du son, et fournit un moyen propre à exprimer les grands sentiments, les émotions profondes de l'âme, les joies, les souffrances et les abîmes de la douleur. Ce moyen se trouve dans les accords *dissonants*. Mais il faut que, dans cette opposition, se révèle une unité réelle, une secrète harmonie, que l'opposition soit conciliée par un retour à l'accord parfait. Cette unité supérieure ne peut se manifester que dans l'ensemble et le développement successif de la composition musicale.

3º L'harmonie ne renferme que les rapports essentiels, les lois nécessaires des sons; mais elle n'est, pas plus que la mesure et le rhythme, la musique proprement dite. Ce sont là seulement ses bases essentielles. L'élément poétique de la musique, le langage de l'âme, qui fait circuler dans les sons ses joies intimes et ses douleurs, l'affranchit et l'élève dans les régions supérieures, c'est la *mélodie*. Il n'est donné qu'au compositeur de génie d'en parler dignement, s'il joint l'esprit philosophique à la connaissance de son art; encore ne peut-il en révéler les secrets. Il faut, en outre, avoir fait une étude approfondie des chefs-d'œuvre de la musique. Hegel se contente d'émettre quelques réflexions générales.

D'abord la mélodie, quoique distincte de l'harmonie, ne doit pas s'en séparer; elle doit conserver avec elle une étroite liaison. En cela, elle ne sacrifie pas sa liberté; elle renonce seulement à l'arbitraire et à la fantaisie : car la vraie liberté, ici comme partout, c'est la conformité à la loi. Elle doit donc se mouvoir sur la base de l'harmonie et du rhythme. Le rhythme et l'harmonie, de leur côté, n'ont de vie et d'animation que par la mélodie. C'est dans cette union de l'harmonie et de la mélodie que réside le secret des grandes compositions musicales.

On doit cependant établir ici une distinction importante, qui porte sur la prédominance de l'un ou de l'autre de ces deux moyens d'expression. Tantôt la mélodie prend simplement pour base les accords harmoniques les plus simples : il y a ici à éviter la sécheresse et à craindre d'être superficiel. Tantôt chaque ton de la mélodie forme lui-même un accord, et la mélodie se fond entièrement avec l'harmonie : harmonie et mélodie forment un tout compacte et identique. Ou c'est une combinaison harmonique de mélodies qui forment des harmonies; ou, réciproquement, les mouvements de la mélodie pénètrent dans les rapports harmoniques. Ainsi, dans les compositions hardies, sont évoquées les oppositions et les dissonances. Mais, au milieu de ce déchaînement de toutes les puissances de l'harmonie, apparaît le triomphe paisible de la mélodie. Les grands artistes seuls savent vaincre ces difficultés : autrement, la musique est pénible ou purement savante.

Mais, dans toute mélodie, malgré ce rapport intime, le *chant* proprement dit doit se révéler comme l'élément dominant avec sa richesse d'expression. En même temps, malgré cette richesse et cette variété, l'ensemble doit être fermement conçu et exécuté, former un tout complet et un. Par là, seulement, la musique exprime le sentiment dans sa profondeur; elle imprime à l'œuvre un caractère d'idéalité et de liberté ; elle affranchit l'âme et la transporte dans une région supérieure.

Après avoir déterminé les caractères généraux de la musique et la nature des moyens d'expression dont elle dispose, I reste à l'étudier dans ses rapports avec le sujet qu'elle traite.

Or, abstraction faite des divers genres de musique, tantôt la musique a pour but de traiter un sujet déjà exprimé par la parole ou d'*accompagner* un texte ; tantôt elle exprime le sujet simplement par des combinaisons harmoniques et mélodiques. Dans le premier cas, c'est la *musique d'accompagnement* ; dans le second, la musique est *indépendante*.

En ce qui concerne d'abord cette distinction elle-même, il est à remarquer, contrairement à l'opinion vulgaire (qui considère la musique instrumentale comme d'accompagnement et la musique vocale comme plus indépendante), que c'est plutôt la voix humaine, le chant qui accompagne les paroles. Mais cette apparente contradiction s'efface quand on songe que le texte doit rester au service de la musique, être fait pour elle et non elle pour lui. Ce qu'elle doit exprimer, c'est le sentiment intime du sujet, soit que le compositeur s'absorbe et s'identifie avec lui, soit qu'il exprime plutôt l'impression personnelle que le sujet éveille dans son âme.

Toujours est-il que, par musique d'accompagnement, il faut entendre ici celle qui exprime un sujet déjà formulé dans un texte ; c'est donc surtout la musique vocale, le chant qui accompagne des paroles. Les instruments, à leur tour, peuvent accompagner la voix ; mais c'est plutôt la musique instrumentale qui est indépendante, puisqu'elle peut se passer de tout texte, et qu'alors la musique se borne à ses moyens propres d'expression.

Quant à la *musique d'accompagnement*, remarquons d'abord que, si en s'alliant avec un texte déjà exprimé par la parole, elle est moins indépendante, elle ne doit pas cependant trop s'y subordonner et perdre sa liberté. Tout obstacle à la libre production musicale détruirait l'impression : sans vouloir s'émanciper du texte, le compositeur devra donc simplement se pénétrer du sens général des mots, des situations, s'en inspirer et le rendre librement.

Dans ce cercle, on peut distinguer trois modes d'expression. Le premier est ce qu'on peut appeler le côté *mélodique* de l'expression. La musique, alors, s'attache uniquement à rendre le trait fondamental du sujet, telle qu'elle le saisit dans l'harmonie de son existence intérieure ; elle est le pur écho du sentiment, le son harmonieux de l'âme. Car la mélodie est l'âme de la musique. C'est donc un sentiment vif et pathétique qui vibre en elle. Ce sentiment, la musique ne le laisse pas dans son existence naturelle et grossière. Plus que les autres arts, elle idéalise l'expression. Surtout à elle il est donné de modérer et d'adoucir les affections de l'âme. Celle-ci doit rester libre dans les épanchements de la mélodie, conserver son calme et sa sérénité, jusque dans les déchirements de la douleur, au milieu des larmes et de la souffrance. Ce caractère, qui se fait déjà remarquer dans la peinture italienne, appartient essentiellement à l'expression mélodique. La musique doit élever l'âme au-dessus du sentiment particulier qu'elle éprouve, la faire planer dans une région plus sereine. C'est là ce qui fait, à proprement parler, le principe *chantant* de la musique. C'est alors qu'elle donne vraiment l'idée de la félicité et de l'harmonie divines.

Mais la musique ne peut rester longtemps à cette hauteur, elle risquerait de s'égarer dans le vague et l'indéterminé : il faut, le plus souvent, qu'elle se rapproche davantage du texte; qu'elle prenne un caractère plus précis, surtout si le sujet lui-même est très déterminé. De là une différence d'expression;

selon les sujets et les sentiments de l'âme qu'il s'agit d'exprimer. Le caractère du sujet est donné par le texte même. Ici l'opposé de l'expression mélodique est le *récitatif*, qui fait du chant non plus la chose principale, mais un simple accompagnement. Le sens particulier des mots s'empreint alors avec toute sa précision dans les sons. C'est la déclamation chantée, qui s'attache rigoureusement à la marche des mots, à leur sens et à leur disposition. Cette expression récitative ou déclamatoire convient particulièrement au spectacle et au récit paisible des événements, au chant dramatique, à l'oratorio, au dialogue, etc. Elle éveille des émotions sympathiques : mais on y chercherait vainement l'expression de cette vie intime de l'âme qui caractérise l'expression mélodique, le chant proprement dit.

De là, la nécessité d'un genre intermédiaire entre le récitatif et le mélodique, et qui concilie leurs caractères. Le problème consiste à faire en sorte que la mélodie, en se précisant davantage, fasse rentrer dans son domaine ce qui paraît lui être étranger dans le récitatif; la musique devient ainsi récitative et mélodique.

Pour mieux faire comprendre toute cette question, Hegel se croit obligé d'entrer dans quelques détails, 1° sur la nature du *texte*, qui s'adapte à la composition musicale ; 2° sur la *composition* elle-même ; 3° sur les différents *genres* de musique où le mode d'expression est différent.

D'abord, quant au *texte musical*, on a tort de croire qu'il est indifférent à la composition. Toutes les grandes compositions ont un texte excellent, car le sujet ne peut être indifférent à l'artiste qui s'en sert. La première condition d'un bon texte, c'est la solidité de la pensée. Toute l'habileté possible ne peut déguiser une pensée insignifiante, triviale, froide, absurde. Dans les compositions du genre mélodique, le texte est moins important, mais il exige encore un sentiment vrai. En second lieu, le texte musical ne doit pas être une pensée trop profonde ou abstraite. La profondeur philosophique ne convient pas à la musique. C'est ce qui fait que certaines poésies lyriques ne peuvent être mises en musique, celles de Schiller, par exemple. D'un autre côté, l'excès opposé est à éviter, savoir : l'insignifiant, la prétention, l'absence de noblesse et de dignité. Ce qu'il faut, ici, comme dans tous les arts, c'est un sentiment naturel et vrai, profond, sans être abstrait ou métaphysique. Le plus convenable est une certaine poésie moyenne qui indique, en peu de mots, toute une situation, et s'abstient de tout développement, une poésie claire, vivante, rapide, une sorte d'esquisse poétique. Les paroles ne doivent pas trop peindre le sujet dans ses détails, pour ne pas affaiblir l'unité, l'effet total, et ne pas distraire l'esprit. Dans la poésie lyrique, les petites pièces de vers simples, laconiques, empreintes d'un sentiment profond, ou encore les poésies légères où respire une gaieté vive, sont particulièrement propres à la composition musicale.

Sur la *composition* elle-même, les règles à donner sont très-générales et plus négatives que positives. Le talent et le génie ne se laissent pas diriger par des recettes, et les règles ne peuvent suppléer à l'inspiration.

Ce que l'on peut répéter ici, comme pour toutes les œuvres de l'art, c'est que le compositeur doit s'identifier avec son sujet, le pénétrer, le vivifier, y mettre son âme et son cœur tout entiers.

Quelques défauts sont à éviter, dans lesquels sont souvent tombés les contemporains. Le principal est de viser à l'effet, de chercher à frapper l'imagination par des contrastes violents, l'expression des passions opposées, en introduisant, dans un morceau, des motifs étrangers, des oppositions discordantes, qui rompent l'unité du sujet et sont contraires à l'harmonie et à la beauté. C'est, en voulant ainsi caractériser trop fortement, ou allier le *caractéristique* au mélodique, que l'on franchit les limites délicatement tracées du beau musical; on arrive ainsi à la rudesse, à la dureté, au défaut d'harmonie.

La véritable beauté musicale consiste en ce que, tout en caractérisant fortement les passions et les sentiments, la mélodie reste le trait fondamental, comme l'âme et le lien de la composition. Ici, rencontrer la vraie mesure est très-difficile, plus difficile peut-être encore dans la musique que dans les autres arts. De là, les jugements différents selon la prédominance des deux éléments, les uns préférant la mélodie, les autres le caractéristique et une grande rigueur d'expression; c'est une source de disputes entre les écoles et les connaisseurs.

Arrivé à la question des différents *genres* de musique, l'auteur se borne à caractériser, en quelques mots, la musique *religieuse*, la musique *lyrique* et la musique *dramatique*. Il donne la préférence à la musique catholique sur la musique protestante, qui lui paraît s'écarter de plus en plus de son but, et s'égarer dans le vague, devenir un exercice savant plutôt qu'une production vivante. La musique lyrique est à peine indiquée. Pour la musique dramatique, il accorde aussi la supériorité aux modernes, par les raisons développées plus haut. Selon lui, la musique ancienne n'était guère destinée qu'à relever le son musical du vers et à en faire pénétrer le sens plus profondément dans l'âme. Chez les modernes, la musique dramatique, après s'être perfectionnée dans la musique d'église, a atteint dans l'expression lyrique une grande perfection et obtenu une place indépendante dans le moderne opéra. Il est à regretter que ces points n'aient pas été traités avec l'étendue qu'ils méritent.

Sous le nom de *musique indépendante*, Hegel traite de la *musique instrumentale*. Elle accompagne, il est vrai, la voix ; mais elle est *indépendante* en ce qu'elle n'est plus liée à un sens précis exprimé par des mots, ou à un texte. La musique, vraiment libre, s'affranchit donc du texte, pour s'emparer elle-même de son sujet, en déterminer la marche et le mode d'expression. Déjà, dans la musique vocale, cet affranchissement a lieu par l'élément mélodique, comme dans l'opéra, surtout l'opéra italien. Mais cette indépendance se manifeste surtout dans la musique instrumentale. Pour les instruments, la nécessité d'un texte n'existe plus. L'orchestre qui exécute des symphonies suffit à tout, c'est un jeu purement musical. Ce sont de savants accords, des mélodies et des masses d'harmonie. Aussi est-ce le domaine propre du connaisseur et du dilettante. Le profane aime l'expression plus caractérisée ; le connaisseur, les secrets accords, les rapports musicaux des sons et des instruments, les combinaisons savantes, tout ce qui lui fait admirer le talent de l'artiste, en un mot, la musique pour la musique. Le compositeur, de son côté, tout en développant un fond d'idées, s'inquiète moins de la pensée que de la structure musicale. L'écueil à signaler, c'est le vide de la composition, la froideur, l'absence d'idées et d'expression. Le vrai consiste à combiner les deux côtés, à suivre en même temps la pensée et la structure musicale, et cela même dans la musique instrumentale. Ici, cependant, domine la liberté personnelle de l'artiste, quelquefois poussée jusqu'au caprice et à la fantaisie. Sans doute, les règles générales, les lois de l'art ne perdent pas complètement leur empire. Mais, dans ce cercle infini où se meut l'originalité de l'artiste, celui-ci peut se livrer à ses saillies et à ses boutades, s'abandonner au libre jeu de son imagination. Nulle part, dans aucun autre art, il n'y a place pour une pareille indépendance et une aussi grande liberté.

Cette théorie de la musique se termine par quelques observations sur l'*exécution musicale*. Il n'est aucun art, en effet, où l'exécution soit aussi intimement liée à l'art lui-même, dont elle fait partie intégrante. Pour que la composition soit vivante et produise son effet, il faut qu'elle soit exécutée par un musicien qui ait lui-même du talent et quelquefois du génie. Or, dans l'exécution comme dans l'expression musicales on peut distinguer deux tendances, deux genres principaux : le premier, où le musicien, chargé de rendre une composition, s'efface lui-même, s'absorbe dans son sujet et se contente simplement de le reproduire avec fidélité; le second, où il s'en affranchit plus ou moins et crée lui-même l'expression, le mode d'exposition, non-seulement d'après l'œuvre du compositeur, mais avec ses moyens propres. Dans le premier cas, il ressemble au rapsode qui chante une épopée; dans le second, à l'acteur qui crée son rôle. Le choix et la règle à suivre dépendent ici de la nature du sujet. Si la composition est solide, substantielle, au point que le sujet y ait passé tout entier, la reproduction devra être fidèle. L'exécutant doit s'y soumettre, être un organe obéissant. Ce qui ne veut pas dire qu'il sera un automate. Au lieu d'un jeu machinal, il doit vivifier l'œuvre par une expression pleine d'âme dans le sens et l'esprit du compositeur, résoudre les difficultés avec aisance et facilité, atteindre à la même élévation que le génie du compositeur. Là est pour lui la vraie liberté. Dans les sujets d'une moindre solidité, où l'imagination du compositeur s'est donnée une libre carrière, s'est livrée au caprice et à la fantaisie, l'exécution aussi sera plus libre. Ici le musicien peut déployer toute la verve de son talent et sa virtuosité ; achever, approfondir, animer ce qui lui paraît dépourvu d'âme ; se montrer, à son tour, libre et créateur.

Cette liberté est plus grande encore pour l'instrumentation que pour la voix. Le musicien peut se servir d'un instrument comme de l'organe de son âme, et révéler la domination qu'il exerce sur lui en jouant avec des difficultés en apparence insurmontables, s'abandonner à toutes ses excentricités, à ses saillies et ses fantaisies, jusqu'à faire produire à un instrument des sons et des effets qui appartiennent à d'autres instruments. Il montre par là qu'aucune limite ne l'arrête ; il révèle le secret merveilleux par lequel un instrument devient comme un organe animé qui fait corps avec lui, où son âme a passé tout entière, et qu'elle gouverne à son gré. C'est la fusion la plus parfaite de la conception et de l'exécution.

V. POÉSIE. La poésie, que l'on considère ordinairement comme formant un domaine séparé, doit rentrer dans le système général des arts. Sans elle, en effet, ce système est incomplet ; car la poésie est la forme dernière de l'art, l'expression la plus parfaite et la plus générale du beau ou de l'idéal. D'un autre côté, la nature de la poésie, ses lois et les conditions qui lui sont propres, ne peuvent être bien comprises que quand on la met en rapport avec les autres arts, auxquels elle se rattache par la communauté de but ou de principe. C'est ainsi que, faute d'avoir étudié les limites respectives de la peinture et de la poésie, on a exagéré leurs ressemblances et leurs analogies : ce qui a conduit à des conclusions fausses et préjudiciables à l'art comme à la poésie. On ne s'étonnera donc pas que cette partie de l'esthétique de Hegel, qui renferme la théorie des arts, se termine par un traité complet sur la poésie. Cette poétique est étroitement liée à l'ensemble de l'ouvrage, et les questions qui sont agitées reçoivent une vive lumière de celles qui ont été envisagées précédemment.

Sans sortir du cadre philosophique, l'auteur y traite en détail : 1° de la *nature de la poésie en général*, et de ses rapports avec les autres arts, des caractères qui distinguent ses œuvres de celles de la prose et en particulier de l'*histoire* et de l'*éloquence*; 2° du *langage poétique*, et des principes de la *versification*; 3° des différents *genres de poésie* dans leurs rapports, leurs différences et leurs règles particulières.

Nous tâcherons, comme pour ce qui précède, de faire saisir la liaison des idées et l'ensemble des principes que comprend cette partie intéressante et développée de l'ouvrage du philosophe allemand.

I. Le premier point concerne le *caractère général* de la poésie et ses *rapports avec les autres arts*.

On a vu quelle gradation s'établit entre les arts, selon la supériorité relative de leurs moyens d'expression. L'architecture, la sculpture, la peinture et la musique forment ainsi une série ascendante, où l'on voit la pensée se dégager de plus en plus des formes matérielles pour arriver à s'exprimer par un signe invisible, inétendu, immatériel comme la pensée, par le son, écho de l'âme et du sentiment. Telle est la raison de la place et du rôle précédemment assignés à la musique, et c'est ce qui nous a fourni l'explication de ses effets.

Mais, par là même que la musique rejette toute forme sensible et figurée, propre aux arts du dessin, elle se trouve jetée dans un extrême opposé. Elle ne peut exprimer que le sentiment. La pensée claire lui échappe, et, quand elle veut préciser son sujet, elle est obligée d'appeler à son secours la parole, c'est-à-dire un moyen qui appartient à un art étranger.

La parole, en effet, voilà le signe adéquat et véritable de la pensée. Le langage seul peut rendre toutes les conceptions de l'esprit, les sentiments, les situations de l'âme et leur développement dans une action. L'art qui a pour mode d'expression la parole est donc supérieur à tous les autres arts. Il est l'art par excellence; il les résume, les dépasse et les couronne: cet art, c'est la poésie.

La poésie réunit les avantages des arts du dessin et de la musique. Comme les premiers, elle retrace à l'imagination le tableau des objets extérieurs. Comme la musique, elle exprime le sentiment dans ce qu'il a de plus intime et de plus profond. Elle y ajoute la clarté de la pensée. Seule elle a le privilége d'exposer un événement dans toutes ses parties et le cours complet d'une action.

Ainsi, ce qui caractérise et distingue essentiellement la poésie, c'est qu'elle exprime immédiatement toutes les conceptions de l'esprit par des images qui ne s'adressent plus aux regards sensibles, mais à l'esprit lui-même; elle emploie un langage qui, par sa clarté et sa richesse, lui permet d'embrasser le monde entier de la pensée.

Si on la compare à la peinture, elle aussi peut peindre les objets; elle est incapable, il est vrai, d'atteindre à la précision des formes visibles et d'en reproduire tous les détails; elle ne les décrit que successivement.

Mais l'esprit supplée à ce défaut par la force de l'imagination. Ce défaut, d'ailleurs, devient un avantage incalculable : car, par là même, la poésie n'est plus enfermée dans un espace limité ; elle peut représenter son sujet dans toute l'étendue et l'ensemble de son développement successif.

La poésie ressemble à la musique en ce que l'une et l'autre emploient les sons comme moyen d'expression. Mais le son, dans la musique, n'est pas un véritable signe distinct de l'idée; il se confond avec le sentiment qu'il exprime. Aussi n'est-il pas traité comme moyen, mais comme but. La musique le travaille et le façonne pour lui-même, et elle s'y absorbe tout entière. Elle ne peut embrasser que vaguement la multiplicité des conceptions et des idées de l'esprit ; elle se borne à exprimer le sentiment de l'âme avec son caractère vague et indéterminé. L'esprit a donc besoin de convertir le son en un signe clair et distinct, indifférent par lui-même et uniquement destiné à transmettre la pensée. Voilà par où diffèrent essentiellement la poésie et la musique. Avec la musique, l'art abandonne la forme visible; avec la poésie, il se dégage du son lui-même comme expression immédiate du sentiment. Il devient capable d'exprimer la pensée, telle qu'elle s'élabore au foyer même de l'imagination. Dans la musique, le sentiment s'identifie avec les sons; dans la peinture, l'idée est incorporée à la forme et à la couleur. Ici, dans les sons de la parole, c'est la pensée elle-même tout entière qui est exprimée pour elle-même par des signes qui ne s'adressent qu'à l'esprit. Ces signes sont aussi façonnés par l'art ; mais la mesure, le rhythme, l'harmonie des vers ne sont que des combinaisons extérieures, non l'élément propre de l'art.

Quel est donc l'élément propre de la pensée poétique? Cette forme invisible, immatérielle, c'est l'*image*, l'image présente à l'esprit ; les images des choses conservées dans l'esprit, qui se les retrace lui-même. Voilà les matériaux que le poëte doit façonner, comme précédemment l'architecte, le sculpteur, ou le peintre, ou le musicien façonnaient le marbre, l'airain, les couleurs, les sons musicaux.

Mais ce n'est là que la forme de la pensée poétique. Le fond, quel est-il? Ce sont les idées que ces images devront revêtir et colorer. Ici, la poésie ne se distingue des autres arts que par son universalité. Les idées qu'elle exprime plus complétement sont les mêmes que ceux-ci nous révèlent. Le fond des œuvres de la poésie, comme des représentations de l'art en général, c'est le fond même des choses, leur essence intime ; ce sont les vérités universelles et éternelles, le principe de vie qui anime les êtres, les lois qui en font l'harmonie, les types éternels qui apparaissent dans la nature et dans l'esprit humain; c'est, en un mot, le vrai, dont le beau n'est que la splendeur et l'image sensible.

Tous les objets du monde physique et du monde moral, les phénomènes de la nature, les événements de l'histoire, les scènes de la vie humaine ont le droit d'entrer dans le domaine de la poésie. Mais, qu'on ne l'oublie pas, c'est seulement par leur côté significatif, vrai, substantiel, idéal, éternel, par leur idée, non par leurs accessoires ou les accidents prosaïques.

Tel est le fond véritable des œuvres de la poésie. Quant à la forme, c'est-à-dire l'image présente à l'esprit, il faut qu'elle-même soit façonnée selon les lois de l'imagination artistique et du beau, avant même de passer dans le discours et de s'exprimer dans un langage harmonieux.

De ces principes il résulte que la poésie, réunissant les moyens propres aux autres arts et les dépassant, est l'*art universel*. Elle l'est à un autre titre : n'étant attachée à aucune forme déterminée de l'art, à aucun type particulier, elle convient à toutes les époques; car elle est capable d'exprimer toute espèce d'idées, de traiter toute espèce de sujets, pourvu qu'ils soient susceptibles d'entrer dans le domaine de l'imagination.

Tel est le motif pour lequel, dans la classification et la théorie des arts, la poésie est placée au sommet comme dernier terme de leur développement. Et si, dans un système comme celui-ci, elle doit être traitée la dernière, c'est qu'elle représente la totalité des idées et des formes que l'art a précédemment parcourues. On ne la comprend bien que quand on a vu tomber successivement toutes les limites où chaque art est enfermé.

En adoptant cette marche, nous avons suivi le progrès même des formes de l'art depuis la première jusqu'à la dernière, jusqu'à celle où lui-même commence à se dissoudre et à faire pressentir le besoin, pour la pensée, d'une forme plus haute. La poésie, en effet, touche aux domaines limitrophes du beau, qui sont ceux de la religion et de la science, à ces hautes sphères qui s'élèvent au-dessus de celle de l'art, où l'esprit se dégage des images sensibles pour contempler la vérité abstraite et pure.

Après ces considérations générales sur la nature de la poésie et sur la place qu'elle occupe dans le système des arts, Hegel aborde les questions particulières que doit renfermer la théorie de cet art. Les sujets qu'il traite se ramènent à trois points principaux : 1° la nature de l'*œuvre poétique* et les caractères par lesquels elle se distingue des œuvres de la prose; 2° l'*expression* ou *langage poétique*; 3° les *différents genres de poésie*.

Quelle est la nature de l'*œuvre poétique?* En quoi les œuvres de la poésie diffèrent-elles des autres productions de l'esprit qui sont du domaine de la prose? Pour résoudre ces questions, il faut examiner : 1° quel est le caractère propre de la *pensée poétique* ; 2° quel est le *mode d'organisation* qui convient à une œuvre de poésie ; 3° quelles sont les qualités nécessaires au *poëte* pour produire de telles œuvres.

1° Si l'on considère d'abord l'essence de la *pensée poétique*, et que l'on veuille trouver, pour caractériser son objet, une formule plus spéciale que celle qui a été donnée plus haut, on doit dire que son véritable domaine c'est le domaine de l'*esprit*. Les idées de l'intelligence, les sentiments, les passions de l'âme et ses destinées dans ce qu'ils ont d'élevé, de solide, d'éternel et de vrai, voilà le fond de la pensée poétique conçue dans sa généralité.

Sans doute, les êtres de la nature et les beautés qu'elle renferme occupent une grande place dans les œuvres de la poésie; mais leur côté extérieur et matériel n'est pas, en réalité, ce qu'elle chante ou ce qu'elle décrit. Leur élément caché, invisible, leur essence et leur loi, ce qui révèle en eux l'intelligence, la vie qui les anime, la pensée qu'ils expriment, en un mot l'esprit, l'âme ou ce qui la reflète, c'est là ce qu'elle nous fait saisir et comprendre. La nature elle-même est la manifestation de l'esprit ; la poésie est l'interprète de cette langue divine.

« Entre tous les arts, c'est principalement à la poésie qu'est dévolue la tâche de révéler à la conscience les puissances de la vie spirituelle, les passions qui s'agitent au fond de l'âme, les affections du cœur humain, les hautes pensées, le domaine entier des idées et des destinées humaines, le cours des choses du monde et le gouvernement divin de l'univers. C'est ainsi qu'elle a été et qu'elle est l'institutrice de l'humanité, que son influence est la plus générale et la plus étendue. »

Essayons de préciser maintenant les caractères qui distinguent la *pensée poétique* et la *pensée prosaïque*.

La distinction se révèle d'abord par l'antériorité de la poésie, du langage poétique artistiquement façonné, sur la prose et le langage également perfectionné.

Mais ce n'est là qu'une différence extérieure ; ce qu'il importe de comprendre, c'est le mode particulier de concevoir les choses propres à l'une et à l'autre. Or le caractère propre de la pensée poétique, c'est qu'elle saisit l'unité, l'ensemble des objets, dans leur rapport harmonique, sans distinguer les parties du tout, les moyens de la fin, les phénomènes de leur loi, les effets de leurs causes, comme le fait la pensée positive ou ordinaire. Elle voit les choses d'ensemble comme formant un tout vivant, harmonieux, mû par une force et une âme communes.

Ce principe d'unité, qui se manifeste dans chaque partie comme dans le tout, n'apparaît pas d'une manière abstraite, comme lorsque les objets d'ailleurs séparés sont rattachés les uns aux autres par un enchaînement logique. Non, l'unité qui embrasse le tout, c'est l'âme qui vivifie l'ensemble et les parties.

Aussi la pensée poétique conserve-t-elle un caractère *contemplatif*. Ce caractère se reproduit dans l'expression. Le discours lui-même est un but; il est façonné pour lui-même, et il forme un domaine à part. Destiné à exprimer cette harmonie des choses, il se distingue du langage ordinaire, approprié à la simple expression de la pensée et à un autre mode de conception, pratique, logique ou scientifique.

Telle est la manière dont la poésie envisage les choses. Il est facile de reconnaître les caractères opposés de la pensée prosaïque.

Ou celle-ci, en effet, s'attache à la partie extérieure et matérielle des objets, ou elle les considère sous le point de vue de l'enchaînement rationnel des causes et des effets, des buts et des moyens, et selon les catégories abstraites du raisonnement. Les objets alors apparaissent distincts et séparés les uns des autres ou dans leur dépendance réciproque. Ce n'est plus cette libre unité qui les pénètre et les vivifie.

La pensée ne va pas plus loin que les lois particulières qui régissent les faits; elle procède par abstraction, analyse et synthèse, les classe, les combine et les coordonne d'après les règles logiques.

Mais les rapports de convenance et de réciprocité qu'elle saisit ne sont plus ceux de l'harmonie et de la beauté. Dans cette conformité à des fins ou à des lois positives, disparaît le libre accord, l'indépendance des parties et celle du principe qui se développe en elles. Ces faits alors apparaissent ou insignifiants, isolés, sans liaison intime, privés d'essence ou de signification propre, ou seulement rattachés à des causes, à des fins particulières que conçoit la froide raison et qui n'ayant rien que d'abstrait ne peuvent intéresser l'imagination. Leur variété peut encore offrir un certain intérêt et plaire au raisonnement; mais ils sont incapables de satisfaire une faculté plus haute, celle qui en tout veut saisir le vrai, l'essence des choses et l'unité, l'harmonie intime qui réside au fond des existences, et qui est le lien des diverses parties de cet univers.

Ce défaut disparaît dans les hautes spéculations de la pensée, quand la science s'élève à la conception de l'ordre général qui régit le monde, lorsqu'elle pénètre le sens profond de ses phénomènes et de ses lois. Par là, la pensée *poétique* et la pensée *philosophique* se rapprochent et se confondent. Mais ce qui les distingue, c'est que la pensée spéculative conçoit le principe des choses d'une manière abstraite, dépouillé de toute forme sensible; tandis que, dans la poésie, le vrai reste attaché à la forme et ne peut se détacher des images qui s'adressent aux sens comme à l'esprit. Pour le poëte, le particulier et le général, l'idée et la forme, le fait et la loi, la cause et les effets, les moyens et la fin restent dans leur accord et leur union, sans que sa pensée puisse les concevoir séparés, dans leur abstraction et leur généralité.

Ainsi se distingue la poésie de la prose non-seulement par le langage, mais par le fond même de la pensée et le mode de conception.

De là, deux sphères distinctes, celle de la poésie et celle de la prose. Cette opposition se caractérise déjà dans l'histoire. A l'origine, la séparation n'existe pas : la poésie et la prose restent confondues. Plus tard, elles se distinguent et s'opposent; et quand la pensée positive a pris le dessus, il est difficile alors de s'arracher aux habitudes du raisonnement et de la réflexion pour revenir aux procédés de l'imagination et de l'inspiration, de se replacer au vrai point de vue de la contemplation poétique, de retrouver la liberté originelle dont l'art a besoin.

D'un autre côté, la poésie est, il est vrai, l'art universel : elle a fleuri chez tous les peuples, sous toutes les latitudes et dans tous les siècles, à l'opposé des autres arts, qui n'ont prospéré qu'à certaines conditions et avec certaines formes de civilisation. Elle embrasse l'esprit humain tout entier, et elle affecte une inépuisable variété dans ses formes; elle est en rapport avec le génie particulier des peuples, dont elle représente l'esprit le plus original et la pensée la plus intime.

Il est cependant des contrées et des époques plus propres

que d'autres au développement de la poésie ; le tour de la pensée est du moins plus favorable à la conception poétique. Tel est l'Orient comparé à l'Occident. La pensée orientale est plus grandiose et plus contemplative ; elle est portée, en général, à saisir l'ensemble des phénomènes et des lois de l'univers, plutôt que l'enchaînement logique des causes et des effets et des lois particulières qui les régissent. Le génie de l'Orient a toujours été celui de la synthèse et de l'unité. L'esprit de l'Occident est, au contraire, celui de l'analyse, qui considère les choses isolément, successivement; c'est le génie de l'abstraction et de la science. La Grèce tient le milieu. Aussi ses productions ont-elles été admirées de tout temps comme modèles éternels de la perfection et du beau.

2° Après avoir considéré la pensée poétique en général, si nous venons à examiner et à comparer les œuvres de la poésie et celles de la prose sous le rapport de leur *mode d'organisation*, voici ce qu'on peut dire conformément aux principes précédents.

Tout produit de l'imagination, comme expression du beau, doit offrir l'image d'un tout organisé et vivant. L'unité en est donc la condition suprême.

Une idée, un sentiment, une passion ou un fait principal devient le centre autour duquel se groupent naturellement toutes les parties, de manière que le tout présente un ensemble vivant et libre.

Les conditions de cette unité sont les suivantes :

L'idée qui fait le fond de l'œuvre poétique ne doit pas être une abstraction, mais un sentiment, une action ou une passion complète, où l'homme tout entier se révèle, et qui s'adresse à toutes ses facultés. S'agit-il d'une idée générale, que l'exposition, au lieu d'être abstraite, soit vivante et animée. Enfin, cette idée doit offrir un centre réel d'intérêt, non une collection, une réunion, un tout vague. Un vaste ensemble d'idées ne suffit pas; car l'œuvre doit former un tout organique. L'unité doit s'y développer à l'intérieur, les parties être ses membres, ses différentes faces. Cette loi évidente pour les arts du dessin s'applique aussi à la poésie.

Quant aux parties elles-mêmes, la première règle c'est qu'elles doivent être à leur tour développées en soi et séparément. Le poëte doit s'arrêter à les décrire avec complaisance, traiter chacune d'elles comme un tout complet, de même que, dans les êtres organisés, la nature façonne avec soin les plus petits détails. Le poëte ne doit pas se perdre dans la description minutieuse des objets, mais s'y arrêter suffisamment pour en offrir une image vivante et animée. Grâce à ce soin particulier avec lequel elles sont travaillées, les parties paraissent indépendantes et comme les membres libres d'un corps animé et vivant, non comme les rouages d'un mécanisme. Cette indépendance ne va pas jusqu'à l'isolement, elle laisse apparaître la liaison réelle, l'unité qui les embrasse et les pénètre. Cette harmonie, opposée à la prosaïque conformité à un but est la condition suprême de l'art et de la poésie, c'est l'essence de la beauté.

En résumé, deux conditions doivent présider à l'organisation de l'œuvre poétique : 1° une idée fondamentale, principe d'unité d'animation pour l'ensemble ; 2° des parties non isolées, mais conservant leur vitalité propre, indépendantes sans s'isoler, tirant leur valeur et leur origine de l'idée principale. L'œuvre poétique, ainsi, est à la fois pleine d'un haut intérêt pour l'esprit et riche dans ses développements particuliers. Elle offre cette unité harmonique où se concilient sans se confondre l'unité et la variété. Cette unité n'a rien de commun avec l'unité prosaïque de la simple conformité des parties à un but ou à une idée abstraite, unité qui préside à l'organisation des œuvres de la science où domine le raisonnement.

Ces différences deviennent plus frappantes quand on vient à comparer les œuvres de la poésie aux productions de la pensée humaine qui se rapprochent le plus de celles de l'art et même en participent, mais qui déjà appartiennent au domaine de la prose : nous voulons parler de la narration *historique* et des œuvres de l'*art oratoire*.

L'*histoire* n'est pas un récit froid et inanimé, un simple recueil de faits et de dates, où les événements se succèdent et s'entassent confusément. Pour nous intéresser, l'historien doit nous retracer vivement l'image des événements et la figure des personnages, avec leur physionomie originale et leur caractère individuel; il doit les évoquer à la vie, les ressusciter par la pensée et la puissance de son imagination. Il doit, en outre, les coordonner de manière à offrir un tout facile à embrasser, un tableau clair et fidèle des mœurs, de l'esprit d'une époque ou d'une nation. Par là, l'histoire est un art; tous les grands historiens, Hérodote, Thucydide, Tacite, ont été de grands peintres, de véritables artistes.

Mais, malgré ces ressemblances, l'histoire a ses conditions spéciales et ses règles particulières qui ne permettent pas d'assimiler ses œuvres à celles de l'art ou de la poésie. Ces différences tiennent à la fois au fond et à la forme.

L'histoire commence précisément où finit l'âge, à proprement parler, poétique, lorsque le sens prosaïque et la raison positive s'éveillent dans l'esprit des peuples. C'est alors seulement que les événements prennent eux-mêmes ce caractère précis, offrent ce degré de clarté qui ne permettent plus à la fiction de s'y introduire, de les dénaturer ou de les embellir.

L'histoire réclame, en outre, une société organisée et constituée, des institutions et une législation fixes. Sur cette base ferme et solide se déroulent les événements et apparaissent des personnages réels. Ceux-ci tirent leur valeur des intérêts de leur temps, et sont au service de ces idées; impuissants par eux-mêmes, ils accomplissent un rôle dicté par leur situation et par les circonstances. Tel est le personnage historique, différent du personnage poétique, du héros épique, par exemple, qui domine les événements, en fixe le but, et marche librement à l'accomplissement de ses desseins. Ici, le but et les moyens, le caractère moral et son développement s'harmonisent et se confondent. Dans les personnages historiques, au contraire, éclate sans cesse l'opposition entre les idées du temps, les intérêts généraux et les vues personnelles, les passions, les accidents de mille espèces qui nuisent à la clarté de l'ensemble, à la simplicité idéale et à la liberté des caractères, et introduisent dans le tableau des éléments prosaïques. Dans la poésie, l'accord des événements avec la pensée générale se maintient intact et efface tout ce qui fait obstacle. Enfin, le personnage historique, pour réaliser ses desseins, est obligé d'employer une foule de moyens, de préparatifs qui exigent des qualités peu poétiques, un esprit positif et de calcul, un savoir technique, la connaissance de l'art militaire, des finances, etc.

Voilà pour le fond; quant à la forme, la règle suprême de l'exposition historique, c'est l'exactitude et la fidélité. Ici s'opposent la vérité poétique et la vérité historique. La première n'est autre que la conformité des faits et des caractères avec la pensée générale, but et centre de la composition; elle n'a d'autre limite que la vraisemblance. La vérité historique, c'est l'expression du réel : or, ce qui est idéalement vrai peut être faux en réalité, comme ce qui est réel peut être poétiquement faux et même contraire à la vraisemblance poétique. Conformément à cette loi, l'historien n'a pas le droit, pour rendre un fait plus intéressant, de l'altérer, de le changer, de lui supposer des circonstances, d'en supprimer d'essentielles. S'il peut et doit négliger les détails insignifiants, chercher à saisir et à dégager le sens, l'esprit des faits qu'il expose, il n'a pas la liberté d'inventer ni de supprimer, de les arranger conformément à un but purement artistique. Lors même que, s'élevant à la conception des idées générales et des principes qui déterminent le cours des événements humains et décident de la destinée des peuples, il cherche à pénétrer le plan divin du monde moral, il ne lui est pas moins interdit d'altérer la marche souvent imprévue et capricieuse, au moins en apparence, de ces événements, et de s'attribuer le privilége du poëte de planer au-dessus du réel.

L'*éloquence*, sans doute aussi, est un art, et à plus juste titre encore que l'histoire. Dans la manière de traiter son sujet, l'orateur paraît plus libre que l'historien. Il dispose et arrange son discours à son gré; dans l'emploi de ses moyens, il ne prend conseil que de lui-même et de son talent. Ensuite, il ne veut pas seulement convaincre la raison de ses auditeurs, mais frapper leur imagination, émouvoir leur sensibilité. Il s'adresse à toutes les puissances de l'âme à la fois.

Mais l'art oratoire a un côté par lequel il sort du domaine propre de l'art et rentre dans celui de la prose; savoir : la nécessité de se conformer à un but pratique. Sa première loi n'est pas le beau, mais l'utile.

En effet, d'abord le discours tire toute sa force d'une vérité générale qui en est la base et le but, qu'il est destiné à faire triompher. Ce principe donné, l'orateur doit y conformer tous ses moyens, toutes les parties de son discours. En définitive, le fond d'une pareille œuvre, c'est une opération logique qui consiste à mettre en rapport le cas particulier avec le principe général, à en montrer l'accord ou l'opposition. Il n'y a rien là qui ressemble à un tableau vivant, ou à une représentation dont l'unique but est l'impression du beau.

La différence dans l'objet entraîne celle des procédés. L'orateur est sous la loi de cette nécessité qui lui impose l'obligation de faire converger les moyens vers la fin positive qu'il se propose. Il doit, par exemple, quand il le faut, se livrer à des raisonnements abstraits, à une discussion étendue et aride, analyser longuement le fait principal et les circonstances. Il reste encore libre dans ses moyens pour émouvoir, exciter la sensibilité, frapper l'imagination de ses auditeurs. Mais tous ces moyens sont subordonnés à mille conditions indépendantes de sa volonté, qui le forcent à en varier l'emploi et la nature. Car le but de l'éloquence n'est pas l'effet artistique, qui se suffit à lui-même. Cet effet lui-même, ici, n'est qu'accessoire et subordonné au but principal, qui est le triomphe de la cause, la persuasion, but placé en dehors de l'art. L'émotion, également, n'est qu'un moyen pour obtenir l'assentiment de l'auditeur, un jugement, un vote, une action, etc. Le résultat, enfin, ne dépend pas seulement du discours. Dans l'œuvre d'art l'effet est lié à l'œuvre même; car si elle est belle, elle produit nécessairement l'impression du beau. Mais le plus admirable discours peut manquer son effet; cela dépend des circonstances, d'un accident imprévu.

Pour toutes ces raisons, l'idée de l'éloquence diffère de celle de la poésie. Le discours n'a rien de commun avec la libre organisation de l'œuvre poétique. Partout perce et domine la loi de conformité au but pratique. L'orateur doit y soumettre son plan, toutes les parties de son œuvre et tous ses moyens. On chercherait ici vainement cette liberté d'inspiration et de création qui caractérise la production artistique.

Dans cette dépendance des conditions extérieures, ni le tout ni les parties ne peuvent sortir d'une âme libre. L'œuvre est sous la domination des principes et des rapports logiques, de l'appropriation calculée, réfléchie des moyens à la fin et des lois du raisonnement. Ce n'est pas cette harmonie vivante où s'effacent ces rapports, où le beau est l'unique objet, l'impression du beau l'unique effet cherché et produit.

De ces différences se tirent quelques règles applicables à la poésie dans *ses rapports avec l'histoire* et avec *l'art oratoire*.

Lorsque la poésie se rencontre sur le même terrain que l'histoire, elle doit se comporter tout autrement qu'elle vis-à-vis des faits qu'elle expose ou raconte. Le devoir du poëte est précisément de saisir le sens intime d'un événement, d'une action, d'un caractère historique, et de le dépouiller des circonstances accidentelles qui peuvent nuire à l'effet ou à la clarté poétiques. Il peut les modifier et même les changer dans ce but. Il a le droit de tracer lui-même les limites de son sujet, de l'étendre ou de le resserrer à son gré, de lui donner un centre, et d'y relier toutes les parties pour en faire un tout harmonieux.

Si le sujet n'a qu'un rapport éloigné avec l'histoire, le poëte a la main plus libre encore. Il n'emploie alors les faits et les événements historiques que comme cadre général ou comme vêtement propre à revêtir une idée d'une forme individuelle.

Il change ou écarte en partie les circonstances caractéristiques qui ne conviennent pas à sa pensée fondamentale. Toutefois, la réalité a encore ses droits inviolables; il ne faut pas qu'il vienne donner un démenti aux faits connus et contredire nos souvenirs. Ensuite le changement doit être nécessaire, avoir sa raison dans le besoin de trouver à la pensée une forme plus vive, non dans l'ignorance de l'histoire, ou dans le caprice, la recherche, l'amour de la singularité.

Dans son opposition avec l'éloquence, la poésie doit se mettre en garde contre tout ce qui rappelle trop directement un but pratique, étranger à l'art, et surtout ne pas laisser percer un désaccord entre les exigences de l'art et des intentions soit religieuses, soit morales ou politiques. Sans quoi, l'art n'est plus qu'un instrument. Asservi à un but étranger, il perd son indépendance. Sans doute la poésie peut être un auxiliaire; son emploi est d'un puissant secours pour la religion, la morale, etc.; mais elle doit se maintenir dans sa sérénité, rester étrangère à cette préméditation, conserver son caractère de libre inspiration, se mouvoir dans sa propre sphère, et ne pas oublier que son but réel, essentiel, est l'impression du beau, la représentation d'un idéal supérieur aux besoins et aux intérêts de la vie.

Ce n'est pas à dire qu'elle doive s'isoler des hauts intérêts de l'humanité; loin de là, elle doit s'en inspirer, se lier aux grands événements et aux idées d'une époque, offrir en ce sens un caractère d'actualité. Mais elle se borne à en faire ressortir la haute signification. Si elle se met à prêcher ou à enseigner, si elle veut ou persuader, ou instruire, ou convertir, elle perd alors sa sérénité, son inspiration, sa liberté. Lors même qu'elle retrace les événements du jour, elle doit conserver ce calme et cette indépendance. Ainsi elle s'en empare, les façonne à son gré; le fait actuel n'est plus pour elle le but, mais le moyen. C'est une matière où le poëte trouve une excitation pour son talent et une occasion de s'inspirer. Loin d'imiter servilement le réel, il crée une image plus haute et plus vraie de la vie réelle, image qui, sans lui, n'aurait pas existé et qu'il éternise. Mieux que l'historien, mieux que l'orateur, s'il a bien saisi l'idée, il lui donne une forme impérissable, et la poésie devient plus vraie que l'histoire. Ainsi ont fait Homère, Dante, Milton.

3° Si nous examinons, maintenant, quelles sont les *qualités* nécessaires au *poëte* pour réaliser de pareilles œuvres, il en est de générales qu'il partage avec le peintre, le musicien et les autres artistes, telles que l'imagination, le goût, le génie, l'originalité, etc. Mais il en est d'autres qui résultent de la nature propre de la poésie et des conditions particulières à cet art.

Dans les autres arts, les matériaux qu'emploie l'artiste, la pierre, le marbre, les couleurs, les sons exigent un talent particulier, spécial, et une habileté technique longuement exercée. Dans la poésie, les matériaux n'étant autres que les images présentes à l'esprit et les mots qui les expriment, le talent nécessaire pour les façonner est et doit être plus général. Il n'exige que le don d'une imagination riche et le sentiment des lois de l'harmonie du langage. Sous ce rapport, la tâche du poëte semble plus facile. Il est affranchi d'une foule de difficultés techniques que doit vaincre l'artiste et qui exigent un long apprentissage. Mais il a des conditions à remplir et des problèmes à résoudre auxquels les autres artistes n'ont pas à faire face au même point, qui exigent un plus haut développement des facultés humaines. Plus le poëte est capable d'atteindre à la représentation sensible des choses par des images visibles, plus il doit pénétrer avant dans les secrets de l'expression artistique, suppléer à ce défaut par la profondeur et par la vivacité de la conception par la richesse de l'imagination. Par cela même que la parole est son mode d'expression, il a sans cesse à côtoyer la prose et à éviter les autres formes de la pensée, religieuse, scientifique, morale, oratoire, historique. S'il veut conserver à la poésie et à son langage leur caractère propre, il lui faut rompre avec les habitudes de la pensée commune et de la réflexion.

Enfin, c'est au poëte surtout qu'il est donné de descendre dans les profondeurs de l'âme et d'en dévoiler les mystères. Il expose d'ailleurs son sujet dans une plus vaste étendue. Dans ce tableau vivant de la vie humaine doit se refléter l'univers entier, physique et moral.

Il faut donc qu'il ait observé la nature et ses phénomènes, et surtout qu'il ait acquis une connaissance approfondie du cœur humain, qu'il ait enrichi son intelligence d'une multitude de formes et d'idées, qu'il se les soit assimilées et les ait transfigurées dans son imagination. Ici le talent inné, le génie, doivent s'être lentement développés par un long apprentissage de la vie et par la contemplation de la nature, contemplation calme et sereine qui convient mieux encore à la vieillesse qu'à l'ardeur bouillante des passions de la jeunesse. Aussi les œuvres les plus parfaites de la poésie, celles d'Homère, de Sophocle, de Milton, appartiennent à l'âge avancé de ces poëtes ou même sont les productions de leur vieillesse.

II. Nous connaissons la nature de la poésie en général, et celle de la pensée poétique, les caractères qui distinguent les œuvres de la poésie des autres productions de l'intelligence humaine. Nous devons maintenant aborder les questions relatives à l'*expression* ou au *langage poétique*. Ce sujet, qui occupe tant de place dans les traités ordinaires sur la poésie, ne doit pas être négligé dans une théorie philosophique. Hegel lui accorde toute l'attention qu'il mérite. Sans entrer dans les détails techniques d'un traité de versification, il cherche à rendre compte de la nécessité du langage poétique et de ses formes, et procède ensuite à une analyse savante des deux principaux systèmes de versification qui ont pour base l'un le rhythme et l'autre la rime, de la versification *rhythmique* et de la versification *rimée*.

Suivons-le dans cette intéressante recherche dont le mérite consiste surtout à montrer partout l'accord nécessaire des formes du langage avec les modes de la pensée qu'elles sont destinées à exprimer.

L'origine du langage poétique ne doit être cherchée ni dans le choix des mots ni dans leur combinaison et l'harmonie du rhythme ou des rimes, mais dans la manière dont l'imagination elle-même conçoit les objets, c'est-à-dire dans la nature de la pensée poétique.

De là, la nécessité d'envisager d'abord l'*image poétique* dans l'esprit et la forme qu'elle y prend avant de passer dans le discours. Alors seulement il sera permis de considérer l'expression par son côté grammatical, les tours particuliers qu'affecte la diction poétique, en opposition avec la prose, d'étudier enfin la versification, qui en est la partie musicale.

On sait que le propre de la pensée poétique est d'être figurée, de s'offrir à l'esprit accompagnée d'une image qui représente les objets non d'une manière abstraite, mais concrète et vivante. L'idée et la forme sensible nous apparaissent simultanément, comme formant un seul tout qui est l'image poétique elle-même. C'est, en effet, l'essence de la poésie, comme de l'art en général, de nous représenter les idées sous des formes sensibles, l'espèce ou le type dans une individualité vivante. De même, l'image poétique nous offre le sens intime des choses, leur idée, combinés avec la richesse des formes de la nature.

Le premier effet de cette image est d'arrêter l'esprit sur la forme extérieure, de nous intéresser à elle comme exprimant la chose dans sa réalité vivante, de lui donner de l'importance, de la rehausser et de l'embellir. Aussi la pensée poétique affecte, dans le langage, la forme de la périphrase; elle décrit un attribut, un accessoire caractéristique, comme ornement destiné à rehausser l'objet, à le peindre, à en dessiner une image nette et vive dans l'esprit. Les épithètes, en particulier celles d'Homère, qui souvent paraissent insignifiantes, et reviennent sans cesse, ont cette destination de figurer les objets et d'en graver l'image dans notre pensée.

Cette expression figurée n'est pas, pour cela, impropre. L'expression impropre décrit un objet à propos d'un autre, par l'analogie qui est entre eux. Telle est la métaphore et la comparaison, c'est un simple ornement. L'expression propre fait plus, elle caractérise. Ses images, empruntées à la nature, servent à développer, à expliquer la pensée. Façonnées par l'esprit, elles montrent sa richesse et sa fécondité. L'emploi métaphorique du langage devient ainsi lui-même un but; l'imagination s'amuse à montrer sa verve et sa fécondité; elle se pare elle-même de ces ornements et se complaît dans sa propre activité qu'elle déploie en tout sens.

A l'expression poétique s'oppose l'expression prosaïque. Ici l'image perd sa valeur. Le sens, l'idée, voilà l'essentiel et le but. Il peut encore être utile de désigner avec force et vivacité le côté extérieur des objets, mais ce n'est pas en vue de figurer la pensée. La justesse, la clarté sont la première ou l'unique loi du langage. Dans la poésie, l'exactitude, la parfaite conformité de l'expression avec la pensée simple ne sont pas l'objet principal; elle doit, avant tout, nous conduire dans une sphère où les formes sensibles prêtent un corps aux idées. L'esprit, s'attachant à l'image, à cette forme vivante, se trouve affranchi de la préoccupation exclusive de l'idée; il habite deux mondes à la fois, le monde des sens et celui de la pensée.

Dans les époques naïves, ce langage, tout d'images, est facile; la pensée revêt naturellement cette forme figurée. Dans les âges de réflexion, où dominent les habitudes logiques et prosaïques, la poésie a besoin d'une énergie préméditée pour se dégager des formules abstraites, et rétablir l'accord des facultés de l'esprit.

Si nous considérons maintenant le langage poétique en lui-même dans sa *forme* et sa *structure grammaticales*, peu de mots suffiront pour le caractériser.

1° Il existe, surtout dans certains idiomes, tout un vocabulaire poétique. Ce sont des locutions particulières à la poésie, étrangères à l'usage commun, des termes plus nobles, des expressions nouvelles ou empruntées au vieux langage. Les grands poëtes révèlent ainsi la puissance de leur génie en créant des mots nouveaux, en fixant, en ennoblissant la langue vulgaire; 2° la disposition des mots, les signes du langage, les tournures poétiques, les inversions contraires à l'arrangement logique, les expressions brusques, vives, offrent des moyens pleins de ressources; 3° la période, avec sa contexture simple ou compliquée, abrupte ou entrecoupée, sa marche paisible ou rapide, ses transitions inattendues, répond aux mouvements analogues de la pensée.

On doit signaler, dans les époques du langage, la même différence que dans celles de la pensée poétique. Une manière de s'exprimer simple, naturelle, vive, originale, naïve, distingue les époques primitives. La parole du poëte est alors elle-même quelque chose de nouveau qui éveille l'admiration; c'est une création vivante, une espèce de révélation. Là, pas de ces formes usitées et banales dont s'emparent la médiocrité et l'esprit d'imitation, espèce de monnaie courante dont l'empreinte s'est effacée. On n'y trouve pas non plus de ces artifices de langage, de ces nuances délicates, de ces transitions adroites qui caractérisent le développement de l'art et de la langue dans les âges postérieurs, mais une diction simple, naïve, originale et forte, des expressions naturelles, énergiques, pleines de fraîcheur et d'éclat. La distinction précise entre ce qui est vulgaire et ce qui est noble n'existe pas encore. C'est un langage riche, quoique simple, figuré et non chargé de métaphores. Telle est la langue d'Homère et celle de Dante.

Plus tard, quand les combinaisons de la pensée se multiplient, le langage affecte une marche plus calculée et plus habile, et la poésie prend une position différente vis-à-vis de la prose. C'est alors qu'apparaît leur distinction bien tranchée. Le poëte doit s'élever au-dessus du langage ordinaire. D'autres conditions lui sont imposées : le calme artistique, le sentiment de l'harmonie, les exigences du bon goût, plus de travail et d'efforts dissimulés. Alors aussi la production poétique, à cause de ces difficultés même, peut faire de la forme du langage le but principal. On recherche le poli, l'élégance, les effets de la rhétorique du style. Partout se fait sentir le travail de la réflexion appliquée à la perfection de la forme. Ce caractère est celui de certaines époques et de la poésie de plusieurs nations. La vraie diction poétique évite les deux extrêmes. Tout en admettant le plaisir d'une savante facture et d'une belle manière, elle s'abstient de cette rhétorique déclamatoire et de cette fausse élégance ; elle observe une exacte mesure. Le fond n'est pas oublié pour la forme, mais tous deux travaillés l'un pour l'autre ne font qu'un. Un langage harmonieux, vrai, vivant, paraît sorti de la chose même.

Le troisième côté du langage poétique, distinct de l'image et de la diction proprement dite, c'est la *versification*. Sans elle, il est vrai, la pensée, le langage même peuvent être poétiques ; mais ils n'ont pas leur véritable forme ; l'élément musical leur manque.

La nécessité de la versification, comme forme essentielle du langage poétique, est facile à démontrer. La poésie est l'art de la parole. La parole se compose de sons ; elle a cela de commun avec la musique. Ces sons, sans doute, sont des signes qui représentent des pensées et des images. Ils n'en sont pas moins les matériaux de l'art. Comme tels, ils frappent plus ou moins harmonieusement l'oreille. Or, dès qu'ils appartiennent à l'art, ils tombent sous ses lois. Le beau, ici, c'est l'harmonie. Le mètre ou la rime sont donc absolument indispensables. Ils nous introduisent dans un monde où nous ne pouvons entrer qu'en abandonnant les habitudes de la prose. Le poëte est obligé de se mouvoir en dehors des limites du langage ordinaire.

C'est donc une théorie superficielle et fausse que celle qui a voulu bannir la versification de la poésie, sous prétexte de lui donner plus de naturel et de liberté. Le naturel, le vrai, ici, c'est le beau, c'est l'harmonie ; le faux, c'est le réel, c'est la prose.

Sans doute, la facture des vers peut paraître une entrave pour la pensée ; mais ces liens sont les lois mêmes de l'art. Le vrai poëte porte ce joug facilement; loin de gêner l'essor de sa pensée, cette nécessité le soutient, l'élève, l'excite ; elle favorise l'inspiration. Ceux qui ne peuvent parler cette langue ne sont pas de véritables poëtes. La prose poétique est un genre bâtard et faux. Le son des mots, cet élément matériel de la poésie, ne peut rester informe; il doit être lui-même façonné selon les lois de l'harmonie. Par là, ce langage tempère le sérieux de la pensée ; il transporte le poëte et l'auditeur dans une sphère supérieure où règne la grâce et la sérénité. De même que, dans la musique, le rhythme et la mélodie doivent s'harmoniser avec le sujet, la versification doit se conformer à la marche et au caractère des pensées. La mesure du vers doit reproduire le ton général et le souffle spirituel de tout un poëme.

Après avoir ainsi démontré la nécessité de la versification dans la poésie, Hegel s'attache à caractériser les deux grands systèmes de versification qui conviennent à la poésie ancienne et à la poésie moderne.

Nous ne le suivrons pas dans le parallèle développé qu'il établit entre les deux systèmes, dont l'un a pour base le rhythme, l'autre la rime. Nous nous bornerons à marquer les caractères généraux.

Le système de la *versification rhythmique* repose sur la *durée* des sons et la mesure des syllabes longues ou brèves. L'accentuation, la césure, qui donnent au vers plus d'animation et de variété, s'appuient également sur le côté tout extérieur du langage, non sur le sens même des mots et l'intonation qu'il détermine. Les mots n'attirent pas sur eux l'attention à cause de leur signification, mais par leur forme extérieure.

L'accent et le rhythme sont indépendants du sens et de la pensée. Dans la versification moderne, au contraire, ce n'est plus la durée des sons ou la quantité qui est la base. Elles conservent encore de l'importance ; mais le principe de la mesure n'est plus la longueur ou la brièveté des syllabes, c'est leur nombre et le sens même qui s'attache aux mots. L'expression se concentre sur la syllabe radicale, qui attire sur elle l'attention. La *signification*, voilà, en définitive, la raison prépondérante qui détermine la valeur des syllabes. La forme du vers affecte ainsi un caractère moins matériel, plus spirituel.

Or voici les conséquences de ce principe.

L'expression venant à se concentrer sur la syllabe radicale des mots où réside surtout leur signification, et non sur la forme générale des mots, ainsi se trouve détruite cette savante combinaison de modes et de flexions qui caractérise le système rhythmique. Dès lors, toute cette ordonnance matérielle en pieds de vers, uniquement réglée par la quantité, disparaît, et tout le système, qui s'appuie sur la mesure du temps, est nécessairement perdu. Il ne s'agit plus de *mesurer* les syllabes, mais de les *compter*, de calculer leur nombre, comme dans la versification française et italienne.

La *rime* est la seule compensation possible à la perte de ces avantages. Comme ce n'est plus la durée qui se coordonne et se régularise, que, d'un autre côté, le sens spirituel s'empare des syllabes radicales, il ne reste plus, comme dernier élément matériel, affranchi de la mesure du temps et de l'accentuation des syllabes, que le *son* même des syllabes également et alternativement répété.

Quelles conditions la rime doit-elle remplir pour répondre à ce rôle ?

D'abord, pour attirer l'attention et faire compensation au bruit cadencé des syllabes dans le discours, ou à la mesure organisée du vers, ce son doit être beaucoup plus fortement marqué. Il faut qu'il fasse aussi contre-poids à l'accentuation et à la signification des mots. En opposition avec les mouvements délicats de l'harmonie rhythmique, la rime doit donc être un accord grossier, qui n'a aucun besoin d'une oreille finement exercée comme l'exige la versification grecque.

La rime, sous ce rapport, paraît quelque chose de plus matériel que le mètre dans la versification rhythmique. Mais, d'un autre côté, le principe plus abstrait de la répétition des sons égaux et semblables, dans l'accord rimé des mots, est plus favorable à la pensée et invite mieux à la réflexion. L'esprit n'est plus distrait par cette musique du langage, qui roule uniquement sur le caractère extérieur de la durée des sons et leur mouvement cadencé. L'attention de l'esprit et de l'oreille est simplement attirée sur le retour des sons semblables, retour dans lequel l'âme se reconnaît et se satisfait comme dans un reflet de sa propre identité. Le système de la versification ancienne a un caractère plus *plastique*, la rime un caractère plus profond et plus *sentimental*. On y retrouve le caractère opposé de la poésie classique et de la poésie romantique.

Ce n'est pas, en effet, par accident ni par une invention artificielle que ce changement s'est opéré et que le nouveau système de versification a succédé à l'ancien. La profondeur du sentiment et de la pensée modernes exigeait une forme de versification analogue. Sans doute, cette révolution a son principe dans la nature des idiomes modernes, mais ceux-ci représentent la pensée moderne elle-même. Les langues du Nord se distinguent par ce caractère sentimental et spiritualiste. Leur structure intime, leurs lois en sont la conséquence. Les deux systèmes peuvent, jusqu'à un certain point, se combiner ; et plusieurs idiomes, l'allemand par exemple, se prêtent à cette alliance. Mais l'élément rhythmique s'efface et n'est qu'accessoire. La raison en est facile à saisir. La versification rhythmique, reposant uniquement sur la longueur et la brièveté des syllabes, a une mesure fixe, indépendante de la signification des mots.

Les idiomes modernes, au contraire, sont privés de cette mesure naturelle, parce que l'accent verbal donné par la signification peut rendre longue une syllabe brève et réciproquement. Tout alors devient incertain et chancelant : rien de fixe, de compacte, de solide. L'esprit s'est affranchi de ce côté matériel et temporel de la quantité et de ses lois mathématiques qui distingue les idiomes anciens, ou cet élément est devenu purement accessoire. Ainsi, conformément à la nature de la pensée et du langage modernes, il n'est pas possible d'atteindre au plasticisme du mètre antique. Ceux qui l'ont cru l'ont tenté vainement. Quand on veut combiner les deux systèmes, la seule compensation c'est l'accent du vers et la césure, qui, se combinant avec l'accent verbal, ressortent d'une manière plus expressive. Mais ce moyen lui-même est imparfait.

III. De l'exposition des principes généraux de la poésie, Hegel passe à l'examen des *différents genres* qu'elle comporte et qui servent à classer ses œuvres. Sans entrer dans l'étude des formes accessoires et des règles particulières qui doivent figurer dans un cours de littérature, il s'attache à reconnaître la nature propre et les caractères essentiels des genres principaux, de la poésie *épique*, de la poésie *lyrique* et de la poésie *dramatique*. Chacune de ces formes de la poésie est l'objet d'une théorie approfondie et développée, où elle est étudiée en elle-même et dans son rapport avec les deux autres. Il nous reste à suivre l'auteur dans cette partie de son ouvrage qui n'intéresse pas moins le littérateur que le philosophe.

Voici comment se caractérisent les trois genres, et se motive la division qui les comprend.

La poésie nous offre d'abord le tableau du monde moral dans son existence extérieure. Elle le représente sous la forme d'une grande action à laquelle prennent part les dieux et les hommes et qui se déroule au milieu d'une vaste complication d'incidents particuliers. Ce genre, qui rappelle les arts figuratifs, nous révèle le côté *objectif*, impersonnel, de l'existence, en ce sens que l'action qui en fait le fond prend la forme d'un événement devant lequel le poëte s'efface, et qui s'accomplit indépendamment de la volonté des hommes par une fatalité extérieure. Tel est le caractère général de la *poésie épique*.

A l'épopée s'oppose la *poésie lyrique*. Son caractère est personnel ou *subjectif*. Elle représente le monde intérieur de l'âme, ses sentiments, ses conceptions, ses joies et ses souffrances. C'est sa pensée personnelle, dans ce qu'elle a d'intime et de vrai, que le poëte exprime comme sa disposition propre, la production vivante et inspirée de son esprit.

La *poésie dramatique* réunit les deux caractères précédents. Comme la poésie épique, elle représente une action dans ses phases successives avec des personnages qui y jouent un rôle. Mais cette action, au lieu d'être déterminée par des causes générales et une fatalité extérieure, paraît sortir vivante de la volonté des personnages, qui se créent eux-mêmes leur propre destin. Au lieu du récit calme et uniforme d'un événement passé, c'est un spectacle qui est offert à nos yeux avec les effets et les accessoires de la représentation scénique.

Ces trois genres embrassent toute la poésie ; les autres sont ou des genres mixtes ou des modes des précédents ; ils ne s'en éloignent que pour se rapprocher de la prose, comme le genre didactique et la poésie descriptive, qui déguisent un fond prosaïque sous les ornements de la diction et du mètre.

Poésie épique. 4. La poésie épique doit d'abord être envisagée dans son *caractère général*.

Plusieurs genres inférieurs peuvent nous préparer à comprendre l'épopée proprement dite ; ce sont : l'*épigramme*, l'ancienne *élégie*, la *poésie gnomique*, les poëmes *cosmogoniques* ou *philosophiques*. Ces formes de la poésie peuvent être considérées comme appartenant au genre épique en ce que le fait, l'idée qui est le fond du poëme sont exposés pour eux-mêmes, sans que le poëte y mêle ses réflexions, ses sentiments personnels. Le discours (ἔπος) et le sujet ne font qu'un. C'est tantôt l'expression d'un fait accompli (épigramme), tantôt un enchaînement de maximes et de sentences (poésie gnomique) où la vérité morale est fortement caractérisée, tantôt la description des grandes scènes de la nature, le récit de la génération des êtres et des révolutions de la nature, ou l'exposition poétique des lois de l'univers et des premières spéculations de la science. Mais toutes ces productions, quoique nous offrant le ton épique, ne constituent pas la véritable épopée.

« Celle-ci a pour sujet une action passée ; un événement
« qui, dans la vaste étendue de ses circonstances et la richesse
« de ses rapports, embrasse tout un monde, la vie d'une na-

« tion et l'histoire d'une époque tout entière. » C'est le livre national et comme la bible d'un peuple ; elle offre le tableau fidèle et complet de son génie, de ses mœurs, de son caractère.

Comme exprimant la pensée naïve d'une nation sous la forme poétique, le véritable poëme épique apparaît à une époque intermédiaire entre la barbarie et l'état civilisé. Plus tard, lorsque l'esprit individuel s'est détaché de la pensée générale, lorsqu'une organisation politique et des lois fixes se sont établies, l'âme se crée un monde distinct et indépendant ; elle rentre en elle-même, et conçoit un idéal de réflexion et de sentiment. Le poëte exprime *lyriquement* ses impressions personnelles. A mesure que cette force individuelle s'accroît et que le sentiment de la personnalité se prononce dans les caractères et les passions, le besoin de représenter ce principe conduit à la poésie *dramatique*.

Distinguons toutefois l'âge héroïque, qui fournit la matière de l'épopée, de l'époque où prend naissance le poëme épique. Homère et ses poëmes sont postérieurs de plusieurs siècles à la guerre de Troie. Mais, malgré cette distance qui sépare le poëte de son sujet, un lien étroit doit subsister entre eux ; il faut qu'il vive encore dans des idées, des mœurs et des croyances semblables : sans cela, son œuvre offre une contradiction choquante entre les idées présentes et celles du passé. Ce n'est plus qu'une combinaison savante, l'effort d'une réflexion habile, sans séve ni vitalité propres. L'épopée savante remplace l'épopée primitive.

On conçoit dès lors les qualités et la position du *poëte épique*.

Quoique l'épopée soit le tableau fidèle de la civilisation d'un peuple, elle n'en est pas moins la production libre de la pensée individuelle. Dans cette œuvre apparaît toute la hardiesse de création d'un homme de génie qui s'est inspiré des événements, de l'esprit et du caractère de sa nation et de cette époque. Il faut précisément que le poëte, pour être l'interprète de la pensée générale, nécessairement vague, lui donne une forme plus précise, qu'il prenne conscience de lui-même et de la liberté de son génie. Autrement, il ne peut réaliser cette grande œuvre. Mais, malgré l'indépendance de ses créations, il doit rester national par les idées, les passions, les caractères de ses personnages, ainsi que par la couleur de ses tableaux; il faut que la nation se reconnaisse en lui, que son œuvre soit l'image vivante de son esprit.

A cause de ce caractère *objectif* de l'épopée, le poëte doit s'effacer devant son sujet, s'absorber complétement dans le monde qu'il développe à nos yeux. Cette œuvre créée par son imagination, où il a mis son âme et son génie, nulle part sa figure et sa main ne doivent s'y trahir directement. Le poëme paraît se chanter de lui-même. L'édifice s'élève, l'architecte reste invisible.

Mais le poëme épique n'en doit pas moins être l'ouvrage d'un seul homme. On ne peut s'élever trop fortement contre l'opinion qui considère, par exemple, les poëmes d'Homère comme une succession de chants recueillis et coordonnés plus tard, comme une collection de rapsodies. Cette hypothèse est contraire à la notion même de l'art. Toute œuvre d'art, en effet, ne s'explique que par la pensée originale d'un seul individu. L'esprit du siècle, de la nation, est la cause générale, la base de l'œuvre; mais il faut que cet esprit se concentre dans le génie individuel de l'artiste ou du poëte qui s'en inspire. Un poëme est un tout organique; il n'y a qu'un seul homme qui puisse concevoir et organiser un pareil tout. L'unité, cette loi suprême de l'art, exige une pensée homogène, une intelligence qui la conçoive et la développe. L'opinion contraire est barbare; et quand on la réduit à sa juste valeur, on voit que ce qu'elle a de vrai c'est que le poëte s'est effacé devant son œuvre; ce qui est faire son plus bel éloge.

B. Si du caractère général nous passons à l'examen des *caractères particuliers* qui distinguent la poésie épique, les points principaux à considérer sont :

1° L'*état de civilisation* propre à l'épopée; 2° la nature de l'*action* épique, ses personnages et leur caractère, la marche et le développement de l'action, les puissances supérieures qui la dirigent et déterminent le dénoûment; 3° enfin l'*unité* du poëme épique dans son ensemble et son développement général.

1° En ce qui concerne la *forme sociale propre à l'épopée*, ce sujet a déjà été traité dans la première partie, à propos de la détermination de l'*idéal* : il suffit de rappeler ce qui a été dit alors, en y ajoutant quelques considérations nouvelles.

L'état de société propre à servir de base à l'épopée est ce que l'on nomme l'*âge héroïque*. C'est une époque où la vie morale, l'organisation de la famille et de la nation présentent déjà un certain degré de développement, mais non une forme régulière et fixe. Une constitution et une législation positives ôteraient aux personnages leur indépendance et la spontanéité de leur caractère.

Une parfaite liberté d'action et de volonté, jointe à un genre de vie simple qui permette à l'homme de conserver ses rapports avec la nature et de déployer son activité en jouissant de ses productions ou en luttant contre ses obstacles, voilà ce qui caractérise l'existence des héros. C'est un intermédiaire entre la vie barbare et la prose de la vie civilisée, où tout est réglé, arrangé, où chacun a sa fonction et sa place déterminées. Là, point de hiérarchie fixe qui établisse de ces rapports de dépendance et d'obéissance essentiellement contraires à l'individualité des figures épiques.

Le tableau de cet état social doit, en outre, embrasser l'ensemble des connaissances nationales, la peinture la plus riche et la plus variée des mœurs des peuples étrangers. C'est ainsi qu'Homère nous met sous les yeux, dans un cadre restreint, toute la terre et l'ensemble de la vie humaine, représentés sur le bouclier d'Achille, avec les usages, la législation, les mariages, tout l'abrégé des connaissances humaines.

Néanmoins c'est toujours le caractère national, l'esprit particulier de la nation qui doivent s'y refléter. A cette condition l'épopée est la bible d'un peuple, son livre, immortel comme lui. Telle est la raison de l'intérêt durable qu'elle excite. C'est qu'elle est l'image vivante de ce peuple; elle reproduit tous les traits de sa physionomie physique, morale, religieuse, politique. C'est là ce qui fait l'immortel intérêt des œuvres d'Homère, indépendamment de la beauté de la composition.

2º Décrire cette forme de société n'est pourtant pas l'objet du poëme épique. C'est là seulement la base sur laquelle se développe un événement, c'est-à-dire l'*action épique*. Cette action doit être déterminée par des causes morales de l'ordre le plus élevé, et accomplie par des personnages. Le monde épique doit donc être saisi dans une *situation* particulière qui donne naissance à l'action, dans une *collision*.

De quelle nature doit être cette collision, comparée aux collisions dramatiques ?

La situation la plus propre à l'action épique, c'est l'*état de guerre*, c'est-à-dire un conflit entre des peuples. La guerre montre une nation mise en mouvement tout entière ; c'est en même temps la plus grande occasion qu'elle ait de s'entendre avec elle-même, obligée qu'elle est de déployer toutes ses forces dans un effort héroïque. Aussi c'est le sujet de toutes les grandes épopées. Le courage guerrier en est l'intérêt principal. La bravoure est une qualité de l'âme, qui a besoin d'un vaste champ d'action ; elle révèle le côté naturel du caractère plutôt que le pathétique de la passion ; et elle poursuit des fins qui se laissent plutôt raconter que représenter. Dans l'épopée, les œuvres de la volonté et les hasards des événements doivent se combiner ; tandis que dans le drame la marche de l'action et son dénoûment s'expliquent par les motifs et les caractères des personnages.

Ces situations ouvrent un vaste champ à l'épopée. Il est à remarquer, en outre, que les situations vraiment épiques sont les guerres des nations étrangères entre elles. Les sujets empruntés aux guerres civiles, comme *la Pharsale* de Lucain, *la Henriade*, n'ont pas été heureux. La lutte des partis est plus favorable au drame qu'à l'épopée. Les événements perdent leur grandeur et leur clarté ; ils s'embrouillent, s'entremêlent et laissent trop de place à l'intrigue. Le combat pour le maintien et l'intégrité d'une nation, d'une race, est seul digne de l'épopée.

Ajoutons-y la défense d'une cause juste, la revendication d'un droit universel. C'est alors seulement que se déroule à nos yeux le spectacle d'une grande entreprise, non un plan arbitraire et personnel de conquête. Un événement d'une haute nécessité qui prenne place dans l'ordre général du monde, tel est le sujet de toutes les grandes épopées.

Le fond de l'épopée, c'est donc une entreprise nationale, où s'empreint le caractère et le génie tout entier d'un peuple.

Cette entreprise doit avoir un but déterminé, des motifs, se réaliser sous la forme d'événements et par des personnages. C'est là ce qui constitue l'*action épique*. Elle offre deux aspects : le côté intérieur, le but, les motifs ; et le côté extérieur, les circonstances physiques et morales qui apparaissent comme obstacles ou moyens. Ce qui distingue une *action* proprement dite d'un *événement*, c'est que dans celle-là le côté intérieur domine, tandis que dans un événement le côté extérieur conserve son droit absolu.

Or le problème de la poésie épique consiste à représenter l'action principale comme un événement ou une suite d'événements, par conséquent à accorder aux circonstances extérieures la même importance qu'à la volonté des personnages.

Quant à la nature même du but de l'action, ce but, dans l'épopée, ne peut être une idée abstraite, comme l'État, la patrie, mais quelque chose de vivant et d'individuel. L'entreprise doit avoir pour motif la volonté, le malheur, l'exploit d'un héros particulier, une insulte à venger, un droit à revendiquer, l'amour, etc. Sans cela les événements apparaissent dans leur froide succession, comme l'histoire d'un peuple. Voilà pourquoi les épopées où l'on a voulu représenter l'histoire du monde tout entière n'offrent pas un véritable intérêt. Il y manque le caractère d'individualité qui est essentiel à l'art. Une action dont la terre est le théâtre, et le héros l'humanité n'offre à l'imagination rien de précis : c'est une froide allégorie, une fantasmagorie où les grandes figures historiques passent un instant devant les yeux pour disparaître et faire place à d'autres que le flot du temps emporte pour toujours.

L'action épique ne peut donc atteindre à la vitalité poétique qu'autant qu'elle se concentre dans un seul héros, qui marche à la tête des événements, et à la personne duquel ils se rattachent.

Quant aux *personnages de l'épopée*, dont les actions, les infortunes, la destinée forment, comme dans le drame, l'intérêt principal, il importe de marquer avec précision ce qui les distingue des *personnages dramatiques*.

Dans l'épopée, les figures principales doivent offrir un ensemble de traits qui représentent la nature humaine et le caractère national d'une manière complète. Tels sont Achille et le *Cid*. Les caractères tragiques peuvent avoir, au fond, une égale richesse ; mais, l'action étant renfermée dans des bornes plus étroites, une pareille variété ne peut se développer : elle serait impossible et superflue. Le héros épique représente tout un peuple, toute une forme de civilisation ; il appartient à une époque naïve où le caractère se montre tout entier ; le naturel y a plus de place. La morale a moins le droit de lui demander compte de ses actes et de ses passions. Tel est Achille. Ces nobles figures résument en elles, avec éclat, ce qui est épars dans le caractère national, ses défauts comme ses qualités.

Les caractères dramatiques ne sont ni aussi élevés ni aussi complets ; ils n'atteignent pas à cette hauteur où ce qui est à la base se concentre et se résume au sommet. Le but est plus personnel, les motifs sont plus individuels.

Une autre différence, c'est que le personnage dramatique concentre toute son énergie dans la poursuite d'un même but. Or cette préoccupation constante d'un but unique est étrangère aux héros du poëme épique. Ceux-ci accomplissent leur destinée ; mais les événements, les circonstances extérieures agissent autant qu'eux. Les obstacles, les dangers, les aventures ne naissent pas aussi directement de l'action même que dans le drame. Ils se produisent plutôt à son occasion.

D'autres différences se font remarquer dans la *forme des événements*, leur *marche*, la *nécessité* qui les détermine, les *puissances générales* qui les gouvernent.

Dans le drame, comme il a été dit, la passion ou la volonté des personnages est le principe essentiel qui détermine leur destinée. Les événements paraissent dépendre de leur caractère et des fins qu'ils poursuivent. Aussi l'intérêt principal se concentre davantage sur le côté moral de l'action. Les circonstances extérieures n'ont de valeur que par le parti qu'en tirent les personnages eux-mêmes. Dans l'épopée, les événements, les accidents extérieurs et les actions émanées de la volonté des personnages ont une égale importance. Les actions humaines ressemblent elles-mêmes à des événements qui se déroulent sous nos yeux. Le personnage n'est pas aussi libre; il est jeté au milieu d'une vaste complication d'événements en apparence livrés au hasard, en réalité régis par la nécessité.

Ici se remarque une différence essentielle sur ce point important de la *fatalité* ou du *destin*.

Le personnage dramatique se crée son destin lui-même. Le destin du héros épique est le résultat de la force des choses. C'est la puissance des circonstances qui imprime à l'action sa marche particulière et détermine l'issue des événements. Il ne reste à l'homme qu'à suivre cet ordre fatal et nécessaire, et à subir son sort. Le spectacle qui se déroule à nos regards est celui d'une grande situation générale. Cette fatalité est aussi une justice providentielle. Mais l'homme est moins jugé dans ses actes, comme personne morale, que dans les choses qu'il personnifie. La grandeur des événements écrase les individus qui, eux-mêmes, représentent des races ou des peuples. Aussi plane un ton de tristesse sur l'ensemble. Ce qu'il y a de plus noble est condamné à périr. Telle est la destinée d'Achille, d'Hector, des héros entraînés dans la ruine de Troie ou dispersés après sa chute.

Cette nécessité peut être représentée de diverses manières. Tantôt elle ressort du simple exposé de l'action. Le ton général du récit fait sentir qu'il s'agit d'événements dont la nécessité est l'effet d'une puissance mystérieuse. Tantôt le poëte place au-dessus des actions des hommes des divinités supérieures qui en règlent et dirigent le cours par leur volonté et leurs décrets.

C'est ici le *merveilleux* proprement dit. Mais il faut aussi s'entendre sur la nature du merveilleux dans l'épopée.

Une règle déjà établie ailleurs, c'est que dans l'action combinée des dieux et des hommes soit maintenu le rapport poétique d'indépendance respective : sans quoi les dieux sont des abstractions, ou les hommes des instruments, des machines. C'est le défaut des épopées indiennes. L'épopée grecque a résolu le problème de la manière la plus heureuse : elle offre cette fusion harmonieuse de la volonté humaine et de la volonté divine. Les héros et les divinités conservent une force inébranlable et une liberté individuelle parfaitement indépendante.

On doit insister ici sur la distinction des épopées *primitives* et des épopées artificielles ou *savantes* : les premières, où le poëte est encore en harmonie avec les croyances de l'époque qu'il retrace ; les secondes, où ses croyances sont différentes de celles du monde qu'il veut représenter. Ainsi, dans Homère, les dieux flottent dans une lumière magique entre la réalité et la fiction. Le merveilleux offre un caractère solide, substantiel, vrai.

C'est le propre d'une imagination fraîche et naïve de communiquer au merveilleux ce cachet de naturel et de vérité. Les divinités de Virgile, comparées aux dieux d'Homère, sont des êtres imaginaires froidement inventés ou imités, des machines artistiques. Le merveilleux dans les épopées modernes, dans *le Paradis perdu, la Henriade, la Messiade*, etc., est aussi loin de cette vérité. Le poëme de Klopstock, en particulier, est rempli de fictions abstraites qui, malgré les beautés de premier ordre, en rendent la lecture fatigante.

3° Après avoir considéré le poëme épique sous le rapport de l'action qui en fait le fond, des personnages qui y jouent un rôle et des puissances supérieures qui en dirigent les événements, il reste à l'examiner dans son *ensemble*, dans son *mode d'organisation* et son *unité*, ainsi que dans sa *marche* et son développement. C'est ici, surtout, que se placent les règles principales de l'épopée.

La base de l'action épique, c'est le monde national tout entier; c'est là comme le fond du tableau, l'arrière-plan. Au-dessus apparaissent les dieux qui dirigent l'action. Sur un plan intermédiaire se dessine l'image de la vie humaine, publique et privée. Sur l'avant-scène s'offrent à nos yeux les événements et les personnages, avec leurs sentiments, leurs desseins, leurs passions. Toutes ces parties doivent se relier fortement, ne pas rester isolées.

Or le lien d'*unité*, le centre, c'est l'*événement* particulier dont l'épopée retrace le développement, l'action limitée à laquelle se rattachent tous les détails.

Par là, le poëme offre de l'individualité, de la richesse, de la vie et de l'unité. Le récit n'est pas une simple description d'objets divers. L'événement particulier n'absorbe pas non plus tellement le fond national, que celui-ci paraisse simplement au service de l'action.

La règle générale est que les deux côtés, l'action particulière et le tableau général, soient tellement combinés, qu'ils conservent, malgré leur réciprocité, l'indépendance qui leur permet de se développer dans un libre accord. L'Iliade et l'Odyssée nous fournissent des modèles. La colère d'Achille, qui est le centre de l'action, laisse les événements se dérouler librement. La navigation d'Ulysse présente le même spectacle d'une variété d'aventures rattachées à un même but et qui semblent se succéder au hasard.

Quant à l'action individuelle elle-même, pour qu'elle ait de l'unité, il lui faut d'abord un point de départ déterminé. Une collision générale ne suffit pas. Ainsi, pour l'Iliade la guerre de Troie est bien la base, mais le poëme commence avec la querelle d'Achille et d'Agamemnon. Par là, l'action est enfermée dans un cercle clairement tracé.

Le point de départ fixé, quel est le *mode de développement* qui lui convient? Si l'on veut marquer encore ici les différences entre la poésie épique et la poésie dramatique, les points principaux à considérer sont : 1° l'*étendue du poëme épique*; 2° l'*enchaînement des diverses parties et des épisodes*; 3° la manière de motiver la *marche des événements*.

Pour résumer en général le développement de l'action épique particulièrement en opposition avec la poésie dramatique, rendre à la fois compte de son étendue, de la marche des événements vers le but final, on doit dire que l'exposition, dans le poëme épique, non seulement s'arrête à la description des circonstances extérieures et des situations morales, mais qu'en outre elle oppose des obstacles au dénoûment. Elle retarde en particulier par des *épisodes* l'accomplissement du but principal, que la poésie dramatique ne deut perdre un instant de vue dans les conflits qui se continuent sans interruption d'une manière logique et conséquente.

Mais il ne faut pas que de pareils obstacles apparaissent comme des moyens employés pour un but extérieur. Le cours entier des événements doit naître de lui-même par le fait des circonstances, et celui d'un destin originel sans qu'on y remarque les intentions personnelles du poëte.

En terminant, il convient de préciser davantage ce qui constitue l'*unité d'action* dans le poëme épique.

On a déjà réfuté l'opinion qui prétend que le poëme épique se forme par l'addition successive de plusieurs chants qui peuvent se continuer indéfiniment. Sa fausseté devient plus manifeste quand on comprend bien la nature de l'unité qui fait l'essence de l'œuvre épique comme de toute œuvre d'art en général.

L'unité n'est pas un terme vague et banal. Chaque événement peut, il est vrai, se prolonger indéfiniment, s'étendre à la fois dans le passé et dans l'avenir. Si donc l'on n'a égard qu'à la succession ou même à l'enchaînement des faits, l'épopée pourrait n'avoir ni commencement ni fin. L'exemple nous en est donné par les poëmes cycliques, œuvres prosaïques si on les compare à celles d'Homère.

L'erreur vient de ce qu'on ne s'est pas fait une idée nette de la nature d'une action et de la différence qu'il y a entre une action et un simple fait. Les faits s'enchaînent ou se succèdent. Pour une action il faut autre chose qu'une pareille liaison extérieure; l'action suppose un *but* déterminé et des motifs. Ainsi un but nettement conçu et un motif également déterminé, qui pousse le personnage à l'accomplissement de ce dessein, voilà ce qui constitue une action. Dès lors la réalisation de cette action a un sens, un caractère déterminé, un commencement, un milieu et une fin. Les passions, le caractère des personnages, les situations, les événements se rattachent à une idée commune. L'action a un centre vers lequel convergent toutes les parties du poëme. Tout ce qui ne s'y rattache pas étroitement doit être exclu.

La colère d'Achille, dans l'Iliade, voilà le centre du poëme, le fait auquel se relient tous les événements.

Ainsi, ce qui constitue l'unité de l'épopée, c'est une action individuelle ayant un but déterminé et précis, un motif compris des personnages et dont l'accomplissement, dès lors, présente un commencement, un milieu et un dénoûment.

En quoi donc diffère l'unité de l'action épique et celle de l'action dramatique? Cette différence a été déjà marquée plus haut. Dans l'épopée, l'action se développe au sein d'une vaste unité nationale. Celle-ci introduit dans la représentation une multiplicité de situations et d'événements que ne comporte pas le drame. C'est un tableau plus vaste; tout un monde s'y reflète. L'unité, ici, n'est complète que quand, d'une part, l'action particulière est achevée et que, d'un autre côté, le monde entier où elle se meut est représenté dans son parfait ensemble, ce qui ouvre une carrière plus vaste et permet une grande variété d'épisodes.

C. Cette exposition des principes de l'épopée se termine par l'indication de quelques genres intérieurs qui s'y rattachent, tels que l'*idylle*, la *pastorale*, le poëme *descriptif*, dont il a été déjà parlé ailleurs. Mais le genre qui s'en rapproche le plus est le roman, que Hegel caractérise ainsi en quelques mots.

Le *roman*, c'est l'*épopée bourgeoise*. Le roman suppose une société prosaïquement organisée; son but est de rendre à la poésie ses droits perdus. Le fond du roman est le conflit entre la poésie du cœur et la prose des relations sociales. C'est une protestation contre l'organisation actuelle de la société, l'effort pour substituer à cette prose de la réalité une forme qui se rapproche davantage de la beauté de l'art. Le roman exige, comme l'épopée, la peinture du monde tout entier et le tableau de la vie réelle. Quant à la conception et à l'exécution, la carrière du romancier est d'autant plus libre, que dans ses descriptions il ne peut manquer de faire entrer la prose de la vie réelle, sans rester lui-même dans le prosaïque et le vulgaire.

A la suite de cette théorie, l'auteur, dans une esquisse rapide, retrace le *développement de la poésie épique;* il caractérise en peu de mots les grandes épopées qui appartiennent aux principales époques et aux différents peuples de l'histoire.

POÉSIE LYRIQUE. *A.* « Ce qui donne naissance à la poésie épique, c'est le plaisir que nous éprouvons au récit d'une action qui, étrangère à nous, se déroule sous nos yeux et forme un tout complet. La poésie lyrique satisfait un besoin tout opposé, celui d'exprimer ce que nous sentons et de nous contempler nous-mêmes dans la manifestation de nos sentiments. »

Pour déterminer, d'une manière plus précise, sa nature et son caractère général, il faut la considérer dans son *fond,* dans sa *forme* et dans les divers *modes de son développement.*

1° Le *fond* de la poésie lyrique, c'est l'âme humaine, ce sont ses sentiments, ses situations individuelles, ses joies et ses douleurs. Les sujets qu'elle traite ont beaucoup moins d'étendue que ceux de l'épopée; mais, si elle ne peut prétendre à l'ampleur épique, elle a l'avantage de se produire à toutes les époques du développement national, tandis que l'épopée reste attachée aux époques primitives.

Parmi les idées qui forment le fond de la poésie lyrique, nous trouvons d'abord ce qu'il y a de plus élevé et de plus général dans les croyances et l'imagination d'un peuple. Viennent ensuite des sujets d'un caractère plus particulier, des pensées individuelles, mais profondes et mêlées à des intérêts généraux, à des maximes, à des réflexions sur la marche du monde et sur les destinées humaines. Enfin, nous voyons exprimé le sentiment individuel dans ce qu'il a de plus intime et de plus personnel. Les sujets de la plus mince importance, pourvu qu'ils soient relevés par le talent et la verve du poëte, les plus fugitives impressions, le cri du cœur, les éclairs rapides de la joie, toutes les nuances de la douleur, les troubles de l'âme, les aspirations et la mélancolie, tous les degrés de l'échelle du sentiment prennent place à leur tour dans la poésie lyrique. Il y a plus : la nouveauté et l'originalité des idées, les tours surprenants de la pensée, la verve et l'esprit de saillie, les mots piquants et toutes les fantaisies de l'imagination sont autant de sources où elle puise ses inspirations.

2° Quant à la *forme* qu'elle affecte dans son opposition avec les autres genres de la poésie, elle nous apparaît aussi, par ce côté, comme essentiellement *personnelle*. C'est encore l'homme, comme individu, avec son imagination propre et sa sensibilité, qui constitue le centre de ses productions. Tout émane du cœur et de l'âme du poëte. Tout dépend de sa disposition et de sa situation particulière. Aussi l'unité de son œuvre est-elle moins le résultat de la matière qu'il traite que du point de vue où il se place. Sa pensée propre en est la trame et le support. Mais il faut que celle-ci soit réellement poétique, qu'elle sorte d'une imagination riche et d'une âme pleine de sensibilité. Par là, le poëme lyrique offre une unité toute différente de celle de l'épopée.

Toutefois, avant d'arriver à la forme véritable et définitive de la poésie lyrique, il faut passer par plusieurs degrés qui marquent la transition.

Tels sont les *chants héroïques*, et le *roman primitif*, qui appartiennent encore en partie à l'épopée. Ici le sujet est épique, la manière de le traiter lyrique. L'*épigramme*, comme inscription simple, mais où s'ajoute déjà l'expression du sentiment ; les *épitaphes*, les *couplets*, présentent ce double caractère. On doit aussi mentionner les *récits descriptifs*, la *romance*, qui retracent les diverses scènes d'un événement en traits isolés et pressés et où le sentiment est mêlé à la description ; les *ballades*, qui, dans des proportions plus petites que le poëme épique, esquissent l'image d'un événement dans ses traits essentiels.

Mais la poésie lyrique ne nous apparaît sous sa forme véritable, et avec le caractère personnel qui la distingue, que lorsque quelque circonstance réelle fournit au poëte l'occasion de développer sa propre pensée, et que, s'inspirant de cette situation, il nous fait partager son impression et son enthousiasme. Tels sont les chants de Pindare. Les jeux et les vainqueurs ne sont guère pour lui, en effet, que l'occasion d'émettre ses pensées, ses réflexions et tout ce qu'il a dans l'âme. Il en est de même de la plupart des odes d'Horace.

La condition principale consiste à s'assimiler complétement le sujet et à s'en servir comme de texte pour exprimer sa propre pensée. Tout en mêlant les faits aux idées, le poëte montre, par la manière dont il les expose, que c'est le mouvement libre de sa pensée et l'expression de ses sentiments qui est l'objet principal.

Ainsi, ce qui donne l'unité au poëme lyrique, ce n'est pas la circonstance occasionnelle qui en a formé le sujet, c'est le mouvement intérieur de l'âme du poëte et son mode particulier de conception.

Le vrai poëte lyrique n'a même pas besoin de chercher un texte : il peut trouver en lui-même le principe et le motif de ses inspirations, se renfermer dans les situations intérieures, les événements et les passions de son propre cœur. L'homme devient pour lui-même une œuvre d'art. Le poëte épique a besoin d'un héros étranger; pour le poëte lyrique, ce héros c'est lui-même.

Mais précisément à cause de cette liberté illimitée qui caractérise ce genre de poésie, il ne faut pas s'imaginer qu'il soit permis au poëte de tout dire. Sous ses impressions les plus fugitives doit apparaître une pensée solide et vraie, un sentiment vif et profond. Autrement on tombe dans le genre fade et ennuyeux. La musique du langage, le chant pour le chant, les paroles vides de sens ne sont pas de la poésie. Le titre même de poésie légère n'est pas une excuse et ne dispense pas d'avoir des idées. Aussi, rien de plus difficile que d'y réussir. Les grands poëtes seuls savent déguiser sous la légèreté de la forme la profondeur du sentiment.

3° Si nous considérons maintenant la poésie lyrique dans son rapport avec le *développement intellectuel* des peuples, il est facile de voir que, si les temps primitifs sont l'époque florissante de l'épopée, les temps les plus favorables pour la poésie lyrique sont ceux où les rapports sociaux ont reçu une forme fixe, parce qu'alors seulement l'homme est disposé à se replier sur lui-même, sans toutefois encore se détacher des vrais intérêts et des idées de sa nation. Plus tardive que l'épopée, la poésie lyrique exige une culture intellectuelle plus avancée et des formes de langage plus savantes, plus travaillées dans le sens de l'art. Elle est surtout appropriée aux temps modernes, où domine la réflexion, où l'homme a pris l'habitude de se concentrer en lui-même, d'analyser les situations de son âme et ses sentiments personnels.

On peut distinguer trois *degrés* principaux dans ce développement de la poésie lyrique : 1° la période à laquelle appartiennent les chants populaires, empreints encore d'une rudesse quelquefois sauvage, mais pleins de séve et d'énergie ; 2° l'époque où domine le sens déjà perfectionné de l'art, mais non la réflexion et l'imitation : celles de Pindare et d'Anacréon ; 3° une troisième époque où la poésie trouve à côté d'elle l'esprit prosaïque et positif et où elle est obligée de lutter contre lui, de s'arracher aux habitudes du raisonnement, de retrouver la fraîcheur de l'imagination par la force du talent et du génie, surtout de se dégager des formules abstraites du langage : poésie plus ou moins réfléchie, savante et philosophique. Telle est la poésie lyrique de Goethe et de Schiller.

B. Si de ces caractères généraux nous passons à l'examen des points *particuliers* que renferme l'étude de la poésie lyrique, il n'y a ici que peu de principes et de règles à établir ; il suffit d'ajouter quelques réflexions : 1° sur l'*unité* du poëme lyrique, 2° sur sa *marche* et son développement ; 3° sur la *diction* extérieure et la *mesure des vers*.

1° Quoique le poëme lyrique n'offre pas un tableau aussi vaste que l'épopée, il peut néanmoins embrasser un grand nombre d'objets. Quel sera le principe d'unité ? L'âme du poëte. Mais c'est là quelque chose de vague et d'abstrait. Le véritable centre d'unité doit être une situation déterminée de l'âme avec laquelle le poëte s'identifie et où il doit se renfermer. Il ne doit exprimer que ce qui sort de cette situation et s'y rattache. Par là, seulement, sa pensée se limite, l'œuvre offre un tout complet et organisé.

2° Quant à la *marche* du poëme lyrique, elle diffère essentiellement de celle de l'épopée. L'une est lente, l'autre rapide. A l'ampleur épique et à une exposition développée s'opposent la concentration lyrique et la profondeur intime de l'expression. Le poëte lyrique n'évite pas les épisodes, mais il les emploie dans un autre but. Au lieu de retarder la marche du poëme et d'en rendre les parties plus indépendantes, ils servent à montrer que le poëte, sans sortir du sentiment principal, sait déployer la liberté de son imagination en évoquant des objets analogues et en les rattachant à son sujet. Ils ont donc un caractère tout personnel. Quant à l'enchaînement des idées, on sait que la plus grande liberté, encore, est ici accordée au poëte. Il doit cependant tenir le milieu entre une marche arbitraire et l'enchaînement logique.

La succession des idées affecte les modes les plus divers. Tantôt elle est calme et tranquille ; tantôt, dans l'essor lyrique, elle offre le mouvement en apparence déréglé de la pensée. Dans la fougue et l'ivresse de la passion, dans le délire de l'enthousiasme, le poëte semble possédé par une puissance qui l'entraîne et le subjugue. Ce désordre de la passion est surtout propre à certains genres de la poésie lyrique.

3° Sur la *forme extérieure*, le mètre et l'accompagnement musical, il y a peu de chose à dire si l'on ne veut entrer dans les détails de la prosodie. La poésie lyrique, par sa nature et la variété de ses formes, exige la plus grande diversité de mètres et la structure la plus savamment combinée. Le mouvement intérieur de la pensée du poëte, la nature des sentiments qu'il exprime, doivent se manifester dans le mouvement extérieur de la mesure et de l'harmonie des mots, dans le rhythme, la variété des strophes, etc.

Aussi la poésie lyrique, par sa nature, comme exprimant le sentiment, réclame-t-elle le secours de la musique; elle est elle-même une mélodie réelle et un chant. Dans cette alliance de la musique et de la poésie, cependant, celle-ci ne perd pas ses droits et son rang. Quand le sentiment et la pensée sont arrivés à leur parfaite expression, elle reste plus indépendante. Plus le sentiment est concentré, plus elle a besoin du secours de la mélodie.

C. Il reste maintenant à considérer la poésie lyrique dans ses diverses *espèces* et à caractériser chacun de ses genres.

L'auteur, en effet, passe successivement en revue les principales formes de la poésie lyrique. Au premier rang se place la poésie religieuse, les *hymnes*, les *psaumes*, le *dithyrambe*. Leur caractère est l'élévation, l'élan de l'âme vers Dieu; la sublimité est surtout le trait caractéristique des *psaumes* et des *prophètes*.

A un second degré, nous trouvons les espèces de la poésie lyrique qui se rattachent au genre de l'*ode*. Ici, apparaît comme caractère dominant la personnalité. Le poëte, il est vrai, est pénétré et rempli de l'importance et de la grandeur de son sujet; mais il s'en rend maître et le modifie profondément par la manière hardie dont il le traite, y mêle sa pensée et ses propres sentiments. La puissance entraînante du sujet et la liberté du poëte qui lutte contre lui, voilà précisément le spectacle que nous donne l'ode. Cet effort et ce combat rendent nécessaire la hardiesse du langage et des images, nous révèlent la grandeur et l'élévation du génie. C'est le genre d'inspiration lyrique qui caractérise les odes de Pindare. Le souffle victorieux qui les pénètre anime aussi le rhythme et en détermine la nature.

Un troisième genre, qui embrasse une infinie variété de sujets et de nuances, est celui de la *chanson*. D'abord apparaît la chanson proprement dite. Elle se distingue des genres précédents par la simplicité du fond et de la forme, du mètre et du langage. Destinée à être chantée, à exprimer quelque sentiment passager de l'âme, elle est elle-même passagère et s'oublie vite; mais elle renaît sans cesse sous des formes nouvelles qui la rajeunissent.

Quant aux espèces particulières de la chanson, on doit citer, comme les principales, les *chansons populaires*, qui renferment les exploits et les événements nationaux, dans lesquels le peuple conserve ses souvenirs, ou qui expriment les sentiments, les situations des diverses classes de la société, etc; les chansons qui appartiennent à une culture plus riche et plus variée. Tantôt expression d'une gaieté joyeuse, tantôt plus sentimentales, elles rappellent les scènes de la nature et les diverses situations de la vie humaine.

Viennent ensuite d'autres genres plus étendus, les *sonnets*, les *élégies*, les *épîtres*, etc., qui sortent déjà du cercle de la chanson. Ici, en effet, l'expression du sentiment fait place à la réflexion et à la pensée. Le poëte jette un regard plus calme sur les dispositions de l'âme; il y joint la description de divers objets, l'histoire du passé, du présent; mais on n'y trouve ni la simplicité de la chanson, ni l'élévation de l'ode. Le chant disparaît pour faire place à l'harmonie du langage.

On doit mentionner, en terminant, une dernière forme de

la poésie lyrique dont le caractère est particulièrement *philosophique*. Ce qu'elle exprime, c'est quelque grande pensée, non plus avec l'essor dithyrambique, mais en joignant au calme d'une pensée maîtresse d'elle-même une riche sensibilité, une force entraînante d'images, un style plein de magnificence et d'harmonie. Les poésies lyriques de Schiller sont les modèles dans ce genre.

Après cette exposition des principes de la poésie lyrique, Hegel jette un coup d'œil sur son *développement historique*. Cette esquisse, d'ailleurs incomplète, se termine par une appréciation remarquable des poésies lyriques de Klopstock.

Poésie dramatique. Le besoin de voir les actions et les relations de la vie humaine représentées par des personnages qui les expriment dans leurs discours, est l'origine de la poésie dramatique. Au lieu de se borner, comme l'épopée, au récit d'une action passée, elle met sous nos yeux les personnages qui l'accomplissent, avec tous les accessoires de la représentation scénique.

Trois points principaux sont à considérer dans l'étude de ce genre de poésie : 1° la *nature de l'œuvre dramatique* en elle-même, et les *caractères*, soit *généraux*, soit *particuliers*, qui la distinguent; 2° l'*art théâtral* ou la représentation scénique; 3° les *différents genres* de la poésie dramatique et son *développement historique*.

I. Considéré d'une manière générale, le drame réunit le principe de la poésie épique et celui de la poésie lyrique.

Comme l'épopée, le drame expose une action, un fait, un événement. Mais cette action, qui suivait un cours fatal et entraînait avec elle la destinée des personnages, se dépouille ici de ce caractère. Comme base de l'action apparaît la personne humaine, avec sa liberté. Les événements naissent de la volonté des personnages, de leur caractère et de leurs passions. D'un autre côté, les sentiments de l'âme prennent le caractère de mobiles internes, de passions qui se développent dans une complication de circonstances. L'action est cette volonté elle-même poursuivant son but, et ses conséquences rejaillissent sur elle. Le héros dramatique porte lui-même les fruits de ses propres actes.

De là les différences qui distinguent la poésie dramatique des deux autres genres et ses conditions spéciales.

D'abord, comme l'intérêt se porte uniquement sur l'action, et que, d'ailleurs, ce n'est plus tout un peuple qui est en scène, mais l'homme individuel, l'action dramatique est plus simple que l'épopée ; elle se resserre et offre un tableau moins vaste. Ensuite, le héros principal ne réunit pas le même ensemble de qualités que le héros épique et ne saurait les développer. Les intérêts, les passions, qui sont en lutte, se particularisent aussi davantage et s'opposent plus directement.

Quant au *fond* même du drame, il doit rouler sur les principes éternels de l'existence humaine, les grandes passions, les idées et les vérités morales. Le divin forme ainsi l'essence intime et cachée de l'action dramatique. Et, dès lors, le cours décisif des événements, l'action et le dénoûment dépendent non-seulement des personnages, mais aussi du principe divin et de la puissance générale qui les domine. Le drame doit nous révéler l'action vivante d'une nécessité absolue qui termine la lutte.

Aussi, le *poëte dramatique* qui crée une pareille œuvre doit avoir la pleine intelligence de ce qui fait le fond général des passions et des destinées humaines. Il doit surtout reconnaître les puissances morales qui règlent le sort de l'homme suivant ses actions, démêler leur présence et leur action au milieu de la complication des événements. Car ces puissances morales qui, dans l'épopée, planent sur l'action totale, se précisent et s'opposent dans le drame ; elles forment le fond du caractère des personnages et s'individualisent en eux. Il faut que, malgré leur opposition, le poëte reconnaisse et maintienne leur accord et leur harmonie.

C'est là ce qui forme le véritable intérêt du drame, son principe et sa base essentielle.

Si de là nous passons à l'examen des différentes parties de l'*œuvre dramatique*, nous avons à considérer principalement : 1° son *unité* ; 2° son mode d'*organisation* ; 3° la *forme du langage* ou le côté extérieur de la *diction* et de la mesure des vers.

1° Comparé à l'épopée, le drame, comme il a été dit, doit offrir une unité plus ferme, plus compacte, et renfermée dans des bornes plus étroites. Elle exige une action moins étendue, plus resserrée dans l'espace et le temps, un nœud plus étroit, une opposition plus directe de buts et d'intérêts, une plus étroite coordination des parties.

Ici s'offre la question des trois unités de *lieu*, de *temps* et d'*action*.

Relativement aux deux premiers, les règles étroites que l'on a cru pouvoir tirer du théâtre ancien et de la poétique d'Aristote sont conventionnelles, au moins n'ont-elles rien d'absolu. Aristote ne dit rien de la première ; elles n'ont même pas été toujours observées dans le théâtre ancien. Dans tous les cas, elles ne peuvent convenir au théâtre moderne, où l'action, moins simple, plus complexe, contient une plus riche succession de caractères, de collisions et de personnages. Leur observation stricte conduirait souvent à violer les règles de la vraisemblance, pour sauver la vérité prosaïque.

Il ne faut pourtant pas se jeter dans l'excès opposé. Outre que les unités de *temps* et de *lieu* se recommandent par la clarté qu'elles introduisent dans l'action quand elles sont possibles, on ne doit pas oublier qu'il est de l'essence du drame de se resserrer, comme de l'épopée de s'étendre ; que, dans un spectacle qui s'adresse aux yeux, on ne peut facilement enjamber les années, et que le changement continuel du lieu de la scène doit nous choquer. Mais vouloir enfermer une action compliquée dans l'espace de quelques heures et dans l'enceinte d'un appartement ou d'un palais, c'est établir une règle conventionnelle, et substituer à la vérité poétique les conditions de la réalité prosaïque. Un juste milieu est à garder ; la vraie mesure dépend de la nature des sujets.

La seule règle inviolable est l'*unité d'action*, parce qu'elle est la loi même de l'art. En quoi consiste cette unité ? dans un but unique que poursuivent les personnages au milieu de circonstances les plus diverses, dans une collision principale, ou un nœud auquel se rattachent les caractères et les entreprises, et qui obtient un dénoûment naturel. Cette unité est plus ou moins étroite selon les genres et les sujets, moins dans la comédie que dans la tragédie, dans le drame moderne que dans la tragédie ancienne.

2° Sur l'*organisation* et le développement de l'œuvre dramatique, il suffit de rappeler ce que chacun sait au sujet de l'*étendue*, de la *marche* et de la *division* d'une pièce de théâtre. Nous avons déjà mis en regard, sous le rapport de l'étendue, le drame et l'épopée, et assigné la raison de leur différence. Comparé au poëme lyrique, le drame, à son tour, prend plus d'extension et acquiert des proportions plus grandes. La poésie dramatique tient en quelque sorte le milieu entre l'ampleur épique et la concentration lyrique.

La *marche* du drame est plus rapide que celle de l'épopée. Dans le drame, les courts épisodes, au lieu de retarder l'action doivent l'accélérer. La marche dramatique, à proprement parler, c'est la précipitation continuelle vers la catastrophe finale. Le poëte doit cependant se donner le temps de développer chaque situation avec les motifs qu'elle renferme.

La *division* de l'œuvre dramatique repose sur l'idée même d'une action et de ses moments essentiels. Toute action a un commencement, un milieu et une fin. La dénomination d'*actes* convient donc parfaitement à chacune de ces divisions. Numériquement, il ne devrait y en avoir que trois. Les modernes en admettent cinq. L'exposition répond au premier. Les trois actes moyens représentent les différentes actions, réactions ou péripéties que renferme le nœud ou le conflit total. Dans le cinquième, la collision arrive à son dénoûment.

3° Quant à la *forme extérieure*, elle consiste dans la *diction*, le *dialogue* et la *nature des vers*.

La *diction* doit être pathétique. Mais il y a deux sortes de *pathétique*. L'un est simplement l'expression passionnée des sentiments de l'âme; l'autre, plus en rapport avec l'action, en reproduit le mouvement et le caractère. Pour être naturel et vrai, il faut éviter, à la fois, le genre conventionnel et déclamatoire, et le naturel trivial, grossier, prosaïque. La vérité du langage poétique consiste dans une diction noble, élevée, originale, expression parfaite de la situation, du caractère et des sentiments des personnages.

Les principales formes du discours sont les *chœurs*, le *mo-*

nologue et le *dialogue*. Les deux premières représentent le côté lyrique. Le *dialogue* est la forme vraiment dramatique. On y retrouve les deux genres de pathétique. Le pathétique sentimental, où la passion s'analyse et se répand en longs discours, et qui a commencé avec Euripide, est plus particulier aux modernes. L'autre, plus solide, plus vrai, dont l'effet est plus profond et plus durable, se borne à être l'expression simple de la situation. Sophocle en est le modèle.

Pour ce qui est de la *mesure des vers*, si l'alexandrin convient mieux à la marche lente et majestueuse de l'épopée, le mètre iambique, qui tient le milieu entre l'hexamètre et les mesures lyriques abruptes et entrecoupées, est celui qui, comme l'observe Aristote, convient le mieux au mouvement de l'action dramatique et à la vivacité du dialogue.

Après avoir étudié l'œuvre dramatique dans ses principes et dans ses différentes parties, Hegel la considère dans *ses rapports avec le public*. Cette question, déjà traitée ailleurs d'une manière générale, offre ici un intérêt spécial et une plus haute importance.

Les œuvres scientifiques et lyriques ont un public spécial ou accidentel, indéterminé. L'auteur n'est pas en rapport direct avec lui. Il en est autrement des productions dramatiques ; elles s'adressent à un public déterminé, présent, à des spectateurs qui ont leurs idées, leurs goûts, leurs habitudes. Comment doit se comporter le poëte dramatique à l'égard de ce public? S'il dédaigne son jugement, il manque le succès; s'il cherche uniquement à lui plaire et à flatter ses goûts, il peut manquer le but de l'art.

Avant tout, posons en principe que le poëte doit se soumettre aux exigences et aux règles de son art, afin de s'assurer, non un succès passager, mais une réputation ou une gloire durable.

Voici, à ce sujet, les conditions qu'il doit remplir :

1° Les fins et les entreprises que poursuivent ses personnages doivent offrir un intérêt *général*. Ce qui est goûté d'une nation peut ne l'être pas par une autre. Les tragédies de Shakespeare ont été longtemps sans pouvoir être représentées sur la scène française. Les anciens tragiques sont de tous les temps, parce qu'ils représentent le côté durable, éternel, général de la nature humaine. Aussi peut-on poser en principe, que plus une œuvre dramatique contient de ces traits généraux empruntés à la nature humaine, plus elle est à l'abri de la diversité des mœurs et des époques.

2° Une seconde condition est l'individualité des caractères, ou, pour mieux dire, c'est la condition suprême de l'intérêt dramatique. Les personnages ne doivent pas être seulement des idées, des passions personnifiées, comme il arrive chez beaucoup de modernes. Les grandes pensées, les profonds sentiments, les grands mots ne peuvent compenser ce défaut de vitalité. C'est le don de créer qui fait le véritable poëte. On doit donc reconnaître ici la création vivante d'une riche et féconde imagination. Le nombre des traits particuliers n'est pas la chose essentielle. Sophocle, aussi bien que Shakespeare, a su créer des caractères pleins de vie et d'individualité malgré leur simplicité.

3° La généralité et l'individualité des caractères ne suffisent pas encore ; il faut que ces caractères se fondent parfaitement avec une action animée et intéressante par elle-même. Le but de l'action n'est pas l'exposition des caractères. Car, comme le dit Aristote, les personnages n'agissent pas pour représenter des caractères, mais ceux-ci sont conçus et représentés en vue de l'action.

L'œuvre dramatique qui remplit toutes ces conditions ne peut manquer d'obtenir un succès durable, indépendant des dispositions du public auquel il s'adresse.

La position du poëte dramatique, du reste, n'est pas la même que celle du poëte épique. Celui-ci doit s'effacer devant son œuvre. L'œuvre dramatique n'a pas besoin de paraître sortie de la pensée populaire. Nous voulons, au contraire, y reconnaître la création d'un talent original. Toutefois, le public ne veut pas voir représenter dans un drame les caprices et les situations personnelles du poëte. C'est là le privilége du poëte lyrique. Le public a le droit d'exiger que, dans le cours de l'action, soit tragique, soit comique, la raison et la vérité soient toujours observées. Car, ce qui doit être représenté, c'est l'essence de la nature humaine et le gouvernement divin du monde, les idées éternelles qui résident au fond des passions et des destinées humaines. Le poëte, de son côté, lorsqu'il a conscience de la haute mission de l'art, ne craint pas de se mettre en opposition avec les idées étroites et le mauvais goût du public, sûr que la victoire ne lui manquera pas et qu'il gagnera sa cause en dernière instance. Si donc au but artistique il joint des intentions étrangères, il doit les subordonner à la fin suprême de l'art. La poésie dramatique est un puissant moyen de propager les idées morales, politiques, religieuses; mais il faut que les intentions du poëte portent un caractère élevé, qu'ensuite elles ne se détachent pas de l'action principale, qu'elles en sortent naturellement, et ne paraissent pas un moyen pour produire cet effet. Si la liberté poétique doit en souffrir, l'intérêt est d'un genre grossier et différent de celui de l'art. Ce qu'il y a de pire, c'est que le poëte, sérieusement et de dessein prémédité, cherche à flatter une fausse tendance qui domine le public, et cela uniquement pour lui plaire ; car alors il pèche à la fois contre la vérité et contre l'art.

Les pages consacrées à l'*art théâtral* ou à l'*exécution extérieure de l'œuvre dramatique* sont peu susceptibles d'analyse. Elles contiennent une foule de remarques intéressantes et judicieuses sur la *lecture des ouvrages dramatiques*, sur le jeu des acteurs et l'*art du comédien*, sur les accessoires et les effets de la représentation scénique.

Après avoir étudié la poésie dramatique dans son principe général, dans l'organisation de ses œuvres et dans les formes extérieures de la représentation, Hegel passe à l'examen des genres qu'elle comporte, et dont les principaux sont la *tragédie*, la *comédie* et le *drame*.

Le principe de la *division des genres*, dans la poésie dramatique, se tire du rapport différent des personnages avec le but qu'ils poursuivent ou l'idée qu'ils représentent. Or, de deux choses l'une : ou cette idée est quelque chose de bon, de grand, de noble, comme constituant le fond vrai et éternel de la volonté humaine ; ou c'est la personnalité humaine avec ses caprices, ses fantaisies, ses ridicules, qui est mise en scène.

De là les deux genres principaux, la *tragédie* et la *comédie*, entre lesquels se place le *drame*, comme terme moyen, qui réunit les deux caractères.

1° *De la Tragédie.* — Le fond de l'action *tragique*, quant au but que poursuivent les personnages, ce sont, en effet, les principes, les idées légitimes et vraies qui déterminent la volonté humaine, les grandes passions, les intérêts élevés qui s'y rattachent. C'est là ce qui fait la bonté morale des caractères, l'étoffe des véritables héros tragiques. Ainsi, le thème de la haute tragédie, c'est le *divin*, ce sont les idées divines qui apparaissent comme motifs de la volonté et comme base de l'action, c'est, en un mot, la vérité morale.

Les puissances morales qui constituent le caractère des personnages et le fond de l'action sont harmoniques dans leur essence. Mais, dès qu'elles tombent dans le monde de l'action et se mêlent aux passions humaines, elles paraissent exclusives, et alors elles s'opposent, deviennent hostiles. Leur opposition éclate de diverses manières, surtout parce qu'elles prennent le caractère des passions humaines. Un conflit s'engage, un nœud se forme, le héros principal soulève contre lui des passions contraires, et de là naissent d'implacables discordes.

Le vrai tragique consiste donc dans l'opposition de deux principes également légitimes, également sacrés, mais exclusifs et mêlés à des passions humaines qui altèrent leur pureté et entraînent les personnages dans des défauts ou des crimes, source de leurs infortunes.

Voilà le fond, le nœud de l'action tragique; quel en sera le dénoûment?

Ce dénoûment doit rétablir l'accord rompu entre les puissances morales. Pour produire cette impression, il doit laisser entrevoir une justice éternelle qui s'exerce sur les motifs individuels et les passions des hommes.

La Némésis tragique est cependant distincte de la justice morale. Celle-ci châtie et récompense; tandis que celle-là se manifeste simplement par la ruine des personnages qui se combattent, par le renversement de leurs desseins et de leurs prétentions, par une catastrophe finale qui, venant à les envelopper, fait éclater le néant de ces passions et de ces intérêts, et laisse ainsi dans l'âme du spectateur une impression de religieuse terreur et de pitié.

En effet, quoique les personnages poursuivent un but légitime, ils troublent l'accord des puissances morales, en mêlant à des intentions élevées, leurs passions et leurs vues particulières, des fautes et souvent même des crimes. Ce qui donc est détruit dans le dénoûment, ce ne sont pas ces principes éternels eux-mêmes, mais les personnages et leurs fins bornées ; c'est ce qu'il y a en eux d'exclusif, de passionné, d'humain. Ne pouvant renoncer à leurs desseins et à leurs passions personnelles, ils sont entraînés à une ruine totale ou forcés de se résigner à leur sort.

Le fond de l'action et de la représentation tragique, c'est donc le *vrai*, le *divin*, l'opposition et l'harmonie des puissances éternelles de la vie, ou des idées morales.

Quelle impression doit produire un pareil spectacle sur l'âme du spectateur? celle que définit si bien Aristote en disant, de la tragédie, qu'elle doit exciter la *terreur* et la *pitié*, en les *purifiant*.

La *terreur tragique*, en effet, ce n'est pas la frayeur ordinaire qu'excite la vue du malheur ou du danger. C'est là un sentiment vulgaire, égoïste, étroit.

Pour que le spectacle élève et purifie notre âme, il faut qu'il ait un caractère religieux, que la terreur soit excitée, non par la vue d'une puissance physique qui menace notre existence matérielle, mais par le spectacle des puissances morales aux prises les unes avec les autres. La lutte, l'antagonisme de ces puissances, voilà ce qui remplit l'âme d'une religieuse frayeur, nous enlève à la sphère habituelle de nos pensées. Notre âme est saisie d'épouvante en voyant menacé ce qui lui paraît inviolable et sacré. Son trouble ne peut cesser que quand elle voit reparaître l'harmonie par un dénoûment qui détruit les causes de cette opposition.

Il y a de même deux sortes de *pitié*. L'une n'est autre que la sympathie qu'excite le malheur d'autrui, sentiment naturel et bon, mais également vulgaire. L'autre est la sympathie pour une noble infortune, relevée par le principe moral que représente le personnage et le caractère qu'il déploie dans le malheur au service d'une grande cause. C'est donc le motif de la passion, l'idée morale qui s'y joint, qui détermine la nature du sentiment que nous éprouvons à la vue des souffrances ou des malheurs d'un personnage. Le tableau des souffrances et des malheurs n'est que déchirant. La vraie compassion tragique ne s'attache qu'aux personnages dignes d'intérêt, c'est-à-dire qui mêlent à de grandes qualités des fautes et des faiblesses humaines. Mais, au-dessus de la terreur et de la sympathie tragiques, plane le sentiment de l'harmonie des puissances morales. On doit entrevoir la justice éternelle qui brise la justice relative des fins et des passions exclusives des personnages mis en scène.

La tragédie est le spectacle d'un pareil conflit et d'un tel dénoûment. De là son effet religieux et moral.

2° *De la Comédie.* — La *comédie* est l'opposé de la tragédie. Le fond de l'action tragique est la lutte des puissances morales, des idées éternelles, des grands mobiles du cœur humain représentés par des personnages nobles, d'un caractère élevé, mais exclusif et passionné. Dans la comédie, ce n'est plus ce côté solide, éternel, divin de la nature humaine, qui est la base de l'action; c'est, au contraire, le côté personnel, *subjectif*, arbitraire, capricieux ou même pervers de la volonté, qui est mis en scène et qui occupe la première place avec les ridicules, les fantaisies, les défauts et les vices qui y sont attachés.

Néanmoins, pour que nous puissions rire des personnages lorsque nous les voyons échouer dans leurs desseins, il faut qu'ils ne prennent pas trop au sérieux eux-mêmes le but qu'ils poursuivent, qu'ils ne s'y absorbent pas tout entiers, qu'ils conservent leur sécurité et leur sérénité; que la liberté et l'indépendance de la personnalité se révèlent comme le fond du spectacle. Tel est la nature du vrai comique.

Toujours est-il qu'il y a absence de base solide. C'est une action vaine et fausse, une contradiction entre le but et les moyens, la sottise qui se détruit de ses propres mains, et cependant reste calme et imperturbable. La ruine totale, le sérieux complet exciteraient en nous, au lieu du rire, un sentiment pénible.

Il faut donc distinguer entre le *risible* et le *comique*, et entre les divers genres de comique. Tout contraste entre le fond et la forme, le but et les moyens peut être risible. Le comique exige une condition plus profonde. Le vice en soi n'est pas comique ; la sottise, l'extravagance, l'ineptie, ne le sont pas davantage. Ils sont l'objet de la satire, qui est sérieuse et s'exerce souvent sur les choses les plus graves.

Ce qui caractérise le comique c'est la satisfaction intime et profonde du personnage mis en scène, et qui, ne courant aucun danger réel, sûr de lui même, peut supporter de voir échouer ses projets et ses entreprises, ou se sent élevé au-dessus de ses propres contradictions. L'absence de sérieux en est la condition essentielle.

Ainsi le comique, en général, s'appuie sur une contradiction, sur des contrastes, soit entre des buts opposés, soit entre la fin et les moyens, soit entre le vrai en soi et les caractères ou les moyens. Cette contradiction appelle encore plus un dénoûment que dans la tragédie.

Or, ce qui se détruit dans le dénoûment, ce n'est ni le vrai en soi, ni la vraie personnalité; c'est la déraison, la sottise, ce sont leurs contradictions qui sont mises sous nos yeux. Ce qui est éternellement vrai dans la vie des individus ou des peuples ne peut être tourné en ridicule. L'art solide d'un Aristophane, par exemple, ne tourne en ridicule que les excès de la démocratie, la sophistique et le mauvais goût de son époque, non la religion, l'État, l'art en soi et la vérité morale.

Si donc la comédie nous offre une fausse image de la vérité, si ce qui est mauvais, petit, ridicule, est le côté saillant de la représentation, cependant ni le vrai en soi ni la personnalité forte, solide, ne doivent périr. Ce qui est faux se détruit de ses propres mains. Mais la vraie personnalité triomphe de cette destruction; elle est inviolable.

3° *Du Drame.* — Hegel dit peu de chose du drame. Le drame offre une combinaison du tragique et du comique. C'est un genre intermédiaire et flottant, peu susceptible de règles précises. L'intérêt consiste dans une complication d'événements extraordinaires propres à frapper l'imagination. On vise surtout à l'effet théâtral. Le but est l'amusement ou l'émotion, un faux pathétique. Souvent la pièce est conçue dans un but moral, politique, étranger à l'art.

Cette théorie de l'art dramatique se termine par la comparaison du *Théâtre ancien* et du *Théâtre moderne,* parallèle qui fournit à l'auteur l'occasion de développer les principes précédents. Cette partie originale et intéressante de la poétique de Hegel doit fixer toute notre attention.

Voici d'abord les différences générales qui, selon lui, distinguent le théâtre ancien du théâtre moderne.

« Ce dont il s'agit principalement dans le *théâtre ancien*, tragédie ou comédie, c'est le caractère général, élevé, du but que poursuivent les personnages. Même dans la comédie, ce sont encore les intérêts généraux et publics qui sont représentés, les hommes d'Etat, les affaires publiques, la paix, la guerre, etc. Dès lors, il ne peut y avoir place pour le tableau varié du cœur humain, du caractère des individus, pour les détails de la vie, et le développement d'une intrigue. De même, l'intérêt n'est pas uniquement excité par le sort des personnages. L'attention se porte plutôt sur la lutte des puissances morales et sur le dénoûment de cette lutte. De là le caractère élevé et la simplicité du théâtre antique. De même, les figures comiques manifestent plutôt la corruption générale et les causes qui ont perverti les institutions sociales et la morale publique. »

Dans le *drame moderne*, au contraire, l'objet principal c'est la passion personnelle poursuivant un but personnel. C'est aussi le sort des personnages et le développement des caractères dans des situations plus spéciales. Quant au fond même de l'action, ce n'est plus la revendication des droits moraux qui excite notre intérêt, mais le personnage lui-même et sa destinée. Les motifs sont de grandes passions personnelles, l'amour, l'ambition, l'honneur, etc. Ici la grandeur et l'énergie sont d'autant plus nécessaires, que la moralité des fins et des moyens est plus faible, et que le crime, commis dans un but personnel, n'est pas exclu. Néanmoins les intérêts de la patrie, de la famille, de l'humanité, doivent toujours faire la base essentielle de l'action, expliquer le caractère et la lutte des personnages, donner le dernier mot de leurs actions et de leur volonté. A ces conditions seules, le théâtre conserve son caractère élevé et moral.

D'un autre côté, le développement de la personnalité permet davantage de représenter le côté particulier de l'existence, d'entrer plus avant dans les détails et les complications de la vie intérieure, et d'offrir le tableau des circonstances extérieures.

La multiplicité des personnages et des incidents extraordinaires, le labyrinthe des intrigues et l'imprévu des événements, contrastent avec la simplicité du théâtre antique, qui ne renferme qu'un petit nombre de situations et de caractères.

Malgré cette foule de particularités, en apparence sans règle fixe, l'ensemble doit rester clair et poétique. Ensuite, dans la marche et le dénoûment de l'action, doit se révéler clairement la domination d'une puissance supérieure qui dirige les événements de ce monde. Ces deux règles peuvent servir à juger presque toutes les pièces du théâtre moderne.

Ainsi Hegel maintient le caractère élevé et moral de sa critique dans l'histoire comme dans la théorie. Mais il ne se borne pas à signaler ces différences générales. Il continue et développe le parallèle par une analyse détaillée des parties essentielles du *théâtre ancien* et du *théâtre moderne,* dans les deux genres principax, la tragédie et la comédie, qu'il considère sous le rapport de l'action, des personnages, des dénoûments, etc. Tâchons de préciser sa pensée sur chacun de ces points :

1° Le fond de la *tragédie ancienne* c'est la manifestation des idées et des principes éternels qui servent de base à la vie humaine et à la société.

Or, deux choses sont ici à considérer : l'opposition qui éclate entre les principes, les personnages qui les représentent, les passions diverses qui les animent; et, en présence de cette lutte, la conscience humaine qui reste calme, qui maintient l'harmonie des puissances morales, et garde la neutralité. Inactive, mais non indifférente, elle assiste en simple spectatrice à cette lutte, et s'y mêle uniquement pour représenter cet accord. Elle oppose donc à l'énergie et à la violence des passions des maximes de sagesse, des conseils; elle représente aux personnages la grandeur de leurs motifs, l'harmonie des vérités morales qu'ils invoquent.

Ainsi, ces deux principes, la conscience calme de l'harmonie des idées morales d'une part, et de l'autre la passion qui met aux prises les personnages, voilà les deux principes constitutifs de la tragédie ancienne : le *chœur* et les *héros tragiques*.

Le rôle du *chœur* n'est qu'imparfaitement expliqué quand on a dit qu'il consiste à faire des réflexions sur l'ensemble de l'action, et qu'il représente en particulier le public, le peuple sur la scène, prenant part à l'action et la jugeant. Le chœur a un rôle plus élevé et plus intimement lié à l'action elle-même. Il représente l'accord des puissances morales, qui se combattent sur la scène, et le sentiment de cet accord dans la conscience humaine. C'est l'élément moral de l'action tragique. Or, cet élément n'étant pas fixé d'une manière positive, soit dans le dogme de la religion ancienne, soit dans la législation, apparaît ici d'une manière distincte comme résidant dans les mœurs. C'est là ce qui explique pourquoi le chœur, qui fait partie essentielle du théâtre antique, ne peut être introduit dans le théâtre moderne.

Chez nous, d'ailleurs, l'action et les personnages ne s'appuient pas sur une base aussi solide et aussi élevée. Le but que poursuit la volonté des personnages est plus personnel, moins moral, moins général. Cette manifestation de la conscience et de l'accord fondamental des puissances morales n'est donc pas nécessaire. Le chœur, avec son caractère lyrique, n'a plus sa place là où s'agitent les passions et les collisions individuelles, là où se déploie le jeu varié de l'intrigue.

2° Quant aux *personnages* et aux conflits qui s'engagent entre eux, on a vu que ce qui forme le fond du caractère des héros tragiques, c'est un motif moral, la revendication d'un droit solide et vrai, et non pas seulement quelques traits moraux propres à ennoblir et à relever la passion.

Tels sont les caractères dans les pièces d'*Eschyle* et de *Sophocle*, Agamemnon, Electre, Oreste, Œdipe, d'Antigone, etc., sujets d'une haute valeur poétique, et en même temps d'un intérêt éternel au point de vue moral.

Dans les conflits où ils sont engagés, ces personnages tombent dans des fautes et commettent des crimes. Mais ils ne montrent aucune indécision, aucune hésitation. La passion qui les fait agir repose sur une base trop solide pour être indécise. De là la force, la grandeur de leur caractère et de leur langage. Leur culpabilité et leur innocence offrent aussi un caractère tout particulier. Ils ne sont pas coupables ou innocents à la manière moderne ; ils acceptent leur culpabilité comme conséquence de leurs actes ; ils ne distinguent pas entre les actes et la volonté ; ils sont tout d'une pièce. De même, ils ne veulent pas exciter la compassion ou la pitié. Le pathétique qui s'attache à eux est d'un genre supérieur. Tel est le caractère des personnages antiques.

3° Le *dénoûment* d'une pareille action ne peut être la destruction des puissances opposées. Au terme de l'action doit reparaître leur harmonie. C'est ce qui a lieu de plusieurs manières. Quel que soit le mode de dénoûment, l'âme, d'abord fortement ébranlée par le spectacle de la lutte et de la destinée des héros, retrouve le calme et la paix dans un sentiment religieux et moral. Ce n'est pourtant pas l'effet produit par le spectacle de la vertu récompensée et du crime puni. L'idée de châtiment et de récompense n'est pas tragique; mais le spectateur emporte le sentiment profond de l'accord des puissances morales qui se sont opposées sur la scène.

Ce n'est pas non plus, comme on l'a dit, l'idée du *destin*, d'une fatalité aveugle, qui est le fond du théâtre grec. Ce qui fait le caractère moral et religieux du dénoûment, c'est l'idée d'une puissance absolue qui brise et renverse les projets des hommes, refoule la passion et la volonté individuelles dans leurs limites, fait éclater leur insuffisance et le néant de leurs efforts. Mais l'homme n'est pas écrasé par une force aveugle et déraisonnable; ce qui, au lieu d'exciter une impression morale, ne ferait que soulever l'indignation dans l'âme du spectateur.

Ce dénoûment général a lieu de différentes manières. Si le personnage s'est trop identifié avec sa passion au point de ne pouvoir s'en détacher, il est nécessaire qu'il périsse et soit sacrifié. Le dénoûment est malheureux, comme dans l'*Antigone*. Quelquefois l'accord et la réconciliation est possible. Tel est le dénoûment des *Euménides*. Tantôt, enfin, la conciliation se fait dans l'âme même du héros, comme dans le *Philoctète*, mais ici par une cause extérieure, par la volonté des dieux. Tantôt, enfin, elle se fait d'une manière plus profonde, par un changement intérieur et une transformation morale, par la purification et la glorification du héros, comme dans *Œdipe à Colonne*.

Sur tous ces points, la tragédie moderne diffère essentiellement de la tragédie ancienne.

Si la représentation des puissances morales est la base de la tragédie ancienne, dans la *tragédie moderne* ce sont les sentiments personnels, tels que l'amour, l'honneur, l'ambition, la gloire, qui forment le fond de l'action et sont les motifs qui font agir les personnages. Ces motifs peuvent avoir un caractère élevé ; ils doivent même, pour ne pas être faux, s'appuyer sur une base solide, se combiner avec les idées, les intérêts généraux, de l'homme, de la famille, de la religion, de l'Etat ; mais ils n'en offrent pas moins un caractère profondément personnel et individuel.

Il en résulte d'abord que ces principes sont moins simples, qu'ils se particularisent et se diversifient davantage ; ensuite, qu'ils sont moins purs ou sont plus exposés à s'altérer et à se corrompre. Tout ce qui fait obstacle à la passion personnelle sera écarté. L'injustice et le crime occuperont plus de place, prendront surtout un caractère de perversité réfléchie, inconnue aux personnages antiques, quoique le crime pour le crime, la perversité pour la perversité, doivent être bannis de la représentation.

En opposition avec ce caractère personnel des motifs et des actes, le but de l'action peut néanmoins s'agrandir ; il peut même se développer sous la forme d'une vérité morale, d'une idée philosophique, comme dans Faust ; affecter le caractère d'un grand intérêt général, comme dans la tragédie de Wallenstein. Mais on voit que ce n'est pas le côté moral et général qui domine. La passion personnelle, l'amour, l'honneur jouent le premier rôle. Les caractères qui représentent ces intérêts généraux ou ces idées sont surtout préoccupés d'eux-mêmes et de ces sentiments comme s'identifiant avec leur propre existence. Que l'on compare, sous ce rapport, *Hamlet*, par exemple, et *Oreste*. Au fond, la situation est la même ; on verra combien les motifs et les caractères sont différents. Oreste s'oublie pour ne songer qu'à son père et à l'oracle qui lui ordonne de le venger. Aussi est-il ferme, décidé, inébranlable dans sa résolution. Hamlet, avec son caractère mélancolique, tout absorbé en lui-même, est irrésolu ou faible, chancelant, il se laisse décider par les circonstances.

C'est surtout, en effet, quand on vient à étudier les *caractères* et les *situations* des personnages que la différence se fait sentir. Les héros antiques étant déterminés à agir par un principe moral, sont fermes, arrêtés dans leur dessein : ils sont opposés à d'autres caractères également simples et fermes, placés dans une situation simple. Les personnages modernes, au contraire, sont jetés, dès le début, dans une foule de rapports et de complications qui ne leur permettent pas de se décider sur-le-champ. Le conflit, dès lors, et la résolution dépendent davantage du caractère individuel. Celui-ci se développe non en vertu de principes donnés, mais pour rester fidèle à lui-même. Le héros grec, à la hauteur où il est placé, reste aussi fidèle à lui-même ; mais c'est qu'il s'est identifié avec sa cause et avec le principe moral qu'elle représente. Le héros moderne se décide davantage d'après ses désirs et ses dispositions personnelles, ou d'après les circonstances extérieures. La moralité du but et celle du caractère sont accidentelles.

Hegel revient ici sur un point déjà traité ailleurs, sur la faiblesse des caractères. Ces réflexions sur le théâtre moderne sont conformes à sa manière élevée et sévère de juger l'art en général.

C'est ici, en effet, le grand écueil du théâtre moderne. Les contradictions, sans doute, sont dans la nature humaine, et le drame en offre le spectacle; mais ce que le poëte ne doit jamais oublier, c'est que l'irrésolution, comme fond même du caractère, est l'absence même de caractère. L'action tragique roule sur une collision ; or, si l'on introduit le débat dans l'âme même du personnage, rien d'abord de plus hasardeux. Cette perplexité, en effet, peut indiquer la faiblesse, l'absence, l'obscurité ou la confusion des idées, une nature double ou incomplète. Il en est autrement quand un caractère, d'ailleurs ferme et résolu, se trouve placé entre deux devoirs, deux principes également sacrés, et entre lesquels il est forcé de choisir. L'irrésolution, alors, n'est pas dans le caractère, mais dans la situation. Il est permis encore à un personnage de s'égarer momentanément dans une passion opposée à son véritable rôle, pourvu qu'il se relève de cette scission ou qu'il y périsse. C'est là une source de pathétique, quoique souvent d'un fâcheux et pénible effet. Mais prendre l'incertitude même, la contradiction, l'hésitation, la faiblesse, pour sujet et fond de la représentation, en faire un idéal, de sorte que la vérité morale consiste à montrer qu'aucun caractère n'est sûr de soi, et à communiquer cette impression, cette maladie à l'âme du spectateur, c'est corrompre l'art. Et le poëte qui donne cette leçon est un sophiste sur la scène.

Dans la vie réelle, les obstacles que rencontre la volonté humaine, et la résistance qu'il faut leur opposer, sont un témoignage suffisant de la faiblesse humaine. L'irrésolution, donnée comme but de la représentation, comme l'idéal d'un caractère qui ne sait ce qu'il veut et ce qu'il fait, ne peut être que d'un pitoyable et dangereux effet.

Le seul moyen ici de donner un sens moral à ce spectacle, c'est de montrer tous les changements et ces irrésolutions, comme conduisant à la folie ou à la mort. Telle est la manière dont Shakespeare nous montre ses caractères faibles et irrésolus: la folie, comme naissant de la faiblesse, dans *le Roi Lear*, et la mort, comme suite des irrésolutions, dans *Hamlet*.

Ses autres personnages, au contraire, même lorsqu'ils sont criminels et pervers, se relèvent par une inébranlable énergie de volonté : *Macbeth, Othello, Richard III*. La lutte d'une grande âme, le tableau de cette lutte du héros travaillant à sa propre ruine est alors d'un effet tragique et moral.

La tragédie moderne ne diffère pas moins de la tragédie ancienne par le mode de *dénoûment* que par la nature de l'action et le caractère des personnages. Dans la tragédie antique, c'est la justice absolue qui, sous la forme du Destin, maintient l'accord des idées morales. Les personnages ne périssent que parce que leurs motifs sont exclusifs. C'est là la haute moralité de ce spectacle. Dans les pièces modernes, cette pensée, quand elle existe, est plus vaguement indiquée, parce que les personnages agissent par des motifs intéressés ou personnels. En outre, comme la *perversité* est plus grande, et que les crimes que commettent les personnages sont plus réfléchis, l'idée du *châtiment* apparaît davantage dans le dénoûment, ce qui semble plus moral, mais est moins poétique et plus froid. Souvent la catastrophe consiste en ce que les personnages viennent se briser contre une puissance plus forte, la société, l'ordre établi, et se préparent eux-mêmes leur propre ruine (*Charles Moore, Wallenstein*). Il faut qu'alors ils conservent le sentiment de leur force et de leur grandeur, et que la liberté écrasée par la fatalité ait le sentiment de sa dignité, de sa supériorité, que le caractère conserve sans fléchir jusqu'à la mort son imperturbable énergie. C'est alors le spectacle de la liberté humaine en elle-même qui nous est offert.

Enfin, si le malheur paraît uniquement dépendre du hasard des circonstances, si le spectacle qui nous est donné est celui des vicissitudes humaines, il faut que le sentiment de tristesse mélancolique qu'il nous inspire ne naisse pas de l'idée d'une fatalité purement matérielle et terrible. Ce dénoûment peut nous émouvoir; il nous trouble, mais il ne produit pas la vraie terreur tragique qui suppose une idée morale. Pour que la paix se rétablisse dans l'âme, il est nécessaire que les accidents extérieurs et la catastrophe s'accordent avec le fond du caractère même du héros. Tel est le sens moral de la tragédie d'*Hamlet*, où l'on sent partout que le destin du héros est écrit dans son caractère. De même, dans *Roméo et Juliette*, le dénoûment naît de la contradiction entre ces natures et le monde où elles sont placées. Le résultat est alors une impression de tristesse mélancolique dans l'âme du spectateur.

Le parallèle entre la *Comédie ancienne* et la *Comédie moderne* est beaucoup moins développé. Selon Hegel, le comique en général, « c'est la personnalité qui met en contradiction ses propres actes, et qui, lors-même qu'elle détruit sa volonté par les moyens qu'elle emploie, ne perd pas sa bonne humeur pour avoir manifesté le contraire de son but. »

C'est là, dit-il, le vrai comique, et l'idée qui sert de base à la comédie ancienne. A ce titre, un personnage n'est comique qu'autant qu'il ne prend pas lui-même au sérieux le but que poursuit sa volonté. Aussi, quand il échoue dans ses entreprises, il abandonne son but et se retrouve lui-même; il reste supérieur aux événements; de sorte qu'en définitive, c'est l'insignifiant seul, l'indifférent, le faux qui est détruit. La personnalité reste debout et ne se laisse pas ébranler.

Tel est, suivant Hegel, le caractère principal de la comédie ancienne, c'est le comique d'Aristophane. Ce qui distingue ses personnages, c'est qu'ils sont comiques pour eux-mêmes et ne se prennent jamais tout à fait au sérieux.

Déjà Plaute et Térence s'écartent de ce caractère. La tendance opposée consiste en ce que le personnage comique prend son but au sérieux, il est plaisant pour le spectateur, non pour lui-même; c'est une plaisanterie plus prosaïque qui offre un ton âcre et satisfait la malignité de l'esprit. Hegel partant de ce principe, l'applique à l'appréciation de la comédie moderne, qu'il juge plus que sévèrement.

En moraliste, il en signale avec force les abus. Il n'est que trop vrai que souvent, au lieu de corriger les mœurs en faisant justice des ridicules, la comédie est l'école du vice et du mensonge. Souvent elle n'offre qu'un tissu d'intrigues et de fourberies, dirigées contre ce qu'il y a de plus noble et de plus respectable au monde. Sa conclusion est, que la comédie moderne représente des intérêts privés et des caractères personnels, avec leurs ruses, leurs ridicules, leurs originalités et leurs sottises; mais elle manque de cette franche gaieté qui caractérise la comédie d'Aristophane. Il ne retrouve cette gaieté, cet humour profond que dans les comédies de *Shakespeare*.

CONCLUSION.

I. — Coup d'œil sur les ouvrages et les travaux qui ont précédé, en Allemagne, l'Esthétique de Hegel.

Le but de cet essai a été surtout de compléter notre traduction, et de faciliter l'intelligence du livre de Hegel, après nous être efforcé de le faire passer dans notre langue. Nous n'avons pas cru trop faire en faveur d'un ouvrage qui, de l'aveu des écrivains les plus distingués et les moins suspects de partialité (1), tient le premier rang parmi les nombreux écrits publiés en Allemagne sur la philosophie des beaux-arts.

En comblant une lacune importante de notre littérature,

(1) Voici comment s'exprime M. Staudenmaier, un des adversaires de Hegel, qui a réfuté son système au point de vue catholique : « Nous reconnaissons avec plaisir que l'*Esthétique* de Hegel renferme beaucoup de choses, non-seulement vraies, profondes, belles, excellentes, mais même classiques, qui, comme telles, ne seront peut-être jamais surpassées. Mais nous ne décernons pas cet éloge à ce qu'il expose en général et sur les principes..... Néanmoins, nous maintenons notre jugement, et nous croyons que beaucoup de personnes partagent notre opinion, quand nous disons que l'*Esthétique* de Hegel est peut-être le chef-d'œuvre de ce maître. » (*Exposition et critique du système de Hegel*, par Staudenmaier, p. 665, all.) Le même jugement est porté par M. F. Thiersch, dans son *Esthétique générale*, p. 33, all.

nous avons jugé utile de propager les idées neuves, profondes et vraies, que ce livre renferme en abondance, et qui sont propres à donner aux arts une direction élevée et morale, à la critique contemporaine une base plus large et plus solide. Pénétré de cette pensée, nous avons été moins pressé de porter notre jugement que de mettre le lecteur à même d'asseoir le sien sur une connaissance complète de cet ouvrage, dans toutes ses parties comme dans son ensemble. Que ce soit là notre excuse pour la longueur de l'analyse que l'on vient de lire.

Le même motif nous engage, avant de conclure par une appréciation générale, à jeter un coup d'œil sur la suite des travaux qui ont précédé et préparé l'apparition de ce livre en Allemagne. Il est impossible, sans cela, de comprendre le mérite spécial qui le distingue, le progrès qu'il a fait faire à la science, comme aussi d'apercevoir ses lacunes et ce qu'il laisse à désirer.

La science du beau et l'étude philosophique des œuvres de l'art étaient trop conformes à la nature du génie allemand, à la fois poétique et spéculatif, enthousiaste et méditatif, pour ne pas être cultivées de bonne heure et avec ardeur chez une nation qui, depuis un siècle, a remué en tout sens le vaste champ de la pensée.

Presque tous les esprits distingués de l'Allemagne, philosophes, poëtes, artistes, critiques, archéologues, historiens, ont agité les questions relatives à la nature du beau et de l'art, soit en elles-mêmes, soit dans leur rapport avec les questions religieuses, morales et littéraires auxquelles elles tiennent si étroitement. Il en est résulté une foule d'ouvrages et d'écrits de mérite divers et composés dans un esprit différent, comme celui de leurs auteurs et des systèmes qui les ont inspirés. Nous ne pouvons, dans cette revue rapide, que mentionner les principaux.

Il est facile de reconnaître, dans ces recherches et ces ouvrages, deux tendances opposées et l'application de deux méthodes différentes. Chez les uns, dominent la spéculation abstraite et la méthode métaphysique ou psychologique. D'autres sont principalement dus à l'étude immédiate des œuvres de l'art et à la méthode historique. La partie descriptive, les aperçus détachés et la critique de détail en font le principal mérite. Mais la théorie y est faible ; elle n'a pas toujours conscience d'elle-même, ou elle manque de profondeur et de portée.

Un disciple de Wolf, *Baumgarten*, est le premier qui ait conçu les recherches sur le beau, comme devant former l'objet d'une science à part, et lui ait donné le nom d'*Esthétique*. Sous l'influence du dogmatisme superficiel qui dominait alors, et de l'aride formalisme qui caractérise les écrits des continuateurs sans génie de la philosophie de Leibnitz, la nouvelle science ne pouvait guère fleurir et prospérer. Suivant Baumgarten, le beau, c'est la perfection perçue d'une manière confuse. La beauté ainsi n'est pas dans les objets, elle n'est que dans notre esprit. L'idée du beau est un *sentiment*, et elle est du ressort des facultés de l'esprit inférieures à l'entendement. Dès lors, l'esthétique, proclamée si haut une science indépendante, retombe au-dessous de la morale et de la logique, ou se confond avec elles.

En précisant un principe aussi mal déterminé, les successeurs de Baumgarten firent en effet rentrer la notion du beau dans la classe des idées logiques, ou dans le point de vue moral de la perfection et de la conformité au bien.

D'autres, s'attachant à l'élément sensible, ne virent plus dans la beauté que le côté physique. Le caractère commun des ouvrages de cette époque et de cette école, malgré beaucoup d'observations justes, est de déguiser un fond pauvre et dénué de véritable intérêt sous des généralités abstraites et vagues, ou d'offrir un *compendium* des idées reçues avec des détails techniques. Tels sont les ouvrages de *Mendelssohn*, de *Sulzer*, de *Meier*, etc.

Un homme doué du sens du beau à un degré où le goût devient du génie, vint faire sortir la science de l'art des voies arides et stériles où elle était engagée. *Winckelmann*, par l'étude et la contemplation des chefs-d'œuvre de la sculpture grecque, parvint à comprendre la nature de l'idéal antique dans sa belle et pure simplicité. Le résultat de ses recherches, consignées principalement dans l'*Histoire de l'Art*, fut d'éveiller un enthousiasme général pour la beauté grecque et d'inspirer le goût des recherches historiques et archéologiques.

Mais Winckelmann était peu philosophe, et, quelque aversion que l'on ait pour la spéculation appliquée à l'étude des œuvres de l'imagination, on ne peut nier que la faiblesse de ses vues théoriques n'ait gravement contribué à égarer ses successeurs et à faire rentrer la science dans la voie d'où il l'avait fait sortir. Lui-même ne se rendit qu'imparfaitement compte de cette beauté idéale qu'il avait appris à admirer dans les œuvres de l'antiquité, et dont il avait si bien décrit les caractères et les conditions. Il devait être encore bien moins compris de ses imitateurs. Ceux-ci ne virent, pour la plupart, dans l'idéal, qu'une abstraction vague, une certaine forme générale, un type invariable de beauté sans expression et sans vie; l'élément vital et individuel leur échappa. En même temps, ils donnèrent pour but à l'art moderne l'imitation de l'art antique, détruisant par là toute originalité.

Cette fausse tendance amena une réaction dont *Lessing* fut le principal promoteur. S'attaquant à Winckelmann lui-même et surtout à ses admirateurs, cet ingénieux et spirituel écrivain s'efforça de réintégrer le côté individuel, le naturel, et comme il l'appelle, le *caractéristique* dans l'art. Sa polémique, si vive et si nette, eut principalement pour but de débarrasser l'art et la poésie des règles conventionnelles ou de l'étiquette du théâtre français, et de secouer le joug de notre littérature. Il est, après Klopstock, un des écrivains qui ont le plus contribué à la révolution littéraire qui a eu pour résultat l'émancipation du génie allemand.

Mais, dans son théâtre et dans sa critique, il poussa son principe du naturel à l'excès. En même temps, par une inconséquence dont il ne s'aperçut pas, il replaçait la littérature sous un autre joug, en proclamant la poétique d'Aristote mieux comprise; et dans son admiration passionnée, il va jusqu'à la comparer aux éléments d'Euclide, la règle invariable du goût et le code de l'art dramatique.

Dans son *Laoocon*, il marque avec netteté la différence des arts du dessin et de la poésie; mais il confond perpétuellement la sculpture et la peinture, et ne paraît pas soupçonner les différences de ces deux arts. Sa critique, pleine d'aperçus ingénieux, exprimée dans un style vif et clair, manque d'ampleur, de force et de portée. Lessing était né pour la polémique. En théorie, ses idées sont incertaines, chancelantes, souvent contradictoires, elles ne peuvent former un ensemble et un corps de doctrine.

Quoi qu'il en soit, par la manière vive et intéressante dont il aborde toutes les questions, il a su maintenir et étendre en Allemagne le goût de la haute critique.

Tous ces essais n'étaient qu'une préparation à de plus hautes spéculations et à de plus vastes recherches. Une seconde période s'ouvre pour l'esthétique avec l'avènement de la philosophie *kantienne*. Le puissant penseur qui devrait régénérer ou plutôt fonder la philosophie allemande, porta dans la question du beau sa puissante analyse et sa critique sévère. Dans sa *Critique de la faculté de juger*, Kant s'attache à déterminer les caractères de l'*idée du beau*, et à la séparer des autres notions de l'esprit humain, telles que celles de l'utile, du bien, du parfait. Puis il soumet à la même analyse le jugement du *sublime*. Enfin, il essaye de déterminer la nature et le but de l'art, et de donner une classification des arts. Ce travail n'est pas une des parties les moins belles du système de Kant. Mais il est fort incomplet, et reproduit les vices et les défauts de sa philosophie. Si Kant a reconnu plusieurs des caractères du beau et du sublime, il n'en détermine pas la véritable nature. Il ramène le sublime et le beau au point de vue *subjectif*, il nie leur réalité *objective*. Le beau est relatif aux facultés de l'esprit, à la sensibilité, à l'imagination et au goût; il est produit par le libre jeu de l'imagination, et est l'objet d'une sorte de sens commun. Dès lors, à la rigueur, il n'y a pas non plus de science du beau. L'esthétique devient une des branches de la psychologie et de la logique. Quant à l'art, sa nature aussi est méconnue. Il est la création du génie; mais celui-ci agit selon des lois qui n'ont rien d'absolu.

La classification des arts que donne Kant est bizarre et trahit la faiblesse de sa doctrine. Sa description des sentiments qui accompagnent le beau abonde en observations justes et fines.

Les idées de Kant sur le beau et l'art furent vivement combattues par *Herder*, qui s'était déjà posé en adversaire de sa métaphysique. Mais cette protestation fut impuissante ; pour résister à l'ascendant du nouveau système, il fallait autre chose que des idées vagues, revêtues d'un style riche et plein d'images.

L'esthétique fut cultivée dans l'école de Kant selon l'esprit, la méthode et les principes du maître, sans sa profondeur et son originalité. Le mérite psychologique des analyses ne peut compenser la sécheresse de la doctrine et la fausseté du point de vue métaphysique. Tel est le caractère des ouvrages de *Bendarid*, *Heydenrich*, *Krug*, *Heusinger*, *Delbrük* et de tous les écrits du même genre qui sortirent de cette école.

Parmi les divers travaux sur l'esthétique inspirés par la philosophie de Kant, on doit accorder une place à part aux essais de *Schiller*. Quoique retenu dans les liens de l'idéalisme kantien, le génie profondément philosophique du grand poëte lui fit deviner la solution du problème de l'art, c'est-à-dire la conciliation des deux éléments du beau et des deux grandes facultés qui le perçoivent, la sensibilité et la raison. Déjà Kant avait mis sur la voie. Schiller s'inspira de cette pensée ; il la développa avec force et originalité, particulièrement dans ses lettres sur *l'éducation esthétique*. Mais il ne sut pas se dégager entièrement du point de vue subjectif ni s'élever à une théorie générale et complète. Dans d'autres écrits qui mériteraient mieux d'être connus, il traite plusieurs questions d'un haut intérêt psychologique, sur le *sublime*, le *pathétique*, le *naïf* et le *sentimental*, sur les rapports de l'art et de la morale. Il est à regretter que son style, plein d'énergie et d'éclat, soit trop fréquemment empreint des formes de la terminologie kantienne.

On sait que, de son côté, *Goëthe* fit toute sa vie des œuvres de l'art comme de celles de la nature, un objet d'observation et d'étude. Les résultats de ses recherches et de ses réflexions sont disséminés et consignés dans ses nombreux écrits. La partie historique et descriptive y domine. Il y mêle des aperçus profonds, ingénieux et vrais. Ce qui le distingue, en effet, c'est le sens profond de l'art et l'intelligence du beau sous toutes ses formes. On voit qu'il envisage les questions du point de vue opposé à celui de Kant et de Schiller, du point de vue objectif, comme disent les Allemands, qui va mieux à la nature de son génie panthéiste et réaliste. Toutefois, la théorie est faible ou nulle. Goëthe se sent lui-même peu fait pour la spéculation. Ses idées générales sur l'art et le beau sont peu d'accord avec elles-mêmes et puisées à des sources différentes. Il se prononce d'abord pour le caractéristique. Plus tard il paraît incliner vers la nouvelle philosophie. Habituellement il est dégagé de tout système.

À la philosophie de Kant succéda celle de *Fichte*, qui n'est que le système de Kant poussé à ses dernières conséquences. Elle devait être encore moins favorable aux progrès de l'esthétique et à l'étude de l'art. Dans cette métaphysique abstraite, audacieuse, négation de la réalité, l'idée du beau ne pouvait avoir une place distincte et indépendante. Pour ce qui est de l'art, il est comme étouffé dans ce système qui concentre l'univers dans le *moi*, fait de la nature une limite de la liberté humaine, et du monde sa création. Le côté par lequel cette philosophie se relève et commande le respect, c'est sa morale. Mais ce moderne stoïcisme, qui exalte outre mesure la puissance de la volonté, ne peut souffrir à côté de lui le culte du beau et de l'art dans sa libre sérénité. Fichte subordonne et asservit l'art à la morale. La vertu, pour lui, consiste dans le combat de l'homme contre la nature, dans le maintien et le triomphe de la liberté, qui doit transformer celle-ci à son image. L'art reproduit cette lutte et en donne le spectacle. Il est donc une préparation à la morale, et son but est de révéler la force créatrice du moi. Du reste, ce philosophe ne conçoit même pas nettement ce principe, et, dans le vague qui caractérise sur ce point sa pensée, il fait presque de l'art une affaire de sentiment.

Quoique ce système fût incapable d'imprimer à la science du beau une impulsion féconde, il a provoqué un développement original dans une direction particulière; il a donné naissance à ce qu'on appelle le système de *l'ironie* dans l'art (1), système qui répond assez bien au genre *humoristique* en littérature, dont *Jean-Paul* est, en Allemagne, comme on sait, le représentant le plus célèbre.

Jean-Paul a composé lui-même, sur l'esthétique, un ouvrage fort spirituel, remarquable par les vues originales et fines dont il est parsemé. La théorie du comique et de l'*humour* ne pouvait être mieux exposée que par l'écrivain qui en offre le modèle dans ses écrits. Aussi, elle est esquissée de la manière la plus ingénieuse et avec une verve de style qu'il n'a pas surpassée dans ses autres ouvrages. Le livre, malgré ses mérites, est faible dans son ensemble et dans ses principes. Jean-Paul est un écrivain, non un métaphysicien; il s'appuie sur les autorités les plus médiocres, et ne sait ni discuter ni coordonner leurs idées.

Le principe de l'*ironie*, esquissé superficiellement par la verve humoristique de Jean-Paul, fut élevé à la hauteur d'une

---

(1) Voyez le passage remarquable de la préface de Hegel où il caractérise cette école. T. I, p. 60 et suiv.

théorie métaphysique par *Solger*. Suivant la doctrine de ce penseur peu connu en France, mais estimé en Allemagne, le but de l'art est de révéler à la conscience humaine le néant des choses finies et des événements du monde réel. Le génie consiste donc à se placer à ce point de vue supérieur de l'ironie divine, qui se joue des choses créées, se rit des intérêts, des luttes et des passions de la vie humaine, de nos joies et de nos souffrances, et fait planer sur cette tragi-comédie la puissance immuable de l'absolu.

Solger a traité la question du beau d'une manière remarquable dans un ouvrage spécial (1). Ailleurs, il a essayé d'embrasser l'ensemble de la science esthétique (2). Il a aussi développé avec une rare intelligence de l'art plusieurs questions particulières (3) d'histoire et de critique ; mais c'est surtout un métaphysicien, et son point de vue est insuffisant.

Tels sont les principaux développements que prit l'esthétique en Allemagne sous l'influence des doctrines de Kant et de Fichte. Une troisième période s'ouvrit pour elle, lorsque commença une nouvelle phase de la philosophie allemande, celle précisément à laquelle *Schelling* et *Hegel* ont attaché leur nom.

C'est alors que l'art acquit enfin la conscience de lui-même, et que la science dont il est l'objet prit véritablement son essor. La philosophie de Schelling n'eût-elle eu d'autre résultat que l'émancipation définitive de l'art et de la science du beau, un pareil service aurait suffi pour lui assigner une place éminente dans l'histoire de l'esprit humain.

(1) Erwin.
(2) Vorlesungen über Aesthetik.
(3) Nachgelassene Schriften und Briefwechsel, herausgegeben von L. Tieck und F. von Raumer.

Tout d'ailleurs était favorable à ce progrès nouveau et avait préparé cet affranchissement. Les recherches sur les religions, les langues et la littérature orientales, sur la littérature du moyen âge ; la réhabilitation de l'art chrétien ; l'admiration excitée pour les œuvres de Dante et de Shakespeare ; l'étude du théâtre espagnol et le goût des poésies populaires, avaient agrandi considérablement le cercle de la critique et de l'histoire. Les classifications anciennes et les règles consacrées devenaient trop étroites pour embrasser ou expliquer des productions si diverses du génie des peuples à toutes les époques. Une ère nouvelle commençait où l'art allait être envisagé comme une des formes fondamentales du développement de l'esprit humain.

Parmi les écrivains qui contribuèrent le plus à cette révolution, déjà préparée de longue main par les ouvrages de Klopstock, de Lessing, de Herder, de Goëthe, etc., une place éminente appartient aux deux *Schlegel*. Les travaux variés d'érudition, de philologie, d'histoire et de critique auxquels ils se livrèrent ; la verve et l'esprit qu'ils déployèrent dans leur polémique ; leur manière originale et neuve de traiter les questions d'art et de littérature, servirent puissamment à renverser les anciennes barrières et à jeter les bases d'une critique plus large et plus intelligente.

Malgré, toutefois, le talent qu'ils montrèrent, soit comme critiques, soit comme écrivains, et l'universalité de leur savoir, on ne peut nier, sans parler des autres défauts qu'on est en droit de leur reprocher, que leurs prétentions philosophiques, en particulier, ne soient mal fondées. La théorie, chez eux, est superficielle et sans véritable originalité. Tantôt c'est le principe de l'ironie que Fr. Schlegel applique et développe dans sa *Lucinde*, sauf à l'abandonner ensuite ; tantôt, comme dans les œuvres de W. Schlegel, on reconnaît un mélange des idées de l'école humoristique et de *Novalis*, ou un vague reflet, vainement désavoué, de la philosophie de Schelling.

Ce qui domine, c'est le côté négatif particulier à la critique. Pour embrasser tous ces travaux, expliquer toutes ces formes de l'art et de la littérature, il fallait non-seulement un esprit d'une autre portée, mais un nouveau mouvement dans l'ordre spéculatif. La philosophie de *Schelling* vint répondre à ce besoin.

On sait quelle est la conception fondamentale de cette philosophie. C'est la tentative de concilier les principes opposés en les faisant rentrer dans un principe supérieur. L'infini et le fini, l'idéal et le réel, le subjectif et l'objectif, tous les termes de l'existence et de la pensée, isolés ou opposés dans les systèmes précédents, s'unissent et se confondent au sein d'une unité suprême, dont ils sont la manifestation et le développement. De là, le nom de système de l'identité, donné à cette philosophie. Son but est de saisir et de montrer partout les analogies secrètes et l'harmonie des choses dans les différentes parties de l'univers physique et moral. Nous n'avons pas à la juger en soi, mais uniquement dans son rapport avec le sujet qui nous occupe. Or, on ne peut nier que cette conception ne soit très-favorable au point de vue du beau et aux recherches sur l'art; car, le beau, c'est précisément l'harmonie des deux principes de l'existence, de l'idée et la forme, de l'essence et la réalité, de l'invisible et du visible. Ce système, d'ailleurs, qui place la vie et la pensée à tous les degrés de l'échelle des êtres, qui anime la nature et la considère comme une manifestation de la pensée divine, était dans les conditions les plus heureuses pour comprendre l'art et sa haute mission. L'art n'est plus une imitation de la nature ni la réalisation d'un idéal abstrait conçu par la pensée pure, c'est la représentation du principe caché qui anime les choses. La nature elle-même imite les idées; l'art rivalise avec elle. Il représente la vie, la pensée, l'esprit dans un plus étroit espace, mais avec des symboles plus clairs, plus transparents (1). La nature est un miroir de l'esprit universel; l'art en est une image plus haute et plus claire. La nature est un poëme divin, l'histoire une épopée divine. L'art les surpasse toutes deux, en ce que ce qui est séparé dans le monde physique et dans le monde moral est réuni et concilié dans les œuvres du génie. Dans l'inspiration de l'artiste se rencontrent l'activité fatale et l'activité libre, la spontanéité et la réflexion, la conscience et la liberté. Ces deux activités, *inconsciente* et *consciente*, constituent le génie (2). L'œuvre d'art, fruit de l'inspiration, nous fait contempler cet accord, et en général l'harmonie des choses rétablie au sein de leur principe ou dans la nature divine.

L'art, dès lors, a une mission particulière et distincte; son indépendance est proclamée. Son but n'est plus simplement de copier la nature, mais de rivaliser avec elle, de nous révéler cette force divine qui agit dans le monde et son développement, de nous faire contempler cet accord harmonieux qui est son essence, et qui est aussi au fond des êtres et des oppositions apparentes du monde réel. Il a ainsi le pouvoir de nous transporter dans un monde idéal, ou de faire en quelque sorte descendre le ciel sur la terre. L'art est une langue divine, un

---

(1) Voyez le discours sur les arts du dessin dans notre traduction des *Écrits philosophiques* de Schelling, 1847.

(2) *Idéalisme transcendantal*. Voyez aussi notre traduction des *Écrits philosophiques* de Schelling, p. 375 et suiv.

interprète et un révélateur des mystères divins (1). Il vient se placer à côté de la religion. Il est lui-même essentiellement religieux; il y a plus, il est l'*organe* de la religion, qui lui emprunte ses symboles et ses images. En un mot, l'art est la plus haute manifestation de l'esprit.

Que Schelling ait dépassé le but dans cette apothéose de l'art, nous sommes loin de le contester. Il va jusqu'à prétendre que, la forme artistique étant la plus parfaite expression de la vérité, la philosophie elle-même doit retourner à la poésie et au mythe (2). Malgré cette exagération, il n'en a pas moins le premier émancipé l'art et fixé irrévocablement les bases de la science du beau. Il a, en même temps, provoqué un immense mouvement dans cette direction. Son enthousiasme s'est communiqué à ses disciples. La philosophie de Schelling n'a pas été étrangère à tous ces travaux qui ont eu pour but la connaissance de l'art sous toutes ses formes et dans tous ses grands monuments. Mais l'écueil n'était pas loin, savoir : la confusion des sphères différentes de la pensée, l'identification de l'art, de la religion et de la philosophie, des procédés et des formes qui leur sont propres. La religion est devenue une espèce de poésie. De ce moment date la dévotion à l'art. Le sentimentalisme, le mysticisme et le symbolisme ont fait irruption partout dans la science et dans l'histoire. Nous ne sommes pas restés en France étrangers à cette influence.

D'un autre côté, Schelling n'a nulle part développé ses principes de manière à former un système homogène et complet. Dans l'*Idéalisme transcendantal*, dans ses *Leçons sur la méthode des études académiques*, dans son éloquent discours

---

(1) Leçons sur la méthode des Études académiques, 14ᵉ leçon, p. 215 des *Écrits philosophiques*.

(2) *Idéalisme transcendantal*.

sur les *Arts du dessin*, dans un morceau sur *Dante considéré sous le rapport philosophique* (1), et dans des notes savantes sur les marbres d'Égyne, il a émis des idées générales et fécondes, indiqué la méthode, tracé quelques divisions ou traité des points particuliers, mais il n'a pas essayé d'embrasser la science dans son ensemble. Il a laissé le système à faire à ses successeurs.

Parmi ses disciples, *Ast* est à peu près le seul qui ait tenté de donner une théorie complète de l'art. Son travail n'est qu'une esquisse, où la forme souvent déclamatoire ne peut cacher la médiocrité du fond. De pareils ouvrages, bons pour résumer une science qui a déjà fait des progrès, sont plus propres à l'arrêter au début qu'à la faire avancer. On peut en dire autant des aphorismes de *Gœrrès* sur l'art.

Nous ne confondons pas dans cette catégorie des écrits de transition qui, comme ceux de *Novalis* (lequel tient de Fichte et se rapproche de Schelling), contiennent des vues profondes exprimées dans un beau style, ou des ouvrages comme l'Esthétique de *Schleiermacher*, qui par la manière élégante et claire dont sont développées la plupart des questions d'art, peuvent servir efficacement à en propager le goût. On doit aussi mentionner quelques traités particuliers qui, comme celui de *Bobrik*, sont sortis d'une autre école, celle de *Herbart*, et qui se recommandent par un mérite spécial d'analyse phychologique, par la finesse des remarques et le talent du style, enfin des publications moins sérieuses, comme celles de *Weber*, destinées à la conversation et aux gens du monde.

Mais ce qui manque à ces travaux, comme à tous ceux que

---

(1) Tous ces morceaux et ces écrits ont été recueillis dans le volume que nous avons publié sous le titre de : *Écrits philosophiques* de Schelling, 1847. Ladrange, rue Saint-André-des-Arts.

nous avons passés en revue, c'est la réunion des deux conditions nécessaires à la philosophie de l'art. Ce sont ou des spéculations abstraites et de simples analyses psychologiques, ou des recherches historiques et critiques, où se fait sentir la faiblesse de la théorie. Il reste donc à combiner les deux points de vue, et, par l'alliance des deux méthodes, à élever un système qui embrasse la science de l'art dans toutes ses divisions, où les principes et les règles soient vivifiés par la connaissance positive, et l'intelligence des œuvres de l'art.

L'accomplissement d'une pareille tâche était d'autant plus difficile, qu'elle exige dans le même homme des qualités rarement réunies et qui semblent s'exclure. Il fallait un philosophe qui possédât, au même degré, le génie métaphysique et le sens artistique ; chez lequel, en outre, cette dernière faculté eût été développée de longue main par une étude sérieuse et variée des arts et de leurs productions à toutes les époques. Ajoutez d'autres qualités accessoires et néanmoins ici nécessaires, une forte et vive imagination jointe à un goût sûr et à un tact exercé, afin de pouvoir décrire et caractériser les formes de l'art et les œuvres principales de la littérature.

Personne, plus que *Hegel*, ne possédait toutes ces qualités. Et voilà pourquoi le cours d'Esthétique, malgré ses lacunes et ses imperfections, est jusqu'ici un ouvrage à part, qui n'a pas été et ne sera peut-être pas de longtemps surpassé.

Hegel a cela de commun avec Aristote, auquel il ressemble par plus d'un côté, d'être un esprit à la fois synthétique et analytique, spéculatif et positif. Personne n'a possédé à un plus haut degré, le génie systématique et n'a poussé plus loin l'effort de la spéculation.

Nous n'avons pas à examiner l'emploi qu'il a fait de cette faculté dans son système, mais simplement à la constater.

Venu après tant d'autres et en possession d'un principe supérieur, elle le rendait capable d'élever à la science de l'art un monument qui jusque-là avait reposé sur une base trop étroite, et que l'on avait tenté de construire avec des matériaux insuffisants ; il était en état d'en concevoir le plan, d'en coordonner les parties, de former un ensemble régulier et complet.

D'un autre côté, ce qui distingue éminemment ce puissant esprit, et ce qui a manqué, en particulier, à son prédécesseur Schelling, génie tout d'intuition, intelligence à grandes vues, mais incapable de descendre aux détails et aux applications de son principe, c'est la faculté de suivre le développement d'une idée dans toutes ses formes et dans ses plus lointaines conséquences ; l'habileté à décomposer les questions dans toutes leurs parties ; la patience et la sagacité qui ne les abandonne qu'après les avoir considérées sous toutes les faces ; en un mot, la faculté de s'intéresser au côté particulier, spécial, concret des choses, presque autant qu'à leur côté général et abstrait : c'est, en même temps, la fécondité jointe à la pénétration, qui lui fait répandre sur les points de détail une foule de vues ingénieuses, d'aperçus neufs et profonds qui étonnent les hommes les plus spéciaux et les plus positifs : c'est, enfin, l'originalité d'un esprit compréhensif, qui, lorsqu'il s'approprie les idées d'autrui, sait les présenter sous un jour nouveau et les rajeunir par une nouvelle explication. Nous croyons n'être pas démenti en disant qu'il est impossible de n'être pas frappé de la réunion de toutes ces qualités en lisant l'ouvrage que nous avons analysé et traduit, et que nous essayons maintenant d'apprécier.

On sait qu'une des parties les plus intéressantes des ouvrages de Hegel, ce sont ses vues sur l'histoire en général, et la manière dont il explique les événements ou les idées dont elle retrace le développement. On lui a reproché d'avoir souvent fait plier les faits à ses vues systématiques, de les avoir altérés ou défigurés pour les faire rentrer dans ses théories.

Quelque fondé que soit ce reproche, toujours est-il qu'une foule d'explications vraies, profondes ou ingénieuses et fécondes, conservent leur valeur indépendamment du système général. Nulle part ce sens historique ne s'est plus révélé que dans tout ce que Hegel a écrit sur l'histoire de l'art.

Pour ce qui est de la connaissance des œuvres de l'art elles-mêmes, il est facile de reconnaître qu'elle est chez lui le fruit d'une observation immédiate et personnelle, non d'une érudition apprise et de renseignements puisés dans les livres. La manière dont il caractérise les monuments de l'art et les œuvres littéraires prouve qu'il parle non en érudit, mais en homme qui en a fait une longue et patiente étude; on voit qu'ils ont excité en lui un vif et durable intérêt. Nous citerons ici quelques mots empruntés à son biographe. «Certes, la vie de Hegel était d'autant plus favorable pour la composition d'une Esthétique, qu'elle embrassait toutes les périodes que le développement de cette science a parcourues parmi nous depuis quelques années....» «Hegel n'était indifférent à aucune production; mais, comme on peut le voir principalement par ses œuvres mêlées, il s'identifiait avec la vie des peuples et leur littérature dans toute leur étendue et jusque dans leurs manifestations les plus insignifiantes. Dans un commerce aussi varié et avec cette attention à laquelle rien n'échappait, il conservait sa force intérieure. Jamais il ne restait un miroir passif (1).....»

« Les trésors artistiques de Berlin, les expositions de tout genre, excitèrent son amour pour les arts au plus haut degré...

(1) Rosenkrantz, *Kritische Erlæuterungen des Hegel'schen Systems*, s. 182.

Hegel se jeta avec une joie juvénile et avec délices sur les objets variés que Berlin offrait comme aliments à son sens de l'art. Il recherchait, avec un agrément insatiable et sans se lasser, les concerts, les théâtres, les galeries, les expositions. Il faisait des extraits et des remarques pour l'histoire des beaux-arts (1). »

Ce qu'on ne peut également lui refuser, à un très-haut degré, c'est la faculté de comprendre et de sentir le beau sous les formes diverses qu'il appartient à chacun des arts de nous présenter.

« Il aimait passionnément la musique ; il possédait pour
« la peinture un coup d'œil inné. Dans la poésie, il était par-
« tout chez lui. Il avait pour la sculpture la capacité la plus
« évidente, qu'il cherchait constamment à perfectionner (2). »

Quant à sa faculté d'apprécier les ouvrages d'art et de littérature, ses adversaires eux-mêmes n'ont jamais refusé de reconnaître en lui un grand critique. Et, en effet, on ne peut qu'admirer la profondeur avec laquelle il pénètre le sens des grandes compositions de l'art, les idées qui en forment le fond et les formes dont le génie a su les revêtir. C'est surtout quand il s'agit des grands maîtres et de leurs chefs-d'œuvre, d'Homère, de Dante, de Raphaël ou de Shakespeare, que se révèle la supériorité de sa critique. Ailleurs on ne peut nier la solidité et la finesse de ses jugements, une fécondité d'aperçus qui donne de l'intérêt aux choses les plus communes. Un des mérites de cet homme supérieur est de fuir l'originalité en restant parfaitement original ; de savoir adopter, quand il faut, l'opinion commune, qu'il défend alors avec une rigueur

---

(1) Rosenkrantz, *Hegel's*, Leben, s. 350.
(2) *Ibid.*, s. 347.

impitoyable contre la fausse originalité et les hypothèses hasardées. La manière dont il fait justice de l'opinion de Wolf sur l'unité dans les poëmes d'Homère en est un exemple. Beaucoup de ses jugements sur les auteurs et leurs ouvrages sont contestables sans doute, exclusifs ou d'une sévérité excessive. Il n'est pas exempt des préjugés de ses compatriotes. Quelquefois il peut paraître subtil; mais même alors il est encore ingénieux, il ouvre une voie et trace un sillon à la critique.

Il est une autre qualité que l'on ne s'attendrait guère à trouver dans un métaphysicien et un esprit aussi sévère, quoiqu'elle n'ait jamais manqué complétement à aucun homme de génie, je veux dire une féconde et riche imagination. Le nom seul de Hegel, en Allemagne comme en France, rappelle ce qu'il y a de plus abstrait et de plus obscur dans le langage et la terminologie philosophiques. On se figure donc aussi que ses idées sur l'art doivent être exprimées dans une langue hérissée de formules et de termes techniques propres à faire fuir les Muses. Or, il se trouve qu'en conservant le caractère de la langue qui lui est propre, ce logicien, qui a créé tant de termes bizarres, qui souvent voilent ses idées et les rendent inaccessibles même aux initiés, sait, quand il s'agit de questions moins ardues et de sujets moins arides, colorer sa pensée des images les plus vives et trouver les expressions les plus heureuses. Il est alors à la fois logicien et poëte. La formule et l'image, l'abstraction et la métaphore, se donnent la main. Sa pensée, pleine de séve et luxuriante, se déroule péniblement, mais dans un style pittoresque, plein d'énergie, de grandeur, de richesse et d'éclat (1), qui atteint au fond

(1) Voici ce que dit à ce sujet, dans sa préface, l'éditeur du *Cours d'Esthétique* de Hegel : « Quiconque a suivi avec intelligence et amour

et à la racine des choses. De là, les difficultés et les impossibilités d'une traduction littérale à laquelle nous avons dû renoncer pour suivre un procédé plus libre. Mais nous devons nous hâter de rassurer le lecteur, en ajoutant que notre préoccupation constante a été précisément de conserver et de reproduire la couleur de ce style. Les légers changements que nous nous sommes permis, et qui étaient commandés par la langue dans laquelle nous écrivions, n'altèrent pas plus la forme générale et la diction particulière à l'auteur que le fond de sa pensée (1).

l'enseignement oral de Hegel, reconnaîtra que sa supériorité consistait principalement, outre la force et l'abondance des pensées, dans la chaleur invisible qui rayonnait dans l'ensemble, ainsi que dans l'à-propos et la soudaineté de son improvisation, d'où s'engendraient les plus sagaces distinctions, les rapprochements les plus ingénieux, les images les plus grandioses, les détails les plus riches et les aperçus les plus larges.

« Dans ce haut entretien de l'esprit avec lui-même et avec la vérité intérieure, il trouvait, pour incorporer sa pensée, les mots les plus énergiques, toujours nouveaux dans leur familiarité, toujours nobles et antiques dans leur singularité. Mais, ce qu'il fallait admirer, c'étaient ces éclairs qui jaillissaient soudainement, ces étincelles du génie, dans lesquels la pensée la plus personnelle et la plus complète de Hegel se concentrait tout entière d'une manière inattendue. Ce qu'il y avait alors de plus profond et de meilleur dans l'intérieur de son âme s'exprimait avec une grande clarté d'images et de pensées, et produisait un indescriptible effet sur ceux qui étaient tout à fait capables de le comprendre. Au contraire, quant au côté extérieur de l'enseignement, il n'y avait que pour ceux-là seuls qui s'y étaient d'autant plus familiarisés par une longue habitude d'entendre le professeur, qu'il ne parût pas embarrassé. Ceux-ci se seraient trouvés plutôt distraits et troublés par la facilité, le poli et l'élégance du discours. » (Hegel's Werke, T. X. I, p. 27.)

(1) Un grand critique et un illustre écrivain, que nous voudrions pouvoir ici nommer, dans ses observations, du reste très-bienveillantes, sur notre travail, nous a, plus d'une fois, manifesté ses craintes

Sans doute l'œuvre de Hegel, telle qu'elle est, est loin d'être parfaite, elle laisse de grandes lacunes et des irrégularités. Mais c'est un monument plein de grandeur, digne de son objet comme de celui qui l'a élevé. Et, encore aujourd'hui,

au sujet du système de traduction que nous avons suivi. — Nous croyons devoir formuler ici notre réponse. 1° Sauf pour le premier volume qui est analysé et traduit en partie, c'est bien une véritable *traduction*, et non une *transformation*, que nous avons faite et voulu faire. Mais une traduction littérale était impossible; ce qui est évident pour quiconque a lu, en allemand, une demi-page de Hegel. 2° Nous n'avions pas à traduire un ouvrage sorti de la plume de Hegel, publié par lui ou d'après ses manuscrits, mais un livre rédigé d'après les cahiers de ses disciples et les rédactions de ses leçons improvisées. M. Hotho, qui s'est chargé de cette tâche difficile et délicate, et, qui s'en est acquitté avec le plus grand talent, pour arriver à former un livre des matériaux qu'il avait entre les mains, s'est vu forcé à bien d'autres changements, comme on peut le voir dans sa préface, p. 7 et suiv. Quant à nous, nous nous sommes interdit toutes les libertés de l'éditeur de Hegel. Les nôtres sont uniquement celles d'un traducteur qui se voit contraint, par le génie et les règles de sa langue, à des changements dans la forme et la construction des phrases, à des retranchements ou substitutions de termes qui n'altèrent ni la pensée de l'auteur ni la couleur de son style, mais le rendent plus clair. Or, sur ce point, si M. Hotho a cru devoir au public allemand d'en agir ainsi, à plus forte raison y étions-nous autorisés, nous, qui écrivons pour un public français et dans une langue tout autrement sévère que la langue allemande. Nous ne pouvons ici mieux faire que de nous approprier les propres paroles de l'éditeur allemand. « Lire et entendre sont deux choses différentes, et Hegel lui-même, comme on le voit par ses manuscrits, n'a pas écrit comme il a parlé. *Je ne me suis donc pas interdit souvent un changement dans la division, l'ordre et la structure des différentes propositions, tournures, périodes*; au contraire, c'est avec une fidélité scrupuleuse que je me suis efforcé de reproduire complètement, dans leur coloration propre, les expressions spécifiques, les pensées et les images, et de conserver, autant que je le pouvais, le coloris de sa diction, qui s'y empreint d'une manière vivante, et qui s'est fait reconnaître d'une manière durable dans les écrits et les cours de Hegel. » (*Ibid.*)

c'est elle qui représente le mieux l'état actuel de la science esthétique. Tout ce qui s'est écrit depuis en Allemagne sur le beau et l'art a été inspiré par Schelling ou Hegel. On a approfondi ou développé plusieurs points de détail, rectifié quelques vues erronées, discuté des questions accessoires, exécuté des travaux plus ou moins estimables d'érudition et de critique. Mais la science du beau et la philosophie de l'art n'ont pas fait un pas de plus, un progrès réel (1).

II. — Appréciation générale de l'Esthétique de Hegel.

Nous n'avons pas la prétention de juger ici à fond, encore moins de discuter en quelques pages, les principes et les idées que renferme l'Esthétique de Hegel. Nous devons nous borner à une appréciation sommaire et à quelques observations critiques.

D'abord, le titre d'*Esthétique*, donné à cet ouvrage, ne lui convient qu'imparfaitement, c'est une *Philosophie de l'art*. L'analyse de l'idée du beau, des jugements et des sentiments qui l'accompagnent, des autres idées qui s'y rattachent, comme celle du sublime, toutes ces questions et d'autres qui sont l'objet de l'esthétique générale, sont, sinon totalement omises, uniquement traitées dans leur rapport avec l'art, ou mêlées à

---

(1) Parmi ces ouvrages, on doit distinguer ceux de *Weisze*, Système de l'Esthétique, comme science de la beauté, Leipsig, 1830; de *Thiersch*, Esthétique générale, Berlin, 1846, et surtout celui de *Vischer*, Esthétique ou science du beau, dont les deux premières parties, qui ont paru en 1846 et 1847 (Leipsig), font vivement désirer la suite.

des considérations historiques et critiques. Dira-t-on qu'il était inutile de reprendre un sujet si longuement débattu et développé par les philosophes antérieurs, nous répondrons que ce n'est pas là une excuse. La métaphysique du beau fait partie intégrante de la science du beau. Dans l'exposition de la science, les questions doivent occuper une place distincte et proportionnée à leur importance. Nous signalons cette lacune parce qu'elle a été l'objet d'un reproche qui nous paraît fondé.

Nous regrettons aussi de voir traité, dans une introduction, un sujet comme celui *de la nature et du but de l'art*. Quelque supériorité que montre Hegel dans la discussion des opinions communes, la solution du problème de l'art est à peine indiquée et laisse le lecteur en suspens. Le point de théorie devait être abordé d'une manière directe et dogmatiquement exposé.

La *division* générale de l'ouvrage ne nous paraît pas non plus à l'abri de toute objection. N'eût-il pas mieux valu placer l'histoire des formes de l'art après la théorie des arts? Sans doute, le système des arts, tel que le conçoit Hegel, repose en partie sur leur développement historique, et nous ne nions pas qu'il n'ait su tirer de cette méthode des rapprochements ingénieux et féconds; mais nous persistons à croire que ce parallélisme de l'histoire et de la théorie est forcé, et que ce mélange n'est propre qu'à jeter de la confusion dans le système. L'économie et la clarté de l'ouvrage eussent gagné à une autre disposition. Hegel, comme en conviennent ses disciples et ses admirateurs, a abusé de la méthode historique, qu'il affectionne et où il excelle, mais qui nuit souvent à l'exposition théorique de ses idées.

On a vu le plan que l'auteur assigne à l'art dans son *rap-*

port avec la vie réelle et avec la *religion* et la *philosophie*. L'art est une des formes de la vérité absolue, une manifestation de l'idéal. Ainsi déjà l'avait défini Schelling ; Hegel diffère de son prédécesseur en ce qu'au lieu de confondre ces trois formes il les distingue. L'art s'adresse à l'esprit par l'intermédiaire des sens ; l'âme est en rapport avec la religion par la foi et la méditation ; la philosophie est l'objet de la pensée pure. — Cette distinction est fondée. Mais si la raison, comme faculté de comprendre le vrai, conserve le premier rang parmi les facultés humaines, cela n'entraîne pas nécessairement la supériorité de la forme qui lui correspond. La religion agit sur l'âme avec une tout autre universalité et une tout autre puissance. A ce point de vue on pourrait même soutenir, comme l'a fait Schelling, la prééminence de l'art sur la philosophie. Cette erreur reparaîtra plus loin quand il s'agira de déterminer le rôle de l'art dans l'histoire et son avenir.

Hegel consacre un court chapitre à l'*idée abstraite du beau*. Placée ici, comme simple préliminaire à l'étude de l'idéal dans l'art, cette question, comme on devait s'y attendre, manque de développement et de clarté. Ce chapitre ne justifie que trop le reproche adressé plus haut.

Hegel a écarté de la science du beau l'étude du beau dans la nature. Que la science du beau renonce à décrire les beautés de la nature et abandonne cette tâche au poëte, cela se conçoit. Elle doit, au moins, constater ses caractères et définir ses formes principales. Aussi Hegel se voit-il obligé de traiter ce sujet comme préambule à la question du beau dans l'art. Le chapitre sur le *beau dans la nature* ne manque pas d'intérêt, surtout en ce qui concerne la description et la gradation des formes du beau physique. Nulle part ces formes où dominent la *régularité*, la *symétrie*, etc., n'avaient été définies avec cette précision, et personne n'avait aussi bien marqué leur progression. Mais si l'on considère l'ensemble, il est impossible de ne pas reconnaître l'insuffisance et la fausseté du point de vue général. Ceux qui connaissent la philosophie de Hegel n'en sont pas surpris. Qu'est-ce que la nature dans ce système? Elle n'est pas l'œuvre d'une intelligence personnelle qui l'a créée par un acte éternel de sa volonté, qui lui a donné des lois, et a déposé en elle ses propres idées. Elle est le développement de ce principe universel, de cette force aveugle qui s'appelle l'*idée*, et qui n'arrive à la conscience d'elle-même qu'à la suite d'une série d'évolutions, à travers les divers règnes. D'abord confondue avec la matière, dans le minéral, s'élevant à la vie dans la plante, à l'instinct et à la sensibilité dans l'animal, elle n'acquiert l'intelligence et la liberté que dans l'homme et dans l'humanité. Il est clair que ce système, loin d'être favorable à la contemplation du beau dans la nature, tarit la source de l'admiration et de l'enthousiasme à la vue des beautés qu'elle offre à nos regards. La magnificence de la création, la richesse de ses productions, ses harmonies visibles et cachées, ses beautés de détail et d'ensemble, le soin infini et la perfection qui se révèlent dans les plus petits objets : tout cela échappe au philosophe ou le laisse froid. Au lieu d'admirer la sagesse de l'ouvrier qui a façonné de telles œuvres et conçu l'ordonnance générale de l'univers, il n'y voit que les ébauches d'un artiste qui travaille à l'aveugle et ne sait ce qu'il fait, ou procède par tâtonnements. Le monde ne lui offre que des irrégularités choquantes ; sa beauté n'est qu'un reflet du règne supérieur où l'esprit se manifeste avec intelligence et liberté.

Aussi, après la description des formes particulières du beau physique, ce qu'il y a de plus remarquable dans ce chapitre, c'est la manière dont Hegel caractérise les *imperfections* du beau réel. Partout ailleurs il exalte les œuvres de l'art au préjudice de celles de la nature. Mais le sentiment de la vie, de la fraîcheur qui anime les scènes de la nature, cet attrait irrésistible qu'exercent sur l'âme les beautés naturelles, la magnificence et la richesse de ses tableaux, tout ce qui fait la supériorité de ses œuvres sur celles de l'art et du génie de l'homme, est oublié, méconnu ou à peine pris en considération.

C'est lorsque Hegel arrive à traiter du *beau dans l'art* ou de l'*idéal* que, se dégageant de ses idées systématiques, il déploie les qualités que nous lui avons reconnues plus haut, et que son ouvrage devient réellement intéressant.

La nature de l'idéal dans l'art, l'opposition de l'*idéal* et du *réel*, sont marquées avec une précision que l'on chercherait vainement ailleurs. Ce qui est neuf surtout, ce sont les développements et les applications dans lesquels entre l'auteur quand il traite de la *détermination de l'idéal*. C'est alors que se révèle cette puissance d'analyse et cette richesse de vues qui le distinguent. Toute cette partie de l'ouvrage est pleine d'intérêt. On peut objecter, sans doute, que Hegel fait entrer dans la théorie générale de l'art des sujets qui appartiennent à un art spécial auquel il est donné de développer toutes les faces de l'idéal, à la poésie et en particulier à l'art dramatique. Quelque fondé que soit le reproche, on peut répondre qu'indépendamment de la manière remarquable dont il a traité le sujet, on doit lui savoir gré d'avoir rassemblé ici toutes les faces de cette question de l'idéal, sur laquelle on a tant disputé sans s'entendre. Il fallait montrer que l'idéal n'est pas une conception vague et, pour cela, le suivre dans son développement à travers toutes ses formes, en maintenant l'identité du principe. Un autre service que le philosophe a rendu ici à la science de l'art et à la littérature, c'est d'avoir démontré, mieux qu'on ne l'avait fait jusque-là, que l'essence de l'idéal, ce sont les idées éternelles de l'âme humaine; que ces grands principes sont la base d'une action et en font le véritable intérêt; qu'ils sont les vrais mobiles qui font agir les *personnages*, et qu'en s'identifiant avec leur caractère et leurs passions ils sont aussi la source du vrai *pathétique*.

Nulle part, la question n'avait été traitée avec cette force, cette élévation et cette ampleur. Hegel y montre, beaucoup mieux qu'il n'aurait pu le faire par des raisonnements abstraits, l'alliance nécessaire de la morale et de l'art, tout en maintenant leurs limites et leur indépendance. Il n'est pas moins ferme et moins sévère dans la manière dont il envisage le côté extérieur des œuvres de l'art. Sous le titre de *Rapport avec la nature*, il traite avec une grande supériorité de la couleur locale, comme nous l'appelons. Partout est maintenue la prééminence du côté spirituel sur l'élément extérieur et matériel, du fond sur la forme, et en même temps leur correspondance et leur union. Ce qu'il dit des rapports de l'œuvre d'art avec le *public* est à la fois original et sensé. L'auteur sait, avec une égale force, faire ressortir les droits de l'art et ceux du public, concilier l'élément mobile et l'élément immuable dans l'art. Quant aux *qualités de l'artiste*, nous avons déjà reconnu l'insuffisance de ce chapitre, quoiqu'il contienne sur l'imagination, le génie, l'originalité, beaucoup de remarques intéressantes et justes.

La *deuxième partie*, où Hegel retrace le développement historique des *formes de l'art*, offre les mérites et les défauts de sa philosophie de l'histoire. Dans le plan général, les divisions particulières et l'enchaînement des idées, on reconnaît souvent l'abus de la méthode *a priori*. Ce défaut, cependant, est moins sensible que dans ses autres ouvrages; et l'on voit qu'il est surtout préoccupé du besoin de systématiser les résultats positifs de l'érudition et de la critique. Aussi la plupart de ses jugements et de ses descriptions conservent leur valeur, indépendamment du système général. La métaphysique pose les jalons; mais l'auteur nous conduit par une route majestueuse, sur laquelle il sème avec profusion les aperçus les plus profonds et les descriptions les plus brillantes. Si ses explications ne doivent pas être toujours acceptées sans défiance, il est rare qu'elles ne jettent pas quelque lumière sur un des côtés du sujet. Le système sert au moins de fil conducteur à travers ce dédale des formes et des monuments du génie des peuples.

Quant à la manière dont Hegel caractérise les grandes époques de l'art, dont il suit sa marche et son développement, ou indique les causes de sa décadence, nous n'hésitons pas à affirmer que l'ouvrage conserve une incontestable supériorité sur tous les essais du même genre, où l'on ne rencontre ordinairement que des généralités vagues, ou des vues étroites.

La division en art *symbolique*, *classique* et *romantique*, substituée à l'ancienne division en art antique et art moderne, est plus complète et ne peut être contestée que dans les termes. Nous ne dirons rien des préliminaires un peu longs, mais instructifs et non sans intérêt, sur le *symbole en général*. Le symbolisme oriental, dans ses formes principales chez les peuples qui le représentent, est caractérisé avec une force et un éclat remarquables. On peut trouver arbitraire la gradation établie entre ces formes. L'*art persan* qui, du reste, commence à peine à être connu, nous paraît envisagé d'une manière étroite et trop absolue; mais l'*art indien* et la mythologie indienne sont, à notre avis, supérieurement appréciés. Le jugement de Hegel est sévère; en y regardant de près, il n'est que vrai. Il fallait réduire à leur juste valeur le mérite de ces conceptions et de ces monuments, créations extraordinaires du génie de l'homme, mais où l'on cherche vainement les conditions de la beauté et du véritable sublime. A l'enthousiasme inconsidéré, à l'admiration excessive des archéologues et des orientalistes, devait succéder un jugement plus calme et un sentiment plus vrai. L'arrêt du philosophe restera sans appel.

Ce que Hegel dit de l'*art égyptien* est aussi remarquable. L'explication qu'il donne d'abord au point de vue de sa dialectique peut paraître obscure et subtile. Néanmoins l'idée principale qui fait le fond de cette religion et de ce culte, l'idée de la mort et d'un monde invisible; la supériorité de cette conception sur celles des autres religions de l'Orient; la manière dont en est déduit le sens des principaux monuments et des symboles de l'art égyptien; l'imperfection de cette forme de l'art et le point où elle s'arrête : tout cela est marqué avec une netteté et une précision philosophiques qui donnent à ce morceau un mérite propre à côté des recherches des savants qui ont essayé de trouver le sens de ces symboles et de résoudre les énigmes de l'art égyptien.

Le caractère de sublimité qui distingue la *poésie hébraïque*, quoique n'offrant rien de neuf, est aussi exprimé avec une grandeur et un éclat qui ne sont pas surpassés dans les écrits spéciaux composés sur les livres saints. On regrette seulement que la question du sublime ne soit traitée que d'une manière incidente.

Un point sur lequel nous avons passé légèrement dans notre analyse et que l'auteur développe avec complaisance, c'est cette forme de transition qu'il désigne sous le nom de *symbolique réfléchie* et à laquelle se rapportent la *fable*, l'*apologue*, l'*énigme*, l'*allégorie*, etc. Que ces formes caractérisent à quelques égards le tour de la pensée orientale, personne ne le conteste. Mais fallait-il en faire une forme spéciale de l'art et une époque, même de transition? N'eût-il pas mieux valu, tout en les signalant en passant, en renvoyer l'étude à la théorie de la poésie? Les détails que donne Hegel sur chacun de ces genres et qui sont du reste très-ingénieux, mis à leur place, eussent offert encore plus d'intérêt ; ils n'auraient pas du moins retardé la marche de l'exposition. On serait cependant fâché de voir disparaître ce chapitre, d'un mérite spécial pour les littérateurs. L'article sur la *comparaison*, en particulier, est rempli d'observations aussi judicieuses que fines.

La manière dont Hegel caractérise l'*art grec* ou ce qu'il appelle la forme *classique* de l'art, n'offre d'abord en soi rien de neuf. Bien d'autres avant lui avaient considéré l'art grec comme l'expression parfaite du beau et de l'idéal. Sa formule elle-même, de l'accord de l'idée et de la forme, du fini et de l'infini, se retrouve dans Schelling. Mais ce qui lui appartient, c'est non-seulement d'avoir développé ce principe, en l'appliquant à toutes les productions de l'art grec, mais d'avoir beaucoup mieux, selon nous, qu'on ne l'avait fait avant lui, expliqué et déterminé les caractères de l'idéal grec, et montré les éléments divers dont il se compose, leur accord et leur harmonie. C'est ce que l'on peut méconnaître quand on relit les travaux de Winckelmann et de Creuzer. Sans doute, le chapitre sur le développement de l'idéal grec est trop long, et la mythologie y occupe trop de place. La plupart des détails sont même empruntés à Creuzer; mais nulle part le développement de la mythologie n'avait été résumé avec cette netteté. Et quant à la nature idéale des divinités grecques, il n'y a rien qui en approche ni dans Creuzer ni dans Winckelmann. La position de l'artiste grec, son rôle dans la religion et l'accord de cette religion avec l'art sont également montrés avec une clarté supérieure. Enfin, si les causes extérieures qui ont entraîné la ruine du polythéisme et de l'art païen avaient été souvent développées, aucun philosophe, que nous sachions, n'a plus profondément indiqué les causes intrinsèques qui tiennent à l'essence même de cette religion. La transition de l'art antique à l'art moderne est marquée avec la même vigueur de pensée et de style; nulle part les raisons ne sont plus philosophiquement déduites. Aussi ce passage a une valeur spéciale à côté des écrits où cette transition a été représentée d'une manière poétique ou historiquement racontée.

Quant à l'art *moderne* ou *chrétien*, désigné sous le nom de forme *romantique*, par opposition à l'art classique, on doit rendre cette justice au philosophe allemand que non seulement il a reconnu sa grandeur et sa supériorité sur l'art grec, mais que personne n'a caractérisé avec plus de vigueur la différence qui les sépare. Nul n'a mieux montré la profondeur du spiritualisme chrétien dans son opposition avec l'anthropomorphisme païen, et ne l'a fait dans un langage plus élevé, plus éloquent. Mais ce en quoi il excelle, c'est la manière d'en déduire les conséquences par rapport à l'art nouveau qui est né de cette religion. Les idées que cet art représente, les formes qui leur correspondent, leur accord nécessaire et les lois qui en dérivent forment une théorie solide et irréfutable. L'avantage de cette méthode employée par un aussi vigoureux esprit, c'est de présenter à la fois une démonstration sans réplique de la distinction fondamentale des deux formes de l'art, et des règles différentes auxquelles elles obéissent tout en respectant les lois éternelles du beau. Tout ceci s'enchaîne, se lie et se soutient. Les éléments nouveaux introduits dans l'art chrétien ; l'idée de l'infini dégagée des formes sensibles et transportée dans l'âme humaine ; l'union de l'âme avec Dieu, la conscience de ses destinées immortelles, le sentiment de la personnalité ; la manière nouvelle d'envisager la nature ; l'idée de la souffrance et de la lutte comme condition de notre destinée ; l'introduction du laid et le rôle qu'il joue dans les représentations de l'art ; le caractère lyrique de ses productions, tous ces principes, qui seront appliqués ailleurs, sont ici marqués avec force et profondeur dans leur généralité. Quelques points sont insuffisamment développés : le merveilleux chrétien, les miracles, les légendes, etc. Le jugement sur les croisades est étroit et exclusif, et rappelle l'esprit du protestantisme. Mais l'*idéal chevaleresque* et les sentiments qui en forment le fond sont décrits dans des pages pleines d'intérêt. Le chapitre sur l'*idéal profane* et l'*indépendance personnelle*, qui fournissent l'occasion d'apprécier les principaux caractères des pièces de Shakespeare, est de la plus haute critique. Enfin les passages sur les causes de la décadence de l'art, dans les temps modernes, sur l'*imitation du réel*, sur le genre *humoristique*, plus contestables, sont pleins de verve, et contiennent une foule de remarques fort justes dans leur sévérité.

Il est fâcheux que la conclusion que l'auteur tire de cet exposé historique sur l'état actuel de l'art et ses destinées futures réponde si mal à notre attente. C'est, en général, le caractère de cette philosophie, si ingénieuse à expliquer le passé, d'être impuissante à deviner l'avenir. Elle a des formules pour toutes les époques ; elle excelle à classer les événements

et les productions de l'esprit humain, dont elle saisit la pensée intime, la suite et l'enchaînement avec profondeur et sagacité. Mais s'agit-il d'en tirer des leçons pour la pratique ou des indications pour ce qui doit être un jour, elle reste muette, ou elle déclare elle-même qu'elle ne sait pas prophétiser. Au moins ne devrait-elle pas affirmer que rien de nouveau n'est possible, et annoncer la fin des choses. Quelle est en effet la conclusion que Hegel tire de cette remarquable exposition des formes de l'art aux principales époques de son histoire? c'est que, le cercle de ces formes étant parcouru et leur nombre épuisé, il ne reste plus qu'à les réunir, à les combiner et à les fondre ensemble. C'est l'éclectisme avec toutes ses conséquences et avec tous ses défauts, nulle part plus sensibles que dans l'art; je veux dire : 1° le défaut d'inspiration, de spontanéité; 2° le manque d'originalité, ou l'absence des deux conditions qui sont la vie même de l'art. En se développant et en exprimant toutes les idées, l'art s'est dépassé lui-même. Désormais libre de toute croyance et de toute forme particulière, il doit représenter toutes les idées et toutes les formes. Mais alors, que deviennent l'inspiration, l'enthousiasme, seuls capables de faire éclore les œuvres du génie? Pour réfuter l'auteur, nous prendrons ses propres paroles. Ne dit-il pas :
« Tant que l'artiste s'identifie avec l'âme de ses conceptions
« et reste attaché, par une foi vive, à une religion particulière,
« il prend au sérieux ces idées et leur représentation. Elles
« font la partie la plus intime de son être. C'est seulement
« alors qu'il est vraiment inspiré, et que ses créations ne sont
« point un fruit du caprice. Sans doute, dans les temps où la
« croyance est pleine et entière, l'artiste n'avait pas besoin
« d'être un homme pieux; il suffisait que cette idée constituât
« l'essence la plus intime de lui-même. Dans le développe-

« ment tout spontané de son imagination, il était immédiate-
« ment uni à l'objet qu'il représentait. L'œuvre d'art sort
« ainsi de l'activité non partagée du génie. L'allure de celui-ci
« est ferme et assurée; il conserve toute sa force de concen-
« tration et son intensité. Telle est la condition fondamentale
« pour que l'art se présente dans toute sa perfection. » (T. II,
« p. 519.)

Voyons donc ce qu'il va mettre à la place :

« De nos jours, chez presque tous les peuples, le développe-
« ment de la réflexion, la critique, et particulièrement en Al-
« lemagne, la liberté philosophique se sont emparés des ar-
« tistes. Tous les degrés de l'art romantique ayant été
« parcourus, ils ont fait table rase dans leur esprit. L'art est
« devenu un libre instrument que chacun peut manier con-
« venablement selon la mesure de son talent personnel, et
« qui peut s'adapter à toute espèce de sujets. L'artiste, par là,
« se tient au-dessus des idées et des formes consacrées, son
« esprit se meut dans sa liberté... Aucune idée, aucune
« forme ne se confond plus avec l'essence la plus intime et la
« plus profonde de la nature de son âme. » Chaque objet lui
est indifférent pourvu qu'il ne soit pas en opposition avec
cette loi tout extérieure, qui prescrit de se conformer aux
règles du beau et de l'art. » (*Ibid*., p. 521.)

Si l'on voulait former des rhéteurs ou caractériser l'absence
même d'originalité, d'invention ou d'inspiration, dans les
arts et la poésie, je demande quels autres termes pourraient
mieux convenir. Il est vrai que Hegel ajoute : « Il met tout
son génie dans son œuvre; il tire celle-ci de sa propre substance, mais seulement quant au caractère général ou purement accidentel. » Et pour qu'on ne s'y méprenne pas,
il continue en ces termes : « Ne demandez pas qu'il prête

davantage sa propre individualité aux personnages. Il a recours à son magasin de types, de figures, de formes artistiques antérieures, qui, pris en eux-mêmes, lui sont indifférents et n'ont d'importance que parce qu'ils lui paraissent les plus convenables au sujet qu'il traite. » (*Ibid.*, p. 522.)

En lisant ces lignes, on se demande quelle est la vraie pensée de l'auteur, s'il fait encore de l'histoire ou la satire de l'art actuel et de la littérature contemporaine, ou s'il donne une recette pour produire des chefs-d'œuvre. Dans tous les cas, si cette conclusion est vraie, elle est désolante, et il a raison d'annoncer la fin de l'art, de dire que son rôle est achevé. Nous doutons que les vrais artistes acceptent un tel jugement, et nous ne pensons pas non plus que ce soit là le dernier mot de la philosophie de l'histoire de l'art.

Cette conclusion, du reste, ne doit pas nous surprendre : elle s'accorde malheureusement trop bien avec le système général de l'auteur. Selon Hegel, le développement de l'art, comme des autres formes de la pensée, n'est autre que l'esprit, qui se dégage successivement des formes extérieures et acquiert la conscience réfléchie de lui-même dans l'humanité et dans les individus qui la composent.

L'esprit, d'abord confondu avec la nature dans l'art symbolique, puis identifié avec la forme humaine dans l'art classique, revient sur lui-même et prend conscience de sa nature infinie dans l'art romantique, et, alors, il se dégage des formes matérielles et sensibles, pour s'enfoncer en lui-même et se révéler son essence divine. « Ce développement de l'esprit a pour conséquence le retour de l'homme à lui-même, en vertu duquel il pénètre plus avant dans son propre cœur. L'art, dès lors, cesse d'être attaché à son cercle déterminé d'idées et de formes ; il se consacre à un nouveau culte, celui de l'humanité. » Tel est, en effet, la conclusion finale : L'humanité, le culte de l'humanité, l'identité de la nature humaine et de la nature divine. Il était impossible de ne pas retrouver, au terme de cette exposition, les conséquences du panthéisme hegelien. — Mais nous aurions tort d'insister sur cette pensée, qui a reçu son développement dans d'autres ouvrages et n'est ici qu'indiquée. Tout se réduit à quelques phrases isolées et perdues, qui ne frappent que ceux qui ont le secret du système. Nous avons dû, néanmoins, les signaler, et, après avoir tant loué l'auteur, nous séparer ici nettement de lui ; car notre admiration pour le génie de Hegel ne va pas jusqu'à nous faire partager les erreurs de sa doctrine.

C'est surtout dans la troisième partie ou dans le *Système des arts*, que l'œuvre de Hegel est supérieure à celles de ses devanciers. Chez ces derniers, en effet, on ne trouve guère que des classifications générales et des règles abstraites ou des détails superflus sur des points particuliers. Ici, nous avons d'abord un véritable système, où les arts sont coordonnés selon leurs rapports et forment une progression continue. Ensuite chaque art en particulier, considéré dans toutes ses parties, forme une théorie complète. Son côté particulier, comme son caractère général, devient l'objet des plus savantes analyses et des explications les plus ingénieuses. Les principes sont éclaircis par de nombreux exemples et par une critique profonde des œuvres de l'art et de la littérature. L'auteur y déploie toute la richesse de son esprit et un sens artistique et littéraire rare chez un métaphysicien. Pour toute cette partie, de beaucoup la plus étendue et la plus intéressante, notre critique sera encore plus incomplète que notre analyse.

D'abord le principe de la *division* générale, qui range

les arts d'après leur degré d'expression, nous paraît inattaquable. C'est le seul qui soit vraiment philosophique. Tout autre ne peut être pris que dans des caractères extérieurs plus ou moins arbitraires. Or, non-seulement le principe est nettement posé; mais la gradation, qui conduit d'un art à un autre, de l'architecture à la sculpture, à la peinture, est marquée avec une rigueur et une précision qui ne sont pas un des moindres mérites du système. Il est fâcheux que cette théorie vienne se compliquer inutilement d'une classification historique qui en altère la simplicité et la vérité.

Si, maintenant, l'on examine la manière dont chaque art est traité en particulier, on trouvera sans doute bien des lacunes, des points faibles, beaucoup d'erreurs de détail. Mais si l'on considère combien il est difficile à un même esprit d'être également versé dans la connaissance de chacun des arts, de traiter des questions si nombreuses et si délicates, et d'apprécier les œuvres si diverses du génie humain, l'on conviendra qu'il a fallu une rare universalité de savoir et de talent pour n'être pas trop inégal dans l'accomplissement d'une pareille tâche.

Dans l'étude de l'*architecture*, Hegel procède, comme on l'a vu, d'une manière purement historique. On ne peut tout à fait justifier cette méthode, en disant qu'il s'agit d'un art qui ne contient guère que des règles techniques. Hegel, du reste, en a fait l'emploi avec succès. Sa description des caractères de l'architecture aux principales époques de son histoire est intéressante. La division abstraite qu'il propose ne nuit en rien à la détermination plus précise des principaux types de l'architecture, orientale, grecque et chrétienne, et à leur développement.

Le caractère symbolique des monuments de l'Orient, de

l'Inde, et de l'Egypte en particulier, est d'un haut intérêt. Le passage de ce type d'architecture au type grec est fort ingénieusement tracé.

Le caractère particulier de beauté et d'utilité propre à l'*architecture grecque*, ses formes particulières et l'aspect général du temple grec, sa conformité avec le culte et le génie de la Grèce, tout cela est exposé avec une clarté et une simplicité vraiment classiques.

Cette description le cède encore cependant à celle des principaux caractères de l'*architecture gothique* et des parties de l'église chrétienne. Ce morceau est cité en Allemagne comme un des plus remarquables de l'ouvrage. Ce qui en fait la beauté, c'est la simplicité jointe à la grandeur. Il contraste avec la prolixité et l'emphase des descriptions banales devenues à la mode dans les romans ou les ouvrages plus sérieux.

L'opposition des deux genres d'architecture grecque et chrétienne est caractérisée en quelques mots d'une justesse parfaite. Le rapport de ces édifices avec leur destination et avec la pensée chrétienne, l'impression qu'ils produisent sur l'âme sont exprimés dans un style qui a quelque chose de la sublimité de ces monuments.

La partie consacrée à la *sculpture* offre des mérites particuliers d'un ordre distingué et qui sont dignes d'être remarqués. Ceux qui ont prétendu que Hegel n'avait fait ici que copier ou résumer Winckelmann n'ont pas lu attentivement ce dernier. Sans doute c'est à Winckelmann que l'on doit l'appréciation des œuvres de la sculpture antique ; il est le premier qui comprit les conditions et les règles du beau dans cet art, auquel se rattachent toutes les autres productions du génie grec. Depuis, beaucoup de recherches particulières ont ajouté aux connaissances positives sur les monuments et les écoles de la sculpture ancienne et aidé à leur appréciation. Mais la théorie n'a pas marché du même pas que la critique et l'histoire. Winckelmann lui-même, tout en décrivant admirablement les formes de la beauté grecque, se borne ordinairement à les constater, ou s'il en cherche la raison, c'est dans des causes extérieures, telles que le climat, le genre de vie des Grecs, etc. Quand il veut s'élever à des considérations générales sur la beauté et sur l'idéal, il est vague, il énonce des qualités plus négatives que positives.

Dans la détermination des proportions et de l'harmonie des formes du corps humain, il s'égare dans des comparaisons tirées de l'architecture, ou il reste dans les généralités des systèmes précédents, sur la simplicité, l'unité, etc. Nous avons remarqué plus haut combien la faiblesse de ses vues théoriques avait influé, d'une manière fâcheuse, sur les travaux ultérieurs de l'érudition elle-même et de la critique. Le Laocoon de Lessing ne fait pas exception et n'ajoute rien à l'idée de la sculpture. Les écrits des Schlegel, de Müller et d'autres n'ont guère avancé le problème. Gœthe, dans ses Propylées, se borne à décrire. Schelling, seul, dans son discours sur les arts du dessin, émet, en quelques lignes, des idées neuves et élevées, et ramène au vrai point de vue de la théorie de cet art. Mais aucun ouvrage philosophique n'avait développé ces principes, cette tâche restait presque entière.

Hegel l'a remplie d'une manière remarquable, et tout le chapitre sur la sculpture est d'un bout à l'autre du plus haut intérêt. Sans doute, il s'est beaucoup servi de Winckelmann; cependant, que l'on compare, et l'on verra que partout le philosophe donne la raison du fait que l'historien constate; il refait ou achève sa théorie. Les détails archéologiques s'éclairent alors de la haute et vive lumière des principes. Nous avons cité, comme exemple, la théorie du profil grec qui est aussi dans Winckelmann ; il est impossible de ne pas reconnaître combien Hegel est resté original et, au point de vue philosophique, supérieur à son modèle. Nous ne parlons pas d'une foule d'observations de détail aussi fines que justes, qui lui appartiennent en propre, et qui suffiraient pour lui donner un rang distingué parmi les admirateurs les plus éclairés de l'art antique.

Il est difficile d'être complet en traitant de la *peinture*, même quand on se borne à l'exposition des principes de cet art. Ses conditions sont moins simples, ses moyens d'expression plus variés, son champ est plus étendu que celui des autres arts du dessin. Aussi, ne doit-on pas s'étonner que sur plusieurs points la théorie de Hegel soit insuffisante. Mais ce qui a nui surtout à cette théorie, c'est la prédominance du point de vue historique. Nous nous sommes déjà expliqué sur cette classification qui affecte chaque art à une époque particulière de l'histoire, l'architecture, comme art symbolique, à l'Orient; la sculpture, comme art classique, à la Grèce. Avec la peinture commence une nouvelle série, celle des arts *romantiques*, à laquelle appartiennent aussi la *musique* et la *poésie*.

Il est inutile d'insister sur ce qu'il y a de forcé dans cette distinction, qui cesse d'être vraie dès qu'elle est absolue. Que la peinture offre un caractère plus spiritualiste que la sculpture, c'est ce qui ressort de sa nature même et de la supériorité de ses moyens de représentation. Qu'elle exige une pensée plus profonde, un plus haut développement des sentiments et des passions de l'âme humaine; que, par là, elle soit plus en rapport avec la profondeur du sentiment chrétien, et que, pour cette raison, elle n'ait atteint son plus haut degré de perfection qu'à la fin du moyen âge et dans les temps modernes, tandis que la sculpture, qui a son idéal dans l'antiquité, reste l'art grec par excellence, rien n'est assurément plus vrai, et personne n'a soutenu et développé cette thèse plus victorieusement que Hegel dans cet endroit de son livre où il expose le principe de la peinture.

Mais il y a loin de là à faire en quelque sorte commencer la peinture au moyen âge et presque à l'exclure de l'antiquité. Cela est encore plus faux de la musique, qui a vu diminuer la puissance de son action à mesure qu'elle faisait plus de progrès comme art, et dont les effets aujourd'hui sont loin de répondre aux prodiges racontés de la musique ancienne. Enfin Hegel lui-même est forcé de se contredire en disant que la poésie est l'art universel, et qu'elle convient à toutes les époques.

Il résulte de là que, dans la théorie de la peinture, Hegel n'a traité, à vrai dire, que de la peinture religieuse et de ce qui en fait le fond : l'idée chrétienne exprimée par ses œuvres. Il le fait avec sa supériorité accoutumée; mais ce point de vue absorbe tout le reste. A peine parle-t-il, par opposition, de la peinture de paysage. Il ne dit pas un mot de la peinture d'histoire et des autres genres. Les principes de la peinture, son mode de représentation et d'exécution, sont cependant exposés d'une façon remarquable, mais trop historique.

L'examen des caractères particuliers fournit l'occasion de revenir sur le même sujet, et de déterminer avec plus de profondeur la nature de l'*idéal* chrétien. Ce morceau, sur le *fond romantique* de la peinture, est, en effet, des plus beaux du livre.

Les moyens propres à la peinture : la perspective, le dessin, le coloris, sont un peu sacrifiés à ces sujets élevés.

Sur la *conception*, la *composition*, la *caractérisation*, nous nous sommes déjà expliqué dans notre analyse. Nous avons fait remarquer le mérite spécial de cette partie de l'ouvrage, qui contient beaucoup de remarques solides, et fournit les règles les plus sûres. L'esquisse historique du développement de la peinture marque avec précision les degrés principaux de son perfectionnement. Les différences de la peinture religieuse et de la peinture profane ressortent vivement, et d'une manière originale, dans l'opposition de la peinture italienne et de la peinture hollandaise.

Quoique Hegel, comme il l'avoue simplement lui-même, fût moins versé dans la connaissance de la *musique* que dans celle des autres arts, la partie de son ouvrage qui traite de cet art n'en est pas moins très-intéressante. Sa théorie peut être fausse ou incomplète sur bien des points; mais il est impossible de ne pas reconnaître combien de vues ingénieuses il a semées sur les questions, même les plus arides, et qui touchent à la partie technique, telles que la mesure, le rhythme, l'harmonie, l'accompagnement musical, le texte musical, l'exécution, etc.

Dans le morceau sur l'expression mélodique, il ne parle pas seulement en métaphysicien, on voit jusqu'à quel point il sentait profondément cet art, pour lequel il avait, du reste, une prédilection particulière. Quant aux principes mêmes, ou à ce qui concerne la nature de la musique, son mode d'expression, son rapport avec les autres arts et l'explication de ses effets, toutes ces questions sont traitées avec une clarté et une énergie de style qu'on n'est pas accoutumé à rencontrer dans les écrits sur la musique dus à la plume des compositeurs.

La théorie de *la poésie* exigerait à elle seule une appréciation spéciale proportionnée à son étendue et à son importance. C'est, en effet, une poétique complète qui pourrait former à elle seule un ouvrage à part, quoique elle soit intimement liée à l'ensemble. Hegel y traite, dans le plus grand développement, d'abord de la poésie en général, en elle-même et dans ses rapports avec les autres arts, avec l'éloquence et avec l'histoire, puis du langage poétique et des principes de la versification, etc. Enfin il donne un traité particulier des genres principaux : de la poésie épique, lyrique et dramatique. Cette poétique couronne dignement le système des arts, d'où elle tire une vive lumière.

Nous laissons aux littérateurs de profession le soin d'apprécier les détails de cette partie si remarquable de l'œuvre totale. Nous nous bornerons à jeter un coup d'œil sur le côté philosophique et sur les principes exposés dans notre analyse.

On ne peut nier que, dans cette partie comme dans les précédentes, Hegel n'ait beaucoup emprunté aux ouvrages composés sur ces matières. Un des caractères de son esprit, c'est une puissante faculté d'assimilation jointe à une originalité qui ne se dément jamais. Tout ce qu'il touche ou reçoit, il le transforme et se l'approprie par la manière dont il sait rattacher les idées d'autrui à son point de vue.

Il ne serait pas difficile de signaler bien des emprunts faits non-seulement aux auteurs allemands, tels que Lessing, Goëthe, les Schlegel, Bouterweck, Eberhard, Schelling, Solger, etc., mais même à des écrivains français qu'il a dû connaître, comme Marmontel, Batteux, etc.

Mais quant aux principes, quoique plusieurs soient bien connus, on peut dire qu'ils lui appartiennent par la manière dont il sait les coordonner et faire sortir de leurs rapports des explications nouvelles.

Ainsi, ce qu'il dit de la *poésie en général*, de ses rapports avec les autres arts, des caractères de la pensée poétique, du mode d'organisation des œuvres de la poésie comparées à celles de la prose, et en particulier de l'histoire et de l'éloquence, ajoute à ce que chacun sait une supériorité d'explication philosophique qui donne un intérêt particulier à ces questions. On ne trouve ni cette clarté ni cette vigueur chez les philosophes qui ont envisagé ces sujets d'une manière abstraite, ni la même abondance d'idées chez les auteurs qui les ont traités d'un point de vue plus littéraire en s'appuyant sur quelque théorie fausse, comme celle de l'*imitation* (Batteux), de l'*ironie* (Jean-Paul, Solger), ou sur des principes vagues (*Schlegel*), etc.

Quant aux questions relatives au *langage* poétique, et qui semblent plus spécialement du ressort de la littérature proprement dite, on conviendra que le philosophe, sans vouloir être neuf, a su les traiter encore d'une manière intéressante et même originale en les rattachant, plus étroitement qu'on ne le fait habituellement, à la nature et aux formes de la pensée poétique. Ce qu'il dit de l'image et de la diction poétiques, de la versification et de sa nécessité, emprunte de ce point de vue un caractère élevé et une autorité qui ne se trouvent pas ailleurs. Quant aux solutions positives, il faut savoir gré à sa raison de ne pas s'être écarté de l'opinion commune. C'est surtout dans la manière dont il essaye de caractériser les deux systèmes de versification ancienne et moderne qu'il se montre ingénieux. Cette explication prouve que la partie technique de l'art ne lui était pas étrangère, et que la forme comme le fond avait fixé son attention.

On admire avec quelle sagacité il a su rattacher ces questions secondaires à la plus haute théorie sur l'art. Le mérite en effet de cette explication du système rhythmique et de la versification rimée n'est pas seulement d'être ingénieuse, mais de reposer sur les différences profondes de l'art ancien et de l'art moderne.

La division de la poésie en trois genres principaux est la division commune. On peut ne pas admettre les termes métaphysiques qu'il emploie pour désigner leurs caractères. Mais, il faut surtout examiner la manière dont le cadre est rempli. Or, si l'on considère l'ensemble des développements qui forment la théorie de ces trois genres, *épique*, *lyrique* et *dramatique*, on peut trouver sans doute des points imparfaitement traités, d'autres oubliés ou omis, des règles trop absolues, des jugements hasardés, inexacts ou trop sévères, des opinions exclusives sur les œuvres de la littérature, regretter que l'auteur ait partagé les préjugés de ses compatriotes sur la littérature latine ou française, ou trop abondé dans ses vues systématiques. Néanmoins, on ne peut contester les mérites élevés qui ressortent à côté de ces défauts, la supériorité avec laquelle certaines parties sont traitées, la profondeur du sens critique qui se révèle dans l'appréciation des grandes œuvres littéraires, comme celles d'Homère, de Sophocle, de Dante, de Shakespeare et de Klopstock.

Les rapports et les différences des trois genres sont indiqués avec une grande netteté, et suivis dans leurs conséquences.

La *poésie épique* est celui des trois genres qui est traité de la manière la plus complète. L'énumération des genres inférieurs, tels que l'épigramme, la poésie gnomique jette d'abord quelque confusion ; on aimerait mieux arriver plus directement au sujet. Mais le caractère général de l'épopée proprement dite, les parties essentielles qui la composent, l'état de civilisation qui lui est propre, la nature de l'action épique, les causes, les situations qui l'engendrent, les idées qu'elle renferme, les puissances qui la dirigent, les personnages qui l'accomplissent, le destin, le merveilleux, la marche du poëme épique, son unité, tous ces points sont traités avec autant de solidité que d'élévation et d'éclat, et forment un ensemble savamment combiné qui plaît à la raison. Hegel prend pour type et pour modèle l'épopée homérique, qui lui sert d'explication et de preuve.

Le passage sur *Dante* et la divine comédie, dans l'esquisse historique qui termine, a aussi été justement remarqué.

La partie consacrée à la *poésie lyrique* nous paraît plus imparfaite et moins solide. Le principe de la personnalité, comme base de ce genre de poésie, vrai en général, conduit l'auteur à des applications forcées où l'on surprendrait même plus d'une contradiction. Mais nulle part il n'a montré plus de verve et d'esprit que dans les détails et les explications particulières. L'unité, la marche et le développement du poëme lyrique fournissent des remarques assez justes, mais trop peu développées. L'étude des diverses espèces que comporte le genre lyrique est également insuffisante. Le passage sur l'ode n'est pas ce qu'on attendait. En revanche, celui de la chanson et des chansons populaires est plein de charme et du plus vif intérêt. Les autres genres, l'épître, l'élégie sont à peine indiqués. Nous avons déjà cité les pages sur Klopstock, qui terminent l'esquisse historique.

La partie qui, avec d'incontestables mérites, laisse le plus à désirer comme étant nécessairement fort incomplète, est celle qui traite de la *poésie dramatique*. Le principe général, qui offre celle-ci comme simple réunion des deux autres genres, est insuffisant. Quant aux différentes parties de l'œuvre dramatique, Hegel ne considère que celles de *quantité*, pour parler comme Aristote, savoir : l'unité, le mode d'organisation, la marche et la division des pièces de théâtre, et non celles de *qualité*, les mœurs, les caractères, etc. Ce n'est là que la charpente et la structure du drame et non ses éléments essentiels.

Il est vrai que les points essentiels relatifs au fond même de l'action, aux personnages, etc., ont été traités dans la première partie de l'ouvrage, dans la détermination de l'idéal, et que l'auteur y reviendra plus loin, soit dans l'article consacré aux rapports de l'œuvre dramatique avec le *public*, soit dans la partie historique. Ce n'est pas moins un défaut dans l'économie de l'ouvrage. Les questions n'étant pas à leur place, forment ici une lacune ; la théorie de l'art dramatique apparaît ainsi étroite et mutilée. L'attention est distraite par les questions accessoires, relatives à l'*exécution* et à l'*art théâtral*, qui, du reste, fournissent des observations justes et sensées. L'article consacré à la *tragédie*, à la *comédie* et au *drame* manque aussi de clarté, faute de développement ; ce défaut est surtout sensible pour la comédie.

La partie vraiment intéressante est celle qui traite des différences du théâtre ancien et du théâtre moderne. Hegel retrouve ici toute sa supériorité. Le parallèle qu'il établit et qu'il développe ensuite sur tous les points essentiels de l'action dramatique, malgré quelques redites, nous paraît tracé de main de maître, et termine dignement l'ouvrage. Le caractère élevé et moral de la tragédie ancienne est retracé avec force et rationnellement expliqué par la nature des principes qui constituent le fond de l'action. Les caractères de la tragédie moderne ne sont pas moins nettement saisis et rattachés au principe de l'art moderne. Sur la comédie, Hegel est beaucoup moins satisfaisant. Il est d'une sévérité excessive à l'égard de la comédie moderne. Comme la plupart de ses compatriotes, il ne comprend pas Molière, ni Lafontaine, dont il ne dit pas un mot à l'article de la Fable. Si ces préjugés sont moins pardonnables à un philosophe qu'à un critique passionné, comme W. Schlegel, il faut lui savoir gré du point de vue moral qui le rend si sévère à l'égard de la comédie moderne. Nulle part, en effet, n'apparaît plus clairement l'alliance nécessaire des principes éternels de la morale et de l'art que dans cette remarquable analyse des éléments constitutifs du drame ancien et du drame moderne.

En résumé, nous croyons avoir légitimé le jugement émis au commencement de cet essai. L'ouvrage de Hegel, malgré ses défauts, ses lacunes et ses imperfections, par son étendue, les idées qu'il renferme, la solidité des principes, la profondeur des vues, la fécondité des aperçus et la richesse des détails, sa tendance morale élevée, l'intelligence avec laquelle sont traitées toutes les questions d'art et de littérature qui forment son objet, enfin par les qualités de style qui le distinguent, nous paraît le mieux représenter jusqu'ici cette branche intéressante du savoir humain qui s'appelle l'esthétique, ou la philosophie de l'art. On lui a reproché d'être presque entièrement conçu en dehors de la métaphysique de l'auteur. C'est probablement ce qui le fera vivre plus longtemps que le système.

FIN.

TABLE DES MATIÈRES.

I. ANALYSE.

Première partie. Du beau dans l'art........................ 2
Deuxième partie. Des formes de l'art..................... 40
Troisième partie. Système des arts....................... 96
   I. Architecture...................................... 100
   II. Sculpture.. 112
   III. Peinture.. 121
   IV. Musique... 138
   V. Poésie... 157

II. CONCLUSION.

1° Coup d'œil sur les ouvrages et les travaux qui ont précédé en Allemagne l'Esthétique de Hegel..................... 234
2° Appréciation générale de l'Esthétique de Hegel........... 288

FIN DE LA TABLE.

Corbeil, typ. et stér. de Crété.

www.ingramcontent.com/pod-product-compliance
Lightning Source LLC
Chambersburg PA
CBHW070541160426
43199CB00014B/2319